GOLDMANN

W0250380

Buch

Morris Duckworth hat es eilig. Er hetzt von einem Privatschüler zum anderen, nur um die Sprößlinge betuchter Italiener in seiner Heimatsprache radebrechen zu hören, läßt sich gängeln und wie ein Lakai behandeln – sein verschwitzter, dartspielender Vater hatte ja immer gewußt, daß aus einem Waschlappen wie ihm nichts werden konnte. Aber Morris weiß, daß in ihm Talente schlummern, von denen die Außenwelt bis jetzt keinen Schimmer hat. Mag sein, daß er den Lire-Milliardären nur ein Naserümpfen wert ist, aber er hat Wesentliches, das man für Geld nicht kaufen kann. Stil, und vor allem: Genie. Die siebzehnjährige Massimina liebt den großspurigen Traumtänzer – und Morris sieht seine Chance, über das Mädchen aus gutem Hause ein für allemal ans ganz große Geld zu kommen. Unfaßbar, daß er vor den Augen der Familie keine Gnade findet. Als seine schöne Verlobte ihn überredet, mit ihr durchzubrennen, reift in Morris der Plan, ihre Entführung zu fingieren. Mittels Massimina wird er es denen zeigen, die ihn nicht für voll genommen und immer für eine kleine Nummer gehalten haben. Ihr Fehler, daß sie nie mit ihm gerechnet haben – und schon gar nicht mit seiner kriminellen Energie.

In seinem doppelbödigen, boshaften und rabenschwarzen Roman erzählt Tim Parks eine Liebesgeschichte der ganz besonderen Art, entwirft das Psychogramm eines von hochtrabenden Ideen vorangetriebenen, komplexbeladenen Knallkopfs, dem nichts über sein tägliches Bad im Selbstmitleid geht. Das Ergebnis ist eine Mischung aus *Romeo und Julia* und Patricia Highsmith, eine raffiniert angelegte, bitterböse und erbarmungslos sarkastische Komödie.

Autor

Tim Parks hat mit seinem Roman *Roger zu lieben* (Goldmann TB 42838) Kritiker und Leser zu Begeisterungsstürmen hingerissen. Auch *Italienische Verhältnisse*, das er zuerst unter dem Pseudonym »John MacDowell« veröffentlicht hatte, wurde von der Literaturkritik enthusiastisch aufgenommen.

Tim Parks lebt in Italien.

Tim Parks

Italienische Verhältnisse

Roman

Aus dem Englischen von
Lutz-W. Wolff

GOLDMANN VERLAG

Der Roman *Italienische Verhältnisse* wurde bei Goldmann 1991
unter dem Autorenpseudonym »John MacDowell«
(Titelnummer 41017) erstmals veröffentlicht.

Die englische Originalausgabe erschien 1990 unter dem Titel
Cara Massimina bei Hodder & Stoughton, London.

Umwelthinweis:
Alle bedruckten Materialien dieses Taschenbuches
sind chlorfrei und umweltschonend.

Der Goldmann Verlag
ist ein Unternehmen der Verlagsgruppe Bertelsmann

Erstauflage dieser Ausgabe April 1995
© der Originalausgabe 1990 by Tim Parks
All rights reserved
© dieser deutschsprachigen Ausgabe 1995 by
Wilhelm Goldmann Verlag, München
Umschlaggestaltung: Design Team München
Umschlagfoto: Schuler, München
Druck: Elsnerdruck, Berlin
Verlagsnummer: 43142
SK · Herstellung: Heidrun Nawrot
Made in Germany
ISBN 3-442-43142-5

3 5 7 9 10 8 6 4 2

1

Morris ging schneller über den Platz, als er eigentlich wollte. Die Abenddämmerung war merkwürdig flüssig. Es hatte geregnet am Nachmittag, die Luft war frisch und die ersten Straßenlaternen mischten sich mit dem sterbenden Licht. In einer solchen Stunde sollte man nicht mehr herumrennen, dachte Morris. Man sollte vor einer Bar sitzen, ein Glas Weißwein trinken und den Abstand zwischen den Dingen genießen, ihre Gegenwart, ihr Gewicht. Es war eine Stunde, in der man zusehen sollte, wie die Schatten tiefer wurden und auskühlten, wie das Tageslicht ausblutete und das Licht der Laternen aufblühte, wie die Farbanstriche der Häuserwände verblaßten, wenn die grellen Neonreklamen darunter herausstachen. Eine magische Stunde.

Aber Morris hastete weiter, über den Platz und durch das Gewirr der Gassen dahinter. Er war schon ganz außer Atem. Jetzt war er innerhalb der letzten vier Stunden viermal von einem Ende der Stadt zum anderen gerannt. Heute habe ich meine Termine wirklich schlecht geplant, dachte er. Sich zwischen der Wohnung von Paola und der von Patrizia dermaßen naßregnen zu lassen. Sein rechter Schuh war völlig durchweicht, und seine nassen Hosenbeine schlabberten ihm um die Knöchel. Morris blieb einen Augenblick stehen, um wieder zu Atem zu kommen, dann drückte er auf die Klingel und ließ es ordentlich bimmeln. Gleichzeitig formten seine Lippen langsam und deutlich das Wort: »Scheißschinderei.« Dann wiederholte er es noch einmal laut und versuchte, das »r« tüchtig zu rollen, aber es gelang nicht so recht. Trotzdem ergänzte er bei der nächsten Wiederholung noch ein »bescheuert«. Das klappte schon beinahe perfekt. »Bescheuer-rrte Scheißschinder-rrei« kam richtig gut. Er lehnte sich noch einmal gegen die Klingel. Blödes Volk!

Morris stand vor einem hohen schwarzen Tor, und jetzt endlich begann auch der kleine Lautsprecher unter den Klingelknöpfen zu knattern. *»Chi è?«*

»Morris.«

Eine Pause.

»Chi?«

»Morris.« Er holte tief Luft, wie jemand, der ein Geständnis ablegen muß. »Der Englischlehrer.« Die Worte kamen wie Staub und Asche über seine Lippen.

»Ah, ich werde mal sehen, ob Gregorio da ist.«

Natürlich war Gregorio da, verdammt. Er hatte jetzt seine Nachhilfestunde! Sonst wäre ja der Englischlehrer nicht da, oder? Warum konnte die dumme Person nicht einfach aufmachen? Mißtrauisches Volk! Morris sah ungeduldig auf seine Uhr. Zehn vor sechs. Nach dieser Stunde würde er schon wieder zu spät dran sein.

Ein kurzes Summen ertönte. Morris warf sich gegen das Tor und drang in den Hof ein. Für den Springbrunnen, der in köstlichem Schatten über nackte Faune dahinplätscherte, hatte er kaum einen Blick, sondern hastete, schneller als er eigentlich wollte, die Marmortreppen hinauf. Immer mußte er alles in Eile erledigen. Was in diesem Falle bedeutete, daß er außer Atem und sein Italienisch keineswegs so perfekt war, wie es hätte sein können, als Signora Ferroni die Tür öffnete. Sie lächelte freundlich, was für Morris aber nur eine weitere Demütigung war. Sie trug ein weiches, graues Wollkleid von unauffälliger Eleganz, ihre Haltung war lässig und selbstbewußt, und ihre Manieren waren ebenso makellos wie ihr Make-up. Ob sie ihm etwas zu trinken anbieten könne? Tee vielleicht? Oder lieber Orangensaft? Morris lehnte ab. Er hatte das Gefühl, wie ein schmutziger kleiner Junge vor ihr zu stehen. Seine Haare waren sicher ein völliges Chaos.

Gregorio erschien, ganz junger Mann aus gutem Haus, verliebt in teures Aftershave und Pomade. Morris folgte ihm in den Salon, dessen hohe Stuckdecke mit einem Fresko geschmückt war, und setzte sich dem jungen Mann gegenüber an einen hypermodernen Glastisch. Als er seine Bücher herausholen wollte, stellte er fest, daß auch sein Aktenkoffer, das einzig schöne Stück, das er hatte, völlig durchnäßt war. Verdammt, er mußte sich Schuhcreme dafür besorgen oder sonst irgendwas. Sogar die Seiten des Englischbuchs waren feucht.

»Was hast du am Wochenende gemacht, Gregorio?« Die Frage war das Eröffnungsgambit aller Unterrichtsstunden am Montag. Er mußte sie heute schon mindestens fünfhundertmal gestellt haben. Er war müde. Es war alles so schrecklich banal.

»Ich bin zum Berg gefahren.«

»In die Berge. Wir benutzen den Singular nur, wenn wir einen bestimmten Berg meinen.«

»Ich bin in die Berge gefahren.«

»Wie bist du dahin gekommen?«

»Mit wem warst du da?«

»Wo genau seid ihr gewesen?«

»Was habt ihr gemacht?«

»Was habt ihr gegessen?«

»Wie war das Wetter?«

»Was hat der Ausflug gekostet?«

»Hast du dich gut amüsiert?«

»Wann bist du zurückgekommen?«

Anscheinend war Gregorio Skifahren gewesen. Er war im Alfa Romeo seines Vaters nach Val Gardena gefahren, wo die Familie ein zweites, drittes oder vielleicht sogar viertes Haus hatte. Er war auch nicht allein gewesen. *»Me and my fr-riend«*, sagte er grinsend. Wie alle Italiener konnte er sich diebisch darüber freuen, daß die englische Sprache keine Auskunft über das Geschlecht des Freundes gab. Als ob es Morris nicht absolut scheißegal gewesen wäre, ob Gregorios Wochenenden mit oder ohne Sex waren. Trotzdem gönnte er seinem Schüler ein strahlendes Lächeln. Das Gelaber über das Wochenende brachte immer mindestens zehn Minuten, das waren 16,6% (periodisch) oder zweitausendfünfhundert von den insgesamt fünfzehntausend Lire, die er bei seinen wohlhabenderen Schülern für die Unterrichtsstunde verlangte.

Sie wandten sich Gregorios Schulbüchern zu. Die Abschlußexamen standen bevor, und Gregorios Zukunft hing am seidenen Faden. Er hatte schon einmal ein Jahr wiederholt, und diesmal mußte er unbedingt durchkommen. Morris redete ihm gut zu. Zusammen würden sie es schon schaffen. Wo waren sie stehengeblieben? Ach, ja. Aus den Augenwinkeln schielte Morris auf das Fresko hinter der Bar, auf dem sich eine nackte Göttin um einen schlanken Eichenstamm wand. Rechts von ihm reckte sich eine kleine Waldnymphe aus Bronze mit erhobenen Armen und straffen Brüsten triumphierend auf ihrem Podest. Die Wohnung mußte Millionen wert sein, dachte Morris, Milliarden von Lire, und dieser arme Kerl da schwitzte wegen seiner Examen. Als ob sie irgendwie relevant wären. Wenn er schlau genug sein sollte, sie zu bestehen, sollte er eigentlich auch schlau genug sein, um zu wissen, daß sie im Schatten all dieses Reichtums vollkommen unwichtig waren.

Sie lasen einen Abschnitt aus dem *Old Curiosity Shop*, in dem beschrieben wurde, wie die kleine Nell und ihr Großvater obdachlos und hungrig in einer Fabrik voller schrecklicher Maschinen Unterschlupf suchen und in den Aschenhaufen des Vortages schlafen, um nicht zu erfrieren. Wie nicht anders zu erwarten, stolperte Gregorios vornehme rosa Zunge über die schwierigen Wörter. Das senffarbene Hemd des Jungen stammte von *Standa*, stellte Morris fest, dem Billig-Kaufhaus der Norditaliener. Waren die Reichen eigentlich immer so geizig? Morris hielt einen Augenblick inne und sah ungeniert auf die Uhr. Noch fünf Minuten. Er versuchte etwas in seinen Eingeweiden zurückzuhalten, was möglicherweise ein donnernder Furz war.

Schluß. Morris klappte sein Buch zu und verstaute es in seinem Aktenkoffer. Das Leder brauchte wirklich Pflege. Das Köfferchen war das einzige, was ihm einen professionellen Anstrich verlieh, wenn er von einem Schüler zum anderen flitzte. Morris setzte sich auf, vollkommen unbeweglich und gerade, legte auf dem Tisch eine Hand über die andere und lächelte mit hochgezogenen Brauen. Eine liebenswürdige Pose, soweit ihm bekannt war. Gregorio reagierte mit seiner üblichen gutrasierten Ahnungslosigkeit, die im scharfen Gegensatz zu der düsteren Grausamkeit stand, mit der hinter ihm irgendein unbekannter Maler des 14. Jahrhunderts einen Christus kruzifiziert hatte. Das Bild war das einzige im Raum, das von schlechtem Geschmack zeugte. Wahrscheinlich ein Erbstück. Innerlich begann er zu zählen, um zu sehen, wie lange der junge Mann wohl brauchen würde, um zu begreifen. »Zehn, elf, zwölf...« Jede Sekunde verstärkte in seinen Eingeweiden den Druck. Außerdem würde er um so schneller durch die Pfützen zu seinem nächsten Termin rennen müssen, und seine Schuhe waren schon naß. Aber daß er vorzeitig ging, kam nicht in Frage. Schlimmstenfalls mußte er sich eben soweit herablassen, den Jungen zu fragen, welches Datum sie hatten. »Zweiundzwanzig, dreiundzwanzig...« Vielleicht konnte er die Einunddreißig laut sagen?

»Ach ja. Ende des Monats. Höchste Zeit, daß Sie Ihr Geld von mir kriegen«, schrie Gregorio und rannte zu seiner Mutter. Ein nicht mehr ganz junges Dienstmädchen durchquerte mit einem Besen den Raum, und Morris wurde mißtrauisch gemustert. Wahrscheinlich hatte sie das Wort »Geld« gehört. Morris fiel es nicht schwer, ihr mit einem besonders freundlichen Lächeln zuzunicken. *»Buona sera, Signora.«* Sie standen doch auf derselben Seite, nicht wahr? Aber die Frau klapperte mit zusammengekniffenen Lippen Richtung Küche davon. Bestimmt pinkelte sie insgeheim in die Ecken, um zu zeigen, daß es ihr Territorium war. Blöde Kuh. Wahrscheinlich hatten sie ihr eingeredet, sie wäre Teil der Familie oder so was.

Gregorio kam zurück. Abgesehen von der Schule schien es ihm glänzend zu gehen. Seine Ungeduld ließ darauf schließen, daß er gleich eine Verabredung hatte. *»My fr-riend«*, höchstwahrscheinlich. Und was hielt er da in der Hand? Einen Scheck! Sechzigtausend Lire, und diese Leute bezahlen dich mit einem Scheck! Wollten sie ihn dazu zwingen, Steuern zu zahlen? Oder sollte er Skonto anbieten, damit sie mit Bargeld rausrückten? *Banco Nazionale del lavoro*, sehr witzig. Die brauchten mindestens fünf Tage, ehe sie den Scheck gutschrieben. Morris zeigte Gregorio mit einem wütenden Lächeln die Zähne, was den jungen Mann aber keineswegs zu beeindrucken schien. Dann war er auch schon an der Tür, und die Signora rief ihm ein schwaches *Arrivederci* nach, das vom lauten Heulen des Fernsehers fast übertönt wurde.

»Buona sera, Signora.«

»Ach übrigens«, sagte Gregorio, »diesen Freitag müssen wir ausfallen lassen. Ich fahr' nach Cortina.«

Fünfzehntausend Lire im kalten Alpenschnee verloren!

»Okay. Bis Montag dann. Viel Spaß!« Blöder Schnösel. Und damit trottete Morris auch schon wieder die Treppen hinunter, wo der Springbrunnen jetzt von raffiniert installierten Spotlights beleuchtet wurde. Hier wurden die Flanken eines Fauns von einem Schauer silberner Tropfen besprüht, dort sein steinernes Gesicht angestrahlt, und einer der Scheinwerfer erfaßte den glitzernden Wasserstrahl auf dem Höhepunkt seiner Parabel. Dem grinsenden Faun schenkte Morris den Furz. Am liebsten hätte er noch hinterher gespuckt. »Schinder-rrei.« Verdammt schwer, das »r« schön zu rollen. »Schinder-rrei tut niemand gut, führt am Schluß zu Gr-rroll und Wut!« Er bog in die Via Quattro Spade ein und ging über die Via Manzini und den Vicolo San Nicolò zur Schule zurück, wo er noch eine letzte Stunde geben mußte. Was habt ihr am Wochenende gemacht, wie seid ihr hingekommen, was gab es zu essen, wie war das Wetter, was hat es alles gekostet, habt ihr euch gut amüsiert? Der Montag war mal wieder geschafft.

Morris stand an der Bushaltestelle in der Stradone San Fermo. Er biß die Zähne zusammen, als gelte es immer noch, Wind und Regen zu trotzen, aber der Abend war mild. Trotzdem war es nicht der richtige Zeitpunkt für eine Verabredung mit Massimina. Nicht mit nassen Hosen, aufgeweichten Schuhen und dem fleckenübersäten Aktenkoffer. Er hatte schließlich morgens schon Blumen geschickt, sie konnte sich also nicht gerade beschweren. Und wenn er bei sich zu Hause war, konnte er immer noch anrufen: ganz der leidenschaftliche Verehrer, der nach harter Tagesarbeit völlig erschöpft war, aber dennoch wie gebannt am Telefon hing, um den süßen Worten seiner *fidanzata* zu lauschen. Das konnte seine Wirkung nicht verfehlen. Bei Massimina lag er gut im Rennen, dachte Morris. Vielleicht war sie tatsächlich das große Los.

»Hallo Morris, alter Kumpel! Was treibst du denn so?«

Eine englische Stimme. Eine amerikanische, genauer gesagt. Auf einem alten Fahrrad ohne Licht schwankte ein bärtiger junger Mann vorbei. Um die Füße auf den Pedalen halten zu können, mußte er gefährlich breitbeinig fahren. Morris rümpfte die Nase.

»Wo wohnst du eigentlich? Irgendwo in den Außenbezirken?« Danny stammte aus Kalifornien. Er unterrichtete auch an der Schule.

»In Montorio.«

»Montorio?« Der gräßliche Akzent des Amerikaners machte Hackfleisch aus dem Wort. Dabei war der Kerl schon zum zweitenmal in Italien, mindestens dreimal solange wie er selbst. Morris fühlte sich angenehm überlegen. Es gelang ihm jedenfalls, freundlich zu bleiben.

»Wo zum Teufel ist das denn?« fragte der Amerikaner.

Am Ende der Buslinie, mußte Morris zugeben, sieben Kilometer entfernt.

»Fühlst du dich da draußen nicht ein bißchen einsam? Ich würde bestimmt was in der Stadt für dich finden. Susie hat zum Beispiel ein leeres Bett bei sich in der Wohnung. Sie sucht jemanden, der bei ihr einzieht. Ganz billig. Knackiges Mädchen. Wäre bestimmt lustig.«

Danny gab sich Mühe, und Morris hätte dankbar sein sollen. Der Amerikaner grinste freundlich und bildete sich offenbar ein, Morris wäre bloß schüchtern. »Wir Gastarbeiter müssen zusammenhalten, nicht wahr?« lachte er. »Sonst kriegen wir bei den Spaghettis keinen Fuß auf die Erde.«

Morris behielt die Nerven.

»Paar von uns fahren Ostern nach Neapel runter. Wie wär's? Kommst du mit?«

»Mit der Bahn?« fragte Morris höflich.

»Nein, trampen. Immer in Paaren. Und treffen uns unten. Im Moment ist ein Mädchen zuviel. Also, wenn du dich anschließen willst...«

Die Ankunft des Busses ersparte es Morris, noch einmal ablehnen zu müssen. Er genoß die Leichtigkeit seines Körpers, als er die steilen Stufen hinaufsprang, stempelte seinen Fahrschein, setzte sich auf einen freien Platz und schloß die Augen.

Daß er draußen in Montorio wohnte, war kein Zufall. Er hatte sich absichtlich von der angelsächsischen Kolonie abgesetzt. Die Briten, Amerikaner, Kanadier und Australier wohnten zum größten Teil in einem gräßlich heruntergekommenen Viertel in der Nähe des Stadtzentrums. Sie wollten immer ins historische Zentrum, wollten zum malerischen, alten Italien gehören, in der Nähe der großen Museen und der schicken kleinen Geschäfte wohnen. Außerdem waren alle Wohnungen in den besseren Vierteln unbezahlbar. Da gab man sich nur allzu gern mit schmuddeligen Zimmern und engen Wohnungen an der stinkigen Ponte Pietra zufrieden. Morris hätte auch gern im Stadtzentrum gewohnt, aber nur in einem der eleganteren Viertel, und mit Sicherheit nicht bei den anderen Ausländern. Die Wohnung in Montorio hatte er deshalb genommen, weil sie modern und praktisch und (nach italienischen Maßstäben) nicht allzu schrecklich möbliert war. Die preiswerten Madonnenbildchen und Kaufhaus-Kruzifixe hatte er gleich am ersten Tag abgenommen, und jetzt waren die Wände gottseidank völlig kahl, abgesehen von ein, zwei geschmackvollen Drucken, die ihm einer seiner Privatschüler geschenkt hatte. In den Ecken hatte er überall Spotlights montiert, damit die Räume grell weiß wurden.

Morris setzte sich auf einen hohen Küchenhocker, um an seiner Frühstückstheke sein Abendessen zu sich zu nehmen: ein Stück Parmesan mit trockenem Brot und einem Glas Valpolicella. Er drehte ein bißchen an dem alten Radio herum, dessen Röhren erst warmlaufen mußten, und hörte sich eine Quiz-Sendung des BBC World Service an. Der Empfang war ziemlich gestört, und die Sendung absolut gräßlich. Morris ließ die Albernheiten über sich ergehen wie eine medizinische Behandlung. Es war immer gut, sich daran zu erinnern, warum man da abgehauen war.

Gegen Viertel vor zehn machte er schließlich seinen Anruf bei Massimina. In letzter Minute, denn man mußte immer damit rechnen, daß sie um diese Zeit schon ins Bett ging. Nach dem Abendessen und einer kleinen Ruhepause hatte er Schuhe und Strümpfe gewechselt, und jetzt war sein Italienisch absolut perfekt. Er fühlte sich völlig gewappnet, falls Massiminas Mutter Schwierigkeiten machen sollte.

Massimina hatte er in der Schule kennengelernt. Sie war eine hoffnungslose Schülerin, obwohl sie sich große Mühe gab, eifrig und fleißig zu wirken, weil sie Angst vor dem Abitur hatte. Nach dem Unterricht mußte sie an der gleichen Haltestelle auf den Bus warten wie Morris, und als er bemerkte, daß sie ihn offenbar mochte, wohlerzogen, schüchtern und angenehm war, hatte er sich angewöhnt, sie während der halben Stunde, die sie beide warten mußten, auf ein Glas Weißwein einzuladen. Massimina hatte ein breites, offenes Gesicht, sommersprossig und freundlich, und als Morris sie nach ihrer Familie gefragt hatte, hatte sie so unbefangen von allerlei provinziellem Reichtum berichtet, daß er sie anschließend mehrfach ins Kino ausgeführt hatte (wenn gerade ein Film lief, den er ohnehin sehen wollte). Beim Abschied hatte er dann jedesmal ihre Hände gehalten und sie behutsam auf beide sommersprossigen, schüchternen Wangen geküßt. *»Morriees!«* sagte sie dann immer. *»Morriees, quanto sei* *dolce!«* Sie war gerade erst siebzehneinhalb, in der Taille ebenso schlank wie ober- und unterhalb davon üppig gerundet, und beim Abitur im *Liceo Classico* würde sie in jedem Fach durchfallen.

Am letzten Freitagabend hatte Morris sie gebeten, sich mit ihm zu verloben, seine *fidanzata* zu werden.

Jetzt allerdings war ihre große Schwester am Telefon, Antonella.

»Haben Sie die Blumen geschickt?« fragte sie, ziemlich kühl, wie er fand. Wer denn sonst?

»Haben sie Massimina gefallen?« fragte er, gerade im richtigen Ton, wie er fand. Eifrig, fast atemlos. Als wäre es ihm völlig gleichgültig, was andere darüber dachten.

Aber offensichtlich hatten die Blumen durchaus gefallen, denn jetzt entriß Massimina ihrer großen Schwester den Hörer.

»Morri!«

»Cara!«

»Ti ringrazio tantissimo, tantissimo, sono bellissimi, mai visto fiori così belli.«

Hatten ihn auch zwei volle Privatstunden gekostet, dachte Morris wehmütig. Nicht die optimale Zeit für Rosen, jetzt. Aber zumindest hatten sie Wirkung gezeigt. Morris war sich nicht unbedingt sicher, ob er Massimina tatsächlich heiraten würde, selbst wenn die Familie es zulassen sollte. Wahrscheinlich nicht. Er müßte ja verrückt sein. Und doch war es eine Versuchung. Es war mehr als eine Spielerei. Er wollte einfach mal probieren, ob so etwas möglich war, ob es vielleicht die Lösung für ihn sein konnte. Er hatte seit neuestem das Gefühl, daß sich etwas änderte in seinem Leben, daß sich neue Wege eröffneten, von denen er in der Vergangenheit nicht mal geträumt hätte. Sogar diese alberne Geschichte mit dem Aktenkoffer gehörte dazu. Es schien, als wären bestimmte grundlegende Hemmungen endlich gefallen.

»Scusami cara?« Er hatte den roten Faden in Massiminas Geplapper verloren.

Ihre Mutter wollte ihn kennenlernen und ein Wort mit ihm reden.

»Sehr schön, und wann?«

»Sie sagt, sobald wie möglich, Morriiees. Vielleicht morgen abend. Sie möchte, daß du zum Abendessen zu uns kommst. Sie macht sich Sorgen, weil sie dich noch nicht kennt und so weiter.«

Morgen müsse er länger arbeiten, sagte Morris. Das war bestimmt nicht falsch. Man mußte den Eindruck eines ernsthaften, vielbeschäftigten Mannes erzeugen.

»Dann übermorgen? Oder Freitag?«

Morris überlegte blitzschnell. Er mußte den alten Drachen natürlich völlig bezaubern. Und das konnte er auch. Er war fest davon überzeugt. Entscheidend war nur, daß er den richtigen Zeitpunkt wählte. Er durfte nicht hingehen, wenn *sie* wollten, sondern wenn *er* das Gefühl hatte, in Bestform zu sein.

»Das Problem ist, daß ich solange nicht mehr an deinem Kurs teilnehmen darf, bis Mamma dich begutachtet hat«, jammerte Massimina. Sie war offensichtlich in höchster Aufregung. Allmählich fing Morris an, sie richtig zu mögen. Sie war überhaupt nicht wie diese eingebildeten, blaßgeschminkten, tweedgekleideten Oxbridge-Ziegen aus seiner Studentenzeit. Die hatten immer irgendwelche überspannten Meinungen zu allem und jedem von sich gegeben und nur darauf gelauert, einem zu widersprechen, wenn man auch mal was sagte. Er werde am Mittwoch, spätestens Donnerstag kommen, versprach Morris.

2

Morris' großer, in blaues Saffianleder gebundener Kalender stammte zwar aus dem Jahr 1977, aber die Wochentage waren glücklicherweise identisch mit denen von 1983. Er hatte das gute Stück in seiner Wohnung gefunden, zusammen mit einem Haufen anderer Papiere, die der vorherige Mieter zurückgelassen hatte. Nachdem er seine Stunden abgehakt und das eingenommene Geld verbucht hatte, setzte sich Morris in die Badewanne und überlegte, was ihm morgen bevorstand. Wieder dieselbe hektische Jagd durch die Stadt. Erst zwei Stunden Schule, dann Alberto, dann wieder Schule, Matilde, dann wieder Schule. Außerdem mußte er am Vormittag etwas unternehmen, um den Reißverschluß an seiner guten Hose reparieren zu lassen, Schuhcreme für seinen Aktenkoffer sowie Brot, Käse und Spülmittel einkaufen. Und dann mußte er sich nach einem Mittel gegen Schuppen erkundigen (er, Morris, mit Schuppen!) und neue Busfahrscheine besorgen. Er seifte sich die ausrasierten Achselhöhlen ein und entwickelte dabei auf einem unsichtbaren Stadtplan in seinem Kopf neue, zeitsparende Routen.

Nein, es war wirklich beschissen. Er lebte von der Hand in den Mund. Von einem Tag zum anderen, von einer Woche zur nächsten. Hinsichtlich einer künftigen Karriere, finanzieller Erfolge oder eines gewissen gesellschaftlichen Aufstiegs waren die letzten zweieinhalb Jahre vollkommen verschwendet gewesen. Schlimmer noch, er war erschöpft und von all diesen Privatstunden völlig verblödet. Soviel Mittelmäßigkeit und Langeweile. Hatte er auch nur einen einzigen intelligenten Schüler? Wußte auch nur einer von ihnen seine ungewöhnlichen Talente zu schätzen? Seine Fähigkeit, Sprachübungen aus dem Handgelenk zu improvisieren und die wildesten Geschichten zu erfinden? Hatte auch nur einer von ihnen die leiseste Ahnung von seinem wahren Format? Nein, das einzige, was ihm die letzten zwei Jahre gebracht hatten, war die Fähigkeit, nahezu perfekt Italienisch zu sprechen. Was allerdings eine eigenartige neue Freiheit seines Denkens mit sich gebracht hatte. Als ob er gewissermaßen entgleist wäre. Seine Gedanken schienen jetzt alle Möglichkeiten ganz wertfrei zu prüfen. Er mußte sich unbedingt darauf konzentrieren, italienisch zu denken. Vielleicht konnte er so endlich mehr aus sich herausgehen.

Während er seine Ohren reinigte, betrachtete sich Morris im Spiegel. Ja, vielleicht war es wirklich die neue Sprache, die ihm dieses neue Denken gebracht hatte. (Hatte er italienisch gedacht, als er den Aktenkoffer geklaut hatte?) Seine blauen Augen starrten sich im Spiegel selbst an, bis das Glas allmählich beschlug. »Schinder-rrei!« sagte er, aber in seinen Mundwinkeln hockte ein Lächeln und seine langen Zähne wurden einen Augenblick sichtbar. Ein neues Lächeln, fand Morris. Er konnte sich beim besten Willen nicht erinnern, dieses Lächeln schon jemals gesehen zu haben. In seinem Inneren fand man so viele Dinge, von denen man nichts ahnte. *»Cara Massimina«,* sagte er lautlos, *»cara, cara, Massimina«,* und war sehr zufrieden mit sich.

»Lieber Vater, erinnerst du dich noch, wie du mir immer gesagt hast, ich sollte auf dem Teppich bleiben? Du hast mir die Faust in den Rücken gebohrt und das Kinn hochgehalten, um meine Haltung zu korrigieren. Das viele Lesen und Lernen würde mich zu einem Bücherwurm machen, hast du gesagt.«

Morris hielt inne, schaltete das Diktaphon ab und kratzte sich damit hinterm Ohr. Worauf wollte er eigentlich damit hinaus?

»Beim Lesen sähe ich aus wie ein Fall von Spina bifida, hast du immer gesagt, mit dem Buckel, den ich dabei machte. Ein Adonis wärst du ja auch nicht gerade, hab ich dir mal geantwortet, und du wußtest zwar nicht, wer Adonis war, hast mich aber erstmal verdroschen. Ich sollte nicht fluchen, hast du gesagt. Dabei hast du dauernd geflucht.«

O Gott, war das langweilig. Frühkindliche Traumatisierung durch Fehlverhalten der Eltern. Das hatte ihn noch nie überzeugt. Und doch fand er es insgeheim aufregend. Sich selbst darzustellen und sein Innerstes zu erklären, war immer irgendwie aufregend. Vor allem, wenn sich neue Chancen abzeichneten. Wenn es Hinweise gab.

Wie dieses neue Lächeln zum Beispiel, diese neue Idee.

»Und dann, als ich ungefähr fünfzehn war und mehr auf mich achtete und Rasierwasser benutzte (wie Gregorio jetzt!) und mich sorgfältig kämmte und versuchte, mich geradezuhalten (Brust raus, Schultern zurück), da hast du gesagt, ich wäre ein Bubi. (Warum hat mich gerade dieses Wort so verletzt?) Ich konnte machen, was ich wollte, nichts war dir recht.«

Letzten Endes war natürlich alles nur eine Identitätsfrage. Morris war entweder der brave Junge, das wohlerzogene Muttersöhnchen, der Streber, der Angepaßte, der sich unbedingt aus den Niederungen der Reihenhäuser von Acton und der Gewerkschaftsmentalität seines Vaters befreien und zu den lichten Höhen der Gartenparties in Cambridge mit Champagner und Krabben aufsteigen wollte, oder der Verstoßene und Verachtete, dem man Unrecht getan hatte, der sein Ziel knapp verfehlt hatte und jetzt für immer verprellt war, der nur noch daran dachte, sich an der Gesellschaft zu rächen.

»Rache, Vater. Ich werde mich rächen, denn…«

Zwei Seelen in seiner Brust, der brave und der böse Morris. Nicht ganz einfach, beide Persönlichkeiten miteinander in Einklang zu bringen.

»…du hattest vollkommen recht, Vater. Mit dem Auf-dem-Teppich-bleiben. Zumindest metaphorisch. (Ich glaube, meine Haltung ist de facto viel besser als deine.) Ich hatte mir wirklich einreden lassen, England wäre eine Leistungsgesellschaft. Ich lernte, um hochzukommen. Ich wollte aus unserem billigen, mittelmäßigen Haus weg, ich wollte nach oben. Weg aus unserer häßlichen Straße. Weg von deinen biersaufenden, furzenden, dartsspielenden Freunden. Wenn ich mich statt dessen bloß *einmal* richtig umgeschaut hätte, wäre mir schnell klargeworden, daß ich bis zum Jüngsten Tag hätte pauken können, ohne auch nur zwei Zentimeter aus der Scheiße zu kommen.«

Morris starrte vor sich hin. Die Bettlaken, in denen er schlafen würde, waren so schmutzig, daß sie wie Sandpapier kratzten, aber die Vorstellung, sie zu waschen, erschien ihm ganz maßlos anstrengend und langweilig. Was er eigentlich brauchte, war eine Haushälterin. Oder doch eine Frau? Er lächelte schiefmäulig und fragte sich, ob das nun dasselbe neue Lächeln war wie das, mit dem er aus dem Bad gekommen war.

»Erinnerst du dich noch? Als Mutter starb, hast du gesagt, ich sollte arbeiten gehen und meine Zeit nicht mit Herumstudieren vertrödeln...«

Nein, so ging das nicht. Das war völlig daneben. Er hatte sich vom Thema abbringen lassen. Er wollte doch das Motiv der Verachtung entwickeln. Er hatte sich nicht recht konzentriert. Morris spulte das Tonband zurück und drehte sich auf die andere Seite. In seinem grünen Baumwollschlafanzug auf dem Bauch zu liegen, war so schön warm und bequem.

»Ich habe mich deiner geschämt. Ich...«

Ach herrjeh!

»Mutter hat mich viel besser verstanden, Mutter...«

Nein, Mutter mußte er da ganz rauslassen. Und verstanden hatte sie überhaupt nichts. Dazu war sie viel zu fromm. Mutter, das wurde ihm freilich erst jetzt klar, hatte sich in der Frage des Studiums nur deshalb auf seine Seite geschlagen, weil sie der Ansicht war, daß es irgendwie tugendhaft sei (vermutlich, weil es Askese und Bestrafung des sündigen Fleisches verlangte). Es zählte daher indirekt zum Bereich der Religion, die sie als Waffe gegen die Sauferei seines Vaters einsetzte. Bei genauerem Hinsehen zeigte sich rasch, daß sich seine Eltern über seine Zukunft genauso gestritten hatten wie zum Beispiel über die Frage, in welcher Farbe sie die Klowände streichen sollten. Oder ob sie mit ihm schlafen mußte oder nicht.

»Jedenfalls hat sich jetzt alles geändert. Ich werde das Pferd andersherum aufzäumen. Italien ist ein eigenartiges Land, und ich habe viel hier gelernt. Vor allem aber hat es mich dazu gebracht, die Reichen zu hassen. Von jetzt an schlage ich zurück! Sie haben es wirklich nicht besser verdient.«

Nein, das war nun wirklich zu schrill. So stimmte es überhaupt nicht. Das erklärte keineswegs, warum er den Aktenkoffer geklaut hatte oder Massimina auf so eigenartige Weise den Hof machte. In Wirklichkeit bewunderte er den Geschmack der italienischen Oberklasse durchaus. Das Problem war doch weniger, sie zu vernichten, als vielmehr, Einlaß bei ihr zu finden. Während sein Vater die Reichen haßte, weil er *nicht* so sein wollte wie sie. Jetzt hatte er wieder gar nichts erklärt.

Also nochmal von vorn!

»Sicher ist dir bewußt, Vater, daß ich dich bewundere. Ich bewundere und hasse dich. Außerdem gibt es noch ein anderes faszinierendes Paradoxon in meiner Seele: Mein Wunsch, zu demütigen, mischt sich ganz merkwürdig mit dem Bedürfnis, *im Recht zu sein*. Ich weiß jetzt, daß ...«

Damit hatte das Ganze nun endgültig jegliche Richtung verloren. Er hatte dasselbe schon oft erlebt, wenn er versuchte, einen Leserbrief zu verfassen. Man fing mit einem sehr klaren Gedanken an – einer Veränderung, dem Prinzip der Verachtung oder dergleichen –, und wenn man die Hälfte geschrieben hatte, wurde einem klar, daß keineswegs alles klar war. In Wirklichkeit war es ein Chaos.

Um zwei fing der Hund an zu bellen. Morris erwachte und hörte ein langes, markerschütterndes Heulen, kaum einen oder zwei Meter vor seinem Fenster. Wie immer beim Aufwachen waren seine Kiefer verkrampft, außerdem war seine

Zunge auf der linken Seite wund und geschwollen. Eine tiefschwarze Wut pochte in seinem Schädel, eine Wut, die ihm fast aus den schmerzenden Augen heraussprang. Reichte es denn nicht, daß einem die Mutter wegstarb, der einzige Mensch, der sich je um einen gekümmert und für einen gesorgt hatte? Reichte es nicht, daß man Kind armer Leute war und sich mit einem stinkenden, bäurischen, biersaufenden, Schweinefleisch fressenden Vater abfinden mußte? Daß man sein ganzes Leben lang gegen den Strom schwimmen mußte, daß man von der Universität relegiert und einem mehr Bewerbungen abgelehnt worden waren, als der *Guardian* im ganzen Jahr druckte? Nein, zu allem Überfluß mußte man auch noch in einer Wohnung wohnen, wo jede Nacht so ein verdammter Köter direkt vor der Tür bellte und einen aufweckte, damit man glockenwach daliegen und alles noch einmal nacherleben konnte: die Frustration, das Versagen, das Gefühl, hereingelegt worden zu sein, ignoriert zu werden, die falschen Entscheidungen getroffen und keinerlei Zukunftsaussichten zu haben. Das Gefühl, alle Anstrengungen seien vollkommen sinnlos gewesen.

Das Bellen hallte dröhnend von den Mauern wider und fuhr wie ein Preßlufthammer in sein müdes Gehirn. Morris lag auf dem Rücken und heulte jämmerliche Tränen des Selbstmitleids. Er war verflucht, das war alles. Verflucht, nicht mehr und nicht weniger. Das zeigte sich schon daran, daß sich offenbar niemand sonst an dem Hund störte. Die anderen waren alle immun. Die weckte das Bellen nicht auf. Aber er war mit irgendeiner schrecklichen Krankheit geschlagen, die all diese Plagen über ihn brachte. Und das hatte er nicht verdient. Das hatte er ganz bestimmt nicht verdient.

Am nächsten Morgen kaufte Morris auf der Piazza Erbe eine Postkarte und schrieb seinem Vater folgende höfliche Zeilen:

»Lieber Dad, ich hoffe, es geht Dir gut. Wahrscheinlich hast Du viel im Garten zu tun. Hier ist alles bestens. Kein Regen. Jeden Tag strahlende Sonne. Die Arbeit läuft prima.

Wenn ich dazu komme, buche ich mal einen Flug für eine Woche im Sommer. Alles Gute, Dein Morris.«

Das klang doch hervorragend. (Wie kam es eigentlich, daß ihm sein Leben oft wie ein ständiger Dialog mit seinem Vater erschien?) Er kritzelte die Adresse: 68 Sunbeam Road, North Acton, London NW 10, *Gran Bretagna*, kaufte beim Tabakhändler Briefmarken und warf die Karte in den Briefkasten am anderen Ende des Platzes. Dann machte er sich auf den Weg, um ein neues Hemd und eine neue Hose zu kaufen.

Schick oder schlicht, das war die Frage. Modern oder klassisch? Was sie sehen wollten, war natürlich ein Anzug. Sie wollten einen ernsthaften jungen Mann, der einem Mädchen etwas Solides zu bieten hatte (auch wenn sie selbst Geld genug hatten, um sie beide bis in alle Ewigkeit zu versorgen). Es wäre natürlich schön, dachte Morris, wenn er sie überraschen könnte und der Schock sie dann dazu zwingen würde, ihn zu bewundern und auf den ersten Blick als echte Persönlichkeit anzuerkennen. So würde ein richtiger Künstler es machen. Aber er war sich nicht sicher, ob er es jetzt schon schaffen würde, so aufzutreten. Vielleicht war es doch besser, die Kleidung ganz einfach zu halten und im Gespräch, in der Mimik und Körpersprache zu überraschen, wenn es sich anbot.

Am Ende gab er sich mit einem kleinkarierten, blaßgrünen Hemd zufrieden, das gut zu seiner dunklen Tweedjacke und seiner Clubkrawatte paßte (ein bißchen englisch auszusehen, konnte nichts schaden, und die dunklen Farben brachten seine helle Haut schön zur Geltung). Dazu eine elegante italienische Kammgarnhose, die zu jeder Gelegenheit paßte. Natürlich gab er wieder einmal zuviel Geld aus und fragte sich einen Moment lang, wie er die Gasrechnung zahlen sollte. Aber der Winter war ja so gut wie vorbei. Was machte es schon, wenn ihm das Gas abgestellt wurde. Auf jeden Fall hatte Morris plötzlich das Gefühl, daß er sich wegen ein paar tausend Lire hier oder da bald keine großen Sorgen mehr machen müßte. Und die zwanzig Privatstunden pro Woche waren vielleicht auch bald passé. Er hatte jedenfalls genug, er hatte die Spielregeln der anderen lange genug befolgt, ohne etwas damit zu erreichen. Er war ernsthaft gewesen, und ehrlich, aber jetzt reichte es ihm. Er fühlte sich wie eine Ziege am Strick, die lange genug den Umkreis des Pflocks abgenagt hatte. Entweder würde er sich jetzt an seinem Halsband erwürgen oder der Strick riß.

Als er die hunderttausend Lire hinblätterte, hatte Morris das Gefühl, sich einer Währung zu entledigen, die ihm ohnehin bald nichts mehr nützen würde, und diese Metapher gefiel ihm so gut, daß er die dunkelhaarige junge Verkäuferin großzügig anlächelte.

Als nächstes zu Standa, um eine Creme für den Aktenkoffer zu suchen. Er liebte es, schöne Dinge zu pflegen, las sorgfältig alle Inhaltsangaben und Gebrauchsanweisungen auf den Tiegeln und Tuben und wählte in aller Ruhe das beste Produkt. Gewöhnliche Dinge interessierten ihn wenig, aber bei schönen Sachen war das anders (das war auch letzten Endes das Wunder: daß er zwar in North Acton das Licht der Welt erblickt hatte, sich aber schon lange, noch bevor er wußte, daß es so etwas überhaupt gab, nach Stil und Klasse gesehnt hatte). Wenn er eines Tages viele schöne Dinge um sich versammelt hätte, dachte Morris, würde er viel Zeit damit zubringen, sie zu pflegen. Das würde den Genuß erhöhen. Vielleicht konnte er ja Massimina dazu abrichten, wenn es erst einmal soweit war. Sie schien ja durchaus gelehrig.

Das Besondere an seinem Aktenkoffer allerdings, dachte Morris, als er schließlich in der Schule saß und vor Unterrichtsbeginn den Pflegebalsam vorsichtig mit den Fingerspitzen auf dem Leder verteilte, war die Dreistigkeit, mit der er das gute Stück an sich gebracht hatte. Soviel Selbstvertrauen hätte er sein ganzes Leben lang gerne gehabt, und genau dieses Selbstvertrauen ging ihm mit jedem Tag stärker verloren, den er damit verbrachte, auf den Straßen von einer Privatstunde zur anderen zu hetzen, um ein paar mickrige Lire zusammenzukratzen.

Es war im Zug auf der Rückfahrt von Mailand gewesen, wo Morris seinen Paß verlängert hatte. Es war spät in der Nacht, und in seinem Abteil hatte nur ein einziger anderer Reisender gesessen. Nach seinem Aufenthalt in einer anderen Stadt und einem Tag ohne Arbeit war Morris bester Laune gewesen, und als der andere unbedingt ein Gespräch anfangen wollte, hatte er nicht die geringste Lust gehabt, sich als mickriger Sprachlehrer zu erkennen zu geben. Was war denn ein Sprachlehrer? Ein Niemand. Eine gescheiterte Existenz. Wer wurde schon freiwillig Sprachlehrer? Morris behauptete, er wäre Amerikaner (warum nicht?), er sei im diplomatischen Dienst und gehöre zum Konsulat in Venedig. Seit sechs Monaten sei er jetzt in Italien, aber... Sein Italienisch sei ja ganz vorzüglich für eine so kurze Zeitspanne, hatte der andere höflich gesagt, und Morris hatte geschmeichelt genickt und gelächelt.

Sein Mitreisender hatte sich als Vertreter von *Gucci* vorgestellt und dabei den weichen ledernen Aktenkoffer mit solch strahlender Selbstgefälligkeit auf seine fetten Knie gestellt und getätschelt, daß ihm Morris vor lauter Neid fast gesagt hätte, mit solchen Schwindlern, die unter teuren Markenzeichen völlig überflüssige Luxusgegenstände herstellten und sie mit gigantischem Werbeaufwand für Irrsinnspreise an kulturlose Amerikaner verkauften, während Millionen von Menschen auf der Welt (nicht zuletzt auch er, Morris, selbst!) hungerten, wolle er nichts, absolut gar nichts zu tun haben. Aber das Köfferchen war wirklich sehr elegant, und so hatte er lieber die Klappe gehalten und ein paar freundliche Dinge über den Markt für Lederwaren und die Bewunderung seiner Landsleute für italienische Designer gesagt.

Das Gespräch hatte sich der Politik zugewandt, und der Gucci-Mann hatte beteuert, das italienische Volk sei den Amerikanern sehr dankbar dafür, daß sie nicht zugelassen hätten, daß die Kommunisten an die Regierung gelangten. Morris stimmte ihm begeistert zu und äußerte sich in starken Worten über die »rote Gefahr«, obwohl er selbst erst vor kurzem noch mit dem Gedanken gespielt hatte, in den Ostblock auszuwandern. (Er hatte sich alles so schön ausgemalt: »Junger Londoner sucht besseres Leben in Moskau« hätte die Schlagzeile im *Morning Star* sein können. Er hätte für Radio Moskau gearbeitet und die Sendungen der BBC gestört, die ihm partout keinen Job geben wollte. Warum auch nicht, wer brauchte schon diese britische Gehirnwaschanlage, Radio Kotzbrocken?)

Nach ungefähr einer halben Stunde solchen Geplauders war der Gucci-Mann aufgestanden und auf die Toilette gegangen. Und zufällig traf seine Abwesenheit mit dem kurzen Halt in der kleinen Stadt Desenzano zusammen. Morris kam überhaupt nicht zum Nachdenken. Und falls er doch nachgedacht haben sollte, dann hatte er in Italienisch gedacht und gar nicht gemerkt, daß er es war, der da nachdachte. Er hatte eine Hand auf den Türknopf gelegt und ruhig abgewartet, bis der Zug sich gerade wieder in Bewegung zu setzen begann. Dann hatte er kaltblütig den Aktenkoffer vom gegenüberliegenden Sitz genommen und war auf den Bahnsteig gesprungen. Noch nie in seinem Leben hatte er sich so locker gefühlt.

Der Zug, den er verlassen hatte, war der letzte des Tages gewesen, und Morris mußte die Nacht in einer billigen Pension in Bahnhofsnähe verbringen, aber das war ihm egal. Innerlich jubilierte er, weil er sich selbst so verblüfft hatte. Er hätte solche Dinge schon immer tun sollen!

Er saß auf dem schmalen Hotelbett und durchwühlte den Inhalt des Koffers, der allerdings weit weniger attraktiv war als dieser selbst: eine Mappe mit vierfarbigen Gucci-Prospekten, die neueste Ausgabe von *Penthouse* (der geile alte Bock interessierte sich also nicht bloß für brave christdemokratische Konversation), eine Tüte mit Pfefferminz, verschiedene Geschäftsbriefe und Aktennotizen, aus denen hervorging, daß der ehemalige Besitzer Amintore Cartuccio hieß und in Triest ansässig war, und schließlich ein dicker brauner Lederkalender mit Adressen und Terminen.

Morris lutschte die Pfefferminzbonbons und studierte

über eine Stunde lang den Kalender. Er fand eine Fülle von Zahlen und Namen (das waren vermutlich die Läden) und gelegentlich den Vornamen »Luigina« – und dahinter immer ein Ausrufezeichen! Er stellte fest, daß dieser Name regelmäßig im Abstand von zehn bis zwanzig Tagen auftauchte, und zwar im Zusammenhang mit einem Geschäft in Bologna. Zwei Besuche in Mailand dagegen wurden von der Erwähnung einer gewissen »Monica« am Rand des Notizbuchs begleitet. Und in diesen Fällen stand sogar der genaue Termin der Verabredung da.

Seit jener Nacht hatte Morris schon gelegentlich daran gedacht, daß man aus Cartuccio vielleicht noch mehr herausholen konnte, wenn man ein bißchen Mut hatte. Er konnte sich zwar nicht daran erinnern, ob der Mann einen Ehering getragen hatte, aber er sah jedenfalls ganz wie der typische Ehemann aus. Es war schon tragisch, daß alle spießigen alten Lustmolche garantiert verheiratet waren, während ein Gentleman wie er selbst nur durch die Not gezwungen wurde, einen solchen Schritt in Erwägung zu ziehen.

»'allo, Miester Morriiess!«

Der erste Schüler kam in die Klasse, ein schmaler, nervöser Bursche mit dem unvermeidlichen, grauschwarzen, traurigen italienischen Schnauzbart. Morris fuhr erschrocken zusammen. Daß er auf diese Weise ertappt wurde, machte das Eincremen des Aktenköfferchens fast zu einem unanständigen Akt. Es war, als hätte man ihn mit der Hand in der Hose erwischt.

»Sie 'aben eine Gucci-Tasche«, sagte Armando und nahm seinen üblichen Platz ein.

»So ist es.«

»Eine sehr schöne Tasche.«

Morris sagte, er habe die hohe Qualität der italienischen Lederwaren schon immer zu schätzen gewußt und fletschte die Zähne, um mit dem Unterricht zu beginnen.

»Hatten Sie ein schönes Wochenende, Armando?«

»Ja, 'atte ich.«

3

Morris erzählte gerade eine apokryphe Geschichte über Danny. Die Mutter, die Großmutter, die beiden älteren Schwestern Massiminas (wie hatte er nur auf die Idee kommen können, es gäbe nur eine?) und ein gewisser Luigi saßen bei Tisch. Und natürlich Massimina selbst, die ihn mit großen schwarzen Augen betrachtete. Das Dienstmädchen hatte zunächst kleine Spinatbällchen mit Sauerrahm serviert (die köstlicherweise »Pfaffenwürger« genannt wurden). Dann folgten Lasagne und Schinken, dann der Hauptgang, der im wesentlichen aus köstlich zarten Steaks bestand. Jetzt war man beim Nachtisch: *Tiramisu*. Morris hatte freundliche, aber keineswegs übertriebene Bemerkungen über das Essen gemacht und damit, wie er hoffte, den Eindruck erweckt, daß er alle Tage so speiste. Trotz eines wölfischen Hungers hatte er es nicht nur vermieden, sein Essen wie üblich herunterzuschlingen, sondern auch noch auf jedem Teller ein Restchen gelassen und alle Angebote höflich abgelehnt, sich den Teller ein zweites Mal füllen zu lassen. Sein Anzug und speziell die Clubkrawatte waren vielleicht eine Spur förmlicher als die Kleidung der anderen, aber bei einem ersten Besuch war das sicher kein Fehler. Sein Italienisch übertraf seine Erwartungen bei weitem. Er war wirklich in Bestform.

»Und der Witz dabei ist«, faßte er seine Geschichte zusammen, »daß Danny in Wirklichkeit *äußerst wohlhabend* ist.« Seine blauen Augen funkelten vor Freude über ihre Verblüffung. Die Geschichte war fast auf ihrem Höhepunkt, und offenbar hatte sie ihnen bis dahin gefallen. Morris machte eine Kunstpause und lächelte siegesgewiß. (Er war bei weitem der Amüsanteste, hatte er festgestellt. Die Langweiler lebten immer von anderen, die Phantasie hatten.) »Ja, seiner Familie gehört eine ganze Motelkette in Kalifornien! Er hatte überhaupt keinen Grund, ein Abrißhaus zu besetzen. Er hätte jederzeit eine schicke Wohnung mieten können, gleich am ersten Tag nach der Hochzeit, *wenn man ihnen nur erlaubt hätte zu heiraten*. Sogar im Zentrum. Und wenn er vernünftig genug gewesen wäre, sich mit Marinas Eltern zusammenzusetzen, hätten die sich bestimmt keinerlei Sorgen gemacht. Denn trotz seiner ganzen Hippie-Ideen und Hippie-Klamotten, seiner Perlenketten, seiner Haare und seines Barts ist Danny wirklich ein netter Kerl. Sie kennen ja die Amerikaner. Aber so wie es aussah, was sollten sie machen? Sie mußten ja den Eindruck gewinnen, sie hätten einen Habenichts vor sich, der ihre Tochter unweigerlich mit sich in die Gosse ziehen würde. Also schickten sie die arme Marina in eine Klosterschule nach Paris, obwohl sie kein Wort Französisch sprach, und der arme Danny sitzt heute noch in seinem Abrißhaus mit seinen ganzen vegetarischen Kochbüchern, seinen Wohlfahrtsklamotten und seinem vielen Geld, das er nicht ausgeben will.«

Während seiner Erzählung hatte er Massimina ständig Blicke zugeworfen, die den anderen kaum entgangen sein konnten. Die Geschichte war unter den gegebenen Umständen schlechthin genial, fand er. Auf der einen Seite spiegelte sie genau seine Befürchtungen, oder besser: seine Reaktion auf ihre Befürchtungen – die ja durchaus legitim waren, wie er indirekt andeutete. Aber auf der anderen Seite ließ er durchblicken, daß er ganz zu ihnen gehörte und daß es bei ihm ohnehin kein Problem gab. Kein Bart, keine Perlenketten und kein Gandhi-Poster bei Morris. Einen Augenblick lang überlegte er, ob er der Geschichte noch den letzten Schliff geben sollte, indem er die arme Marina in den Selbstmord trieb (sie könnte sich vielleicht auf der Toilette im Gare du Nord aufhängen), lesbisch oder Pornomodell werden ließ. Aber das war vielleicht doch ein bißchen riskant. Er konnte sich ja bei anderer Gelegenheit mal was gönnen.

Massimina glühte. »Noch ein bißchen *Tiramisu*?« Sie hatte das Schüsselchen aus geschliffenem Glas bereits in der Hand, und diesmal akzeptierte Morris. »Aber bitte nur einen ganz kleinen Löffel.« Er betrachtete sie aufmerksam. Massimina hatte lange, schwarze Haare, helle Sommersprossen auf einer kamelienzarten Haut und große, dunkelbraune Augen. Sie hatte ein feines, klares Gesicht, und wenn sie lächelte, waren ihre Züge freundlich und anziehend.

Angesichts des offensichtlichen Reichtums ihrer Familie fand es Morris erstaunlich, daß er Massiminas erster Verehrer sein sollte, aber das war vielleicht eine Folge ihrer Jugend und ihrer quälenden Schüchternheit. Bei ihren langen Gesprächen in der Bar an der Bushaltestelle hatte Morris unter anderem erfahren, daß Massimina seit dem Tod ihres Vaters, also von ihrem zweiten Lebensjahr an, immer bei ihrer Mutter geschlafen hatte. Der Gedanke daran, wie diese beiden Frauen sich miteinander zu Bett legten, die eine alt und schwer und schal und die andere frisch, jung und jungfräulich, löste ein merkwürdiges Gefühl bei ihm aus. Es war nicht einfach Ekel oder Erregung, sondern eine eigenartige Verschärfung seines Interesses.

Morris war stolz auf sein Interesse am Leben.

Luigi, der, wie sich zeigte, Antonellas Verlobter war, ließ sich ebenfalls eine zweite Portion *Tiramisu* geben. Er war mager und hatte ein fliehendes Kinn, außerdem aß er viel zu schnell, und sein Kopf hing dabei fast auf dem Teller. Morris fühlte sich ihm weit überlegen, besonders als er jetzt sogar daran dachte, der kränklichen Großmutter seinen Arm anzubieten, als sie vom Speisezimmer in den Salon gingen, um dort auf Kaffee und Cognac zu warten. Er war nun mal ein Gentleman, verdammt, auch wenn er aus einem anderen Milieu kam, und von welchem Angehörigen der sogenannten Oberklasse konnte man das heute schon sagen? Das einzige, woran er unbedingt denken mußte, war, nicht zu viel zu trinken. Auf gar keinen Fall. Dabei hatte er schon drei oder vier Gläser intus, *Soave* von den familieneigenen Weinbergen. Jetzt noch ein Tropfen Cognac, und dann aber Schluß.

Der Salon war in mancher Beziehung genau wie das Eßzimmer: schwere Möbel, viel dunkles Holz, gerade Linien. Das waren bestimmt keine Neureichen. Der Marmorfußboden zeigte ein strenges Schachbrettmuster, die Mahagoni-Schränke waren aus bestem Holz und sahen ein bißchen aus wie senkrecht stehende Särge; auf ein Tigerfell (mit authentischem Einschußloch) ringelte sich tiefgrüner Efeu herunter. Zu seiner eigenen Überraschung hatte die altmodische Monstrosität des Salons eine beruhigende Wirkung auf Morris. Der Raum war so theatralisch! Wie konnte man auch nur ein einziges Wort von dem ernst nehmen, was in solchen Räumen gesagt wurde? Besonders wenn es italienisch gesagt wurde. Er setzte sich auf einen der schrecklich geraden Stühle, wobei er seinen Kopf nur behutsam bewegte, damit nicht womöglich Schuppen auf sein Jackett fielen.

Abgesehen von der hinfälligen Großmutter waren die Frauen alle einen Augenblick lang draußen beschäftigt. Sie kümmerten sich wohl um Kekse und Petits fours. Diesen Augenblick nutzte der magere Luigi für sein Verhör.

»Sie sind Lehrer, soviel ich gehört habe?«

Es amüsierte Morris ungemein, wenn er nach Dingen gefragt wurde, die seine Gesprächspartner ohnehin genau wußten. Es war ja wohl in der Familie bekannt, daß er das Mädchen in der Schule kennengelernt hatte, oder? Aber bei Luigi mußte er vorsichtig sein. Ein paar unauffälligen kleinen Bemerkungen beim Abendessen war zu entnehmen gewesen, daß der junge Mann immerhin der Sohn des größten Geflügelbarons in der Provinz Venetien war. Ein schöner Coup für die Mamma, die sich vor Freude darüber bestimmt fast die Hosen genäßt hatte. Luigis Meinung über Massiminas Verehrer war daher sicher entscheidend. Morris setzte eine demütige Miene auf.

»Ja, das ist richtig. Ich unterrichte ein wenig.« Er zögerte, aus den Augenwinkeln sah er, daß Massiminas Mutter im Türrahmen stand. Ihr Gesicht zeigte die harten Linien, die fünfzehn Jahre höchst geschäftsmäßiger Witwenschaft ihm aufgeprägt hatten.

»Aber im Grunde ist das nur eine Nebenbeschäftigung, die ich mehr zu meinem Vergnügen betreibe, und natürlich dem Direktor der Schule zuliebe. Mein Hauptberuf ist Import-Export. Ich bin Vertreter der Industrie- und Handelskammern von London und Bristol, und wenn Firmen aus diesen Städten hier in der Gegend Kunden oder Lieferanten suchen, stelle ich den Kontakt für sie her.«

Beiläufig erwähnte Morris die Namen von drei Veroneser Firmen, mit denen er gegenwärtig gerade zusammenarbeite. Die Namen der Weinkellerei und der beiden Kleiderhersteller kannte er von Plakaten und Anzeigen. Es bestand natürlich die Gefahr, daß Luigi oder die Signora jemanden in diesen Firmen kannten; Verona war schließlich eine durchaus überschaubare Stadt und die Geschäftswelt eng miteinander verflochten. Aber gerade die Selbstverständlichkeit, mit der Morris dieses Risiko einging, konnte vielleicht auch der entscheidende Faktor für den Erfolg sein.

Dann wartete Morris. Er durfte sich auf keinen Fall in eine Verteidigungsposition drängen lassen. Es entstand eine Pause von fast einer Minute. Der Mund der Signora sah so eingesunken aus, daß man glaubte, durch die Lippen hindurch ihre falschen Zähne erkennen zu können.

»Und was hat Sie nach Italien geführt?«

»Ich hab' mich einfach in das Land verliebt, wie alle anderen auch. Sie haben eine herrliche Heimat. Ich hab' ein paarmal hier Ferien gemacht. Und dann, als mein Vater mir sagte, daß ein Kontaktmann für die Handelskammer gesucht würde, habe ich die Gunst der Stunde genutzt. Ich denke, ich werde auf Dauer hier bleiben.« Morris lächelte mit seinen, wie er wußte, wunderbar weißen Zähnen. Die Tatsache, daß er seinen angeblichen Job den Beziehungen seines Vaters verdankte, würde sie bestimmt überzeugen. So etwas hörten sie gern: einflußreiche Familie, gute Beziehungen. Und wenn es kritisch wurde, konnte man den alten Herrn immer noch rechtzeitig abkratzen lassen.

Beim Kaffee wollte Antonella dann partout über Massiminas bevorstehendes Abitur plaudern. Antonella und ihre ältere Schwester Paola saßen beide mit übergeschlagenen Beinen und kerzengerade auf den harten Stühlen und verbreiteten eine solche Aura nonnenhafter Selbstgerechtigkeit, daß Morris zum erstenmal ehrliches Mitleid mit Massimina empfand, die in dieser Familie offensichtlich immer das Dummerchen spielen mußte. Er sagte, daß Massimina wohl sehr unter Prüfungsangst leide, denn im Unterricht sei sie sehr fleißig und tüchtig. Er ließ sich ein Stückchen Marzipan in Form des Schiefen Turms von Pisa reichen, und Massimina lächelte dankbar. Dann erwähnte irgend jemand beiläufig das Wort »Fotos«, und Morris bestand darauf, sich drei dicke Fotoalben mit Familienbildern vorführen zu lassen, was alle außer Massimina und ihrer Großmutter (die er völlig bezaubert hatte) grauenhaft langweilte. Hier ein Nachmittag auf dem Monte Baldo, dort das erste Foto von Antonella. Und das da war Massimina mit fünf! *O che bella! Che carina!* Und was für ein vornehmer Mann der Signore gewesen war! Wirklich sehr stattlich!

Morris brauchte nicht mal die Zähne zusammenzubeißen. Er fühlte sich prachtvoll. Der Geruch der Möbelpolitur, der sich mit dem weiblichen Duft von Parfüm mischte, war wie eine Droge, die ihn in immer höhere Regionen aufsteigen ließ. Dazu der Geschmack des hervorragenden Cognacs, Vecchia Romagna (wie hätte er ein zweites Glas ablehnen können?), und vor allem der exquisite, herrlich sittenstrenge Luxus des Ganzen... einfach vollkommen! An der Vordertür küßte er Massimina höchst schicklich auf beide sommersprossigen Wangen. *»Coraggio!«* flüsterte er.

»Ich hab' den Wagen unten auf der Piazza gelassen«, erklärte er den anderen – und überlegte dann auf dem ganzen Heimweg im Bus, ob er Massimina jemals gesagt hatte, daß er gar kein Auto besaß. Aber warum sollte er sonst jeden Abend mit ihr auf den Autobus warten?

Der Brief kam nur zwei Tage später, für italienische Verhältnisse eine herausragende postalische Leistung. Er war mit Schreibmaschine geschrieben.

Egregio Signor Duckworth – ach, wie Morris es haßte, seinen häßlichen Familiennamen zu lesen! Woher kannten sie den überhaupt? Hatte er ihn gegenüber Massimina erwähnt? Nein. Sie mußten Nachforschungen angestellt haben. Was für ein mißtrauisches Volk! Und wieso denn eigentlich?

Egregio Signor Duckworth,
hiermit möchte ich Ihnen mitteilen, daß Massimina an Ihrem Sprachunterricht nicht mehr teilnehmen wird. Sie haben gewiß Verständnis für diesen Schritt, den wir als Familie gemeinsam beschlossen haben, und werden keinen Versuch unternehmen, mit meiner Tochter Kontakt aufzunehmen. Massimina stimmt darin mit uns überein, daß Sie nicht der richtige Umgang für sie sind.

Distinti saluti,
Luisa Trevisan

Es gab also auf der ganzen Welt nichts für ihn. Gar nichts. Er vermochte nicht einmal ein paar wohlhabende Bauern mit ein paar Grundstücken und ein paar vergammelten Weinbergen für sich zu gewinnen. Was mochte er nur falsch gemacht haben? Er, Morris? Seine Manieren waren doch untadelig gewesen, oder nicht? Er hatte nicht zuviel gegessen, obwohl er so hungrig gewesen war. Der Händedruck, den er mit der Mutter und diesem Luigi getauscht hatte, war fest und trokken gewesen. Er hatte sogar der alten Schachtel von Großmutter höflich den Arm angeboten, als sie in den Salon gingen. Kein Krümchen hatte er fallenlassen, keinen Tropfen verschüttet. Was im Himmel konnten sie bloß gegen ihn haben? Sein Italienisch war makellos gewesen, nicht der geringste Akzent. Na schön, sie hatten wohl herausgefunden, daß er ein bißchen übertrieben hatte bei dieser Import-Export-Geschichte. Aber das hätte doch jeder getan, oder? Daran waren sie selbst schuld mit ihrer kleinbürgerlichen Fixierung auf regelmäßige Einkünfte. Und früher oder später würde er ohnehin einen Job dieser Art kriegen. Die Fähigkeiten dazu hatte er schließlich. Morris war wütend. Was bildeten sich diese Leute eigentlich ein, wer ihre dumme, sommersprossige kleine Tochter am Ende heiraten würde? Doch bestimmt niemand, der noch bei Verstand war. Allein schon diese beiden selbstgerechten Nonnen als Schwägerinnen zu haben!

Morris ging ins Bad und stellte sich vor den Spiegel. Rote Augen, zerzaustes Haar. Morris! »Vielversprechend« hatten sie ihm in der Schule und auf der Universität immer unter seine Aufsätze geschrieben, auf seine Zeugnisse und Seminarscheine. Bedächtig und langsam zog er sich aus, um seine Person genau zu betrachten, den ganz realen Morris mit Haut und Knochen, Fingern und Zehen, Eiern und Schwanz. Vielversprechend! Sein Selbstmitleid kochte über. Noch nie hatte Morris sein Versagen so schmerzlich gespürt. Immer wieder geschlagen. Er sah seine Tränen im Spiegel und schob sein Gesicht noch näher heran, um ganz genau zu betrachten, wie seine roten Lider feucht wurden und die Tropfen sich lösten. Niedergemacht, verhöhnt und verspottet. Und alles so unverdient! Er nahm seinen Wilkinson-Rasierer mit Schwingkopf und Doppelklinge vom Waschbecken und hackte sich ein kleines Stück Haut aus dem Arm. Ein Blutstropfen quoll langsam heraus und verwandelte sich in ein hellrotes Rinnsal. Morris legte sich nackt auf die Fliesen und schloß vor der Aussichtslosigkeit seiner Zukunft die Augen. Nein, es gab nichts zu tun, er würde nie jemand sein, und er hatte keine Hoffnung, etwas zu werden.

4

Wenn Vater sie schlug, war sie zu ihm ins Bett gekommen und hatte bei ihm geschlafen. Sie hatte ihn zwischen ihre Brüste gezogen und seine Haare geküßt. Unglaublich, daß die Erinnerung daran so lebendig geblieben war! Ein Mensch mit ihren Qualitäten in diesem Zustand. Auch wenn sie dumm war. Von wem konnte man schon wirklich sagen, daß er ein guter Mensch war? Und noch dazu mit dieser besonderen weiblichen Qualität. Großzügig, liebevoll, aufopfernd. Letztendlich hatten diese Qualitäten natürlich mit ihrer Dummheit zu tun. Das war das Merkwürdige, und auf Massimina traf es wahrscheinlich auch zu. Auch so ein Opferlamm. Dabei hatte ihn seine Mutter nie wirklich verstanden. Sie hatte keine Ahnung, daß er schon von der Sekunde an, wo sie zu ihm ins Bett schlüpfte und ihn voller Liebe an ihre weiche Brust drückte, nur daran dachte, wie er sich schämen würde, wenn sein Vater später darüber Bemerkungen machte. Daß er sich von Anfang an wünschte, sie wäre schon wieder weg.

Wenn er an Mutters Gesicht in seinem Bett dachte, ihre Wärme, ihren Geruch, den leichten Schweißfilm auf ihrer Haut und ihren Atem am Morgen nach diesen gar nicht allzu häufigen Nächten, in denen sie geschlagen worden war, dann spürte Morris Verwirrung und Verlust. Aber als sie gestorben war, war auch alles ein bißchen leichter geworden.

Ihr Foto stand auf dem Nachttisch. Sie hatte das gleiche blonde Haar und die gleiche gerade schmale Nase wie er selbst, aber sonst war sie runder, fleischiger, und ihr Fleisch wirkte geschlagen, ihm fehlte die Spannung. Die großen, schwachen Augen bestätigten das. Sie schienen immer halbtot, wie gefangen zwischen den flatternden Lidern und unzähligen Fältchen, die ihr Gesicht bereits mit achtunddreißig überzogen. Und Lachfältchen waren das nicht. Man wußte nie recht, was man von Leuten wie seiner Mutter halten sollte.

Vielleicht hatte er sie ja tatsächlich begehrt, aber Morris hielt nichts von den psychoanalytischen Klischees, die bloß darauf abzielten, die Persönlichkeit eines Menschen auf einen tierischen Determinismus zu reduzieren. Wenn er sie geliebt hatte, dann nicht wie Ödipus oder dergleichen. Nein, er hatte sie wegen ihrer gedankenlosen Fürsorglichkeit und ihrer dummblinden Großzügigkeit (gegenüber seinem Drecksack von Vater!) geliebt, wegen ihrer unglaublichen, vertrauensseligen Zufriedenheit mit ihrem Schicksal, wegen ihres rasenden, religiösen Glaubens an das Leben, der sie veranlaßte, ständig Decken für Flüchtlinge zu häkeln und Milchflaschendeckel zu sammeln.

»Trotzdem habe ich durchaus Verständnis für deine Reaktion, Vater. Ich kann mir vorstellen, wie bedrückend es gewesen sein muß, wenn du abends aus der Kneipe nach Hause kamst und feststellen mußtest, daß ...«

Aber die Kassette in seinem Diktiergerät war am Ende. Schon wieder Unkosten.

Ja, die Dinge waren eindeutig einfacher geworden, als Mutter tot war. Weniger Verwirrungen. Eigentlich erinnerte er sich an diese Periode als eine der glücklichsten seines Lebens. Seine Trauer trug er stolz zur Schau. In der Schule, Vater gegenüber, sich selbst gegenüber. Er pflegte sie sorgfältig. Es war eine gewisse Auszeichnung, wenn einem die Mutter so früh wegstarb. Es wurde nicht mal mehr »Streber« gezischt, wenn er sich immer gleich meldete, um jede, aber auch jede Frage zu beantworten, die vom Lehrer gestellt wurde. Nicht daß es ihm etwas ausgemacht hätte. Es war vielmehr eine Bestätigung seiner Überlegenheit und ihrer Eifersucht gewesen. Es war eine herrliche Zeit. Vater hatte sich solche Mühe gegeben, nett zu sein, und Morris hatte immer den Kopf geschüttelt, sich geweigert zu sprechen und angefangen zu schluchzen. War dem Alten recht geschehen, oder?

Mutters Kosmetika hatte Morris in einem alten Plastiksack hinter dem Badezimmervorhang versteckt. Alle alten Duftwässerchen und Schminksachen. Denn es war gar nicht so einfach, seinen Kummer immer schön frisch zu halten. Als ihn sein Vater dabei erwischte, wie er Lippenstift auflegte und dabei den Mund spannte, wie seine Mutter das auch immer getan hatte, schrie er los und nannte ihn einen elenden schwulen Perversen. Aber Morris erklärte ihm trotzdem nicht, daß es Mutters Lippenstift war. Das war *seine* Sache. Und es genügte ihm völlig, daß er *selbst* wußte, daß er kein bißchen pervers war.

Nach ungefähr sechs Monaten hatte sein Vater eine neue Freundin gefunden, eine dürre, kichernde Frau, deren perlendes Lachen man fast bis zur Western Avenue hörte. Verblüffenderweise erwartete er, daß Morris sie akzeptieren würde, und erkannte nicht, daß sie vor allem ein moralischer Prügel war, mit dem sein Sohn auf ihn einschlagen konnte. Sein Vater war so naiv, daß man fast Mitleid mit ihm haben konnte. Morris weigerte sich, mit der Neuen am Tisch oder vor dem Fernsehapparat zu sitzen. Er schleppte seine Bücher in sein Zimmer und lernte.

Wahrscheinlich neigte man immer zu der Rolle, die man am besten beherrschte.

Vater, in seiner schweinischen Dummheit, brachte höhere Schulbildung irgendwie immer mit Homosexualität in Verbindung, und als Morris der erste Schüler von *Acton High* wurde, der in Cambridge je akzeptiert wurde, war das für ihn bloß eine Bestätigung seines Verdachts. Sie sagten sich mehr oder weniger für immer Lebwohl und waren froh, daß sie sich los waren. Und als sie ihn zweieinhalb Jahre später rauswarfen, war das Schlimmste für Morris, daß er nirgendwo anders hingehen konnte als nach Hause zu seinem Vater und seinem selbstgefälligen »Das-hätte-ich-dir-gleich-sagen-können«.

Er hatte zum ersten und einzigen Mal in seinem Leben und nicht länger als zehn Minuten, eingewickelt in Alufolie, zehn

Milligramm Kokain in seiner Hosentasche gehabt. Er hatte erst wieder nüchtern werden wollen, bevor er sich eventuell daran versucht hätte. Wenn er nicht betrunken gewesen wäre bei einer dieser trostlosen Parties, hätte er das Zeug nie akzeptiert. Nicht in hunderttausend Jahren.

Ein Exempel müsse statuiert werden, hatte der Rektor erklärt. An Leuten wie Morris, die keinerlei Beziehungen hatten, statuierten sie immer Exempel. Die Sache verlief aber aus eben diesem Grunde so völlig unbemerkt, daß es schon wieder obszön war, und von einer exemplarischen Wirkung war überhaupt keine Rede. Auf diese Art Ironie konnte Morris allerdings gerne verzichten. Sogar der Studentenausschuß, den Morris mehrfach hatte abblitzen lassen (er war nicht daran interessiert, Sandkastenpolitik zu betreiben oder Spenden für Chile zu sammeln, er wollte *studieren*), widersprach seiner Relegation nicht.

»Ich bin ganz einfach zwischen die Fronten geraten«, erklärte er seinem Vater, aber dem war die Sache ohnehin völlig egal. »Wenn ich mich von Anfang an als Sohn der Arbeiterklasse profiliert hätte, statt mein Stipendium für ordentliche Kleidung auszugeben, dann hätte der Studentenausschuß bestimmt protestiert. Und wenn ich mich auf der anderen Seite um nützliche Freunde bemüht hätte, dann hätte vielleicht jemand seinen Einfluß geltend gemacht. Aber ich habe von Anfang an nur den Kopf in die Bücher gesteckt.«

Was Morris am meisten an sich bewunderte (und was später auch jeder Biograph ausführlich würde hervorheben müssen), war das Stehvermögen, das er gezeigt hatte, als der scheinbar vernichtende Schlag kam. Er war knapp zwei Wochen vor dem Abschlußexamen aus Cambridge verjagt worden, zu einem Zeitpunkt, als er schon mehrere Angebote für Postgraduiertenstipendien hatte. Die dann natürlich alle zurückgezogen wurden, versteht sich. Trotzdem hatte er keinen Augenblick lang die Nerven verloren. Seine Gelassenheit rührte natürlich zum größten Teil daher, daß er sich im Recht wußte. Außerdem hatte er den späten Lawrence gelesen.

Vielleicht brachte eine Versöhnung mit seinem Vater ja doch einen Gewinn. Er würde sich einen Job suchen, sich *raufarbeiten*. Er hatte ja immer noch seinen Verstand. Die Welt stand ihm offen. Jugend und Enthusiasmus sprachen für ihn, und die Universitäten wurden sowieso überschätzt. Womöglich hatten sie ihm sogar einen Gefallen getan, Postgraduierte lebten ja nicht gerade wie Könige, oder? Sieg oder Niederlage sind letztlich immer Fragen der Interpretation, sagte sich Morris. Es war Mai, und als er seine Koffer zurück in die Sunbeam Road schleppte, schien die Sonne wie Honig auf den schmutzigen Mauern zu liegen.

Warum hatte ihm bloß niemand einen Job angeboten? Es war unvorstellbar. Er war relegiert worden, ja, aber beim ersten Staatsexamen hatte er eine Eins. Und er hatte auch niemandem erzählt, daß er relegiert worden war. Seine Bewerbungsschreiben besagten vielmehr in beredten Worten, daß er die akademische Welt satt habe und begierig sei, seine Fähigkeiten in den Dienst der jeweils in Frage stehenden Branche zu stellen. Und diese Briefe waren offenbar auch in Ordnung, denn er wurde fast überall zu einem Gespräch eingeladen. Und das erste Gespräch führte fast immer zu einem zweiten; aber wenn er dann schließlich dem Mann gegenübersaß, der die letzte Entscheidung traf, ging immer irgendwas schief. Aber warum? Er verkaufte sich doch nicht schlecht, er war höflich, aber nie unterwürfig, ehrgeizig, aber nicht arrogant, respektvoll, aber nicht ohne Humor. Was um alles in der Welt ging da schief? Morris betrachtete sich regelmäßig im großen Spiegel in der Garderobe und suchte nach einem Mangel, fand aber keinen. Dunkler Anzug, Krawatte, ordentlich gebürstete Haare, nur eine einzige blonde Strähne in der klugen Stirn. Absolut perfekt.

Vor dem Spiegel erklärte er sich dann immer erst einmal selbst, wer er war und was er wollte. Er war bescheiden und freundlich und schnitt die ganze Show zur Kontrolle auf seinem Diktiergerät mit. Warum wollte er den Job? Nun, er habe bestimmte Fähigkeiten erworben, die... Dabei sah er sich direkt in die Augen und fand nichts als Charakterstärke, Disziplin und Bereitschaft, die gesellschaftlichen Normen zu akzeptieren, was wollten sie sonst? Seine Augen standen vielleicht ein bißchen zu eng beieinander und seine Nase war eine Winzigkeit zu spitz, aber dafür konnte man ihn ja wohl schwerlich verantwortlich machen. Und schließlich war es ja Mode, ein Mensch »aus dem richtigen Leben« und keine Schaufensterpuppe zu sein. Die Leute im Fernsehen der BBC jedenfalls schienen oft genug Pickel, wirre Haare oder abstehende Ohren zu haben, und niemand schien das zu stören. Sein Akzent klang immer noch ein bißchen nach Park Royal? Das konnte er ändern. Und er schaffte es auch. Ohne Ergebnis. Oder war der Park-Royal-Akzent vielleicht nur zu schwach? Klang seine Sprache vielleicht affektiert? War sie nicht erdverbunden genug? Bodenständigkeit war schick. Also Kommando zurück. Morris versuchte alles, und es war alles umsonst. Angefangen hatte er bei der BBC, beim Privatfernsehen, den Zeitungen und den Verlagen (er hatte die feste Überzeugung, daß er ein Mann der Medien war); dann hatte er sich allmählich nach unten bewegt: Konzerne, Großindustrie, öffentlicher Dienst (es sollte ihm niemand nachsagen können, er hätte seinen Stolz nicht heruntergeschluckt), Dienstleistungsbetriebe. Es war eine großangelegte Attacke (an der sich die Post dumm und dämlich verdiente), aber nach dem letzten Gespräch war die Sache jedesmal erledigt. Das offene Gesicht, die ehrlichen blauen Augen, das blonde Haar, es war etwas Bedrohliches an seiner Erscheinung, das die Industriekapitäne irgendwie vor ihm warnte. »Im Anschluß an unser Gespräch vom 14. dieses Monats bedauern wir, Ihnen mitteilen zu müssen...« Immer dasselbe Stück Papier, das ihre Computer und Drucker ihm schickten. Schließlich bot ihm Gestetner eine unbedeutende Stellung in ihrer Verwaltungsabteilung in Southgate an (ein kleiner U-Bahnmarathon jeden Tag). Aber nachdem er drei Wochen lang Akten zwischen Buchhaltung und Produktion hin- und herbewegt hatte, kündigte Morris völlig frustriert.

»Schnorrer«, sagte sein Vater, als er hörte, daß sein Sohn wieder stempeln gehen wollte. »Keine Ausdauer«, sagte er zwischen zwei Spiegeleiern. »Kein Durchhaltevermögen.« Aber mit der reaktionären Arbeiterklassen-Männlichkeit seines Vaters konnte Morris sich beim besten Willen nicht anfreunden. Die Sozialwohnung im Erdgeschoß, die sie bewohnten, schien bis zum Rand mit der Persönlichkeit seines Vaters, seinen Bierkrügen, seinen mit gekochten Eiern belegten Broten, seinen verschwitzten Netzhemden, seinen vergessenen Kaffeetassen und seiner dröhnenden Stimme gefüllt, die ständig im Streit mit dem Fernsehen lag, ob es nun um die Nachrichten oder die Aufstellung der Nationalmannschaft ging. Nein, es war unmöglich, seinem Vater zu entkommen. Man konnte den abscheulichen Gerüchen und Geräuschen, die er verursachte, nicht ausweichen, und solange er sich in dieser klaustrophobisch engen Wohnung mit ihm befand, war irgendeine romantische Versöhnung völlig undenkbar.

Und so verließ Morris eines schönen Tages die Sunbeam Road wieder, ein Jahr nach seiner Relegation, einige Wochen nach der Gestetner-Episode und zwei Tage nach einem letzten, planlosen Vorstellungsgespräch bei der Zentrale für Milchwirtschaft. Und ungefähr vier Stunden später verließ er auch Großbritannien, und zwar an Bord eines Fahrzeugs, das sich »Magic Bus« nannte. Er hoffte inständig, daß es diesem Namen gerecht werden würde.

Ein paar Monate später hörte Morris, daß ihm die Zentrale für Milchwirtschaft eine hochinteressante, entwicklungsfähige Stellung in ihrer Presseabteilung hatte anbieten wollen. Aber zu diesem Zeitpunkt hatte er schon alle Brücken hinter sich abgebrochen. Außerdem fehlte ihm das Geld für die Rückfahrt.

»Seit wann wohnst du in Verona?«

Freitag nachmittag. Letzte Stunde. Der nicht so fröhliche Monat Mai. Zwei Jahre später.

»Ich binn geborren hier. Meine Famillia lebt schon seit diesen vielen hunderrten von Jahr-hunderrten in Verona.«

O Gott.

»Stell mir eine Frage.«

Nichts.

»Frag mich, warum ich nach Verona gekommen bin.«

»Warum... gekommen... sind Sie nach Verona?«

»Sind Sie nach Verona gekommen.«

»*Ah si*... sind Sie gekommen.«

»Weiter hat mein Geld nicht gereicht.«

Völliges Unverständnis.

»Hier Geld alle. Nicht weiterreisen. Job suchen.«

Erstaunen. Ein flüchtiges Lächeln des jungen Mannes: Gregorio umrahmt von den Fresken seiner Familie. Links von ihm stand die kleine Waldnymphe auf ihrem Podest, der Morris während der endlosen, langweiligen Unterrichtsstunden schon so oft zugeblinzelt hatte. Zurückgeblinzelt hatte sie nie – aber es war eine hübsche kleine Statue, deren Brüste fast flachgedrückt wurden, weil sie sich so begeistert hochreckte. In den Händen hielt sie irgendeinen Zweig mit Blättern. Bestimmt eine Menge Geld wert.

»Dann sind Sie also ein 'iieppy?« Gregorio lächelte mit italienischer Glätte, die Haare mit Pomade straff zurückgebürstet, die dunklen Augen unnötig lebhaft. »Sie sind der Jack Kerouac?«

»Um Gottes willen! Nein!«

»*Cosa?* Ich wäre auch gern der 'iieppy.«

Was lediglich bedeutete, daß er gern Dauer-Ferien hätte, dachte Morris. »Vielleicht nehme ich dich mal mit«, sagte er. »*Ti porto con me.*«

Zu seiner Überraschung war Gregorio ganz begeistert. »Ach, das wärre schön. Wenn meine Eltern würrden zustimmen.« Er hielt inne, grinste mit weißen Zähnen und fügte auf italienisch hinzu: »Ich könnte ihnen ja sagen, es wäre zu Studienzwecken.«

Morris betrachtete die leuchtenden dunklen Augen des anderen eine Sekunde lang nachdenklich mit seinem eigenen, eisblauen, angelsächsischen Blick.

»Okay, das war's für heute.« Die Stunde war um, und in diesem Augenblick begann das Telefon zu klingeln. Gregorio sprang erleichtert auf und griff nach dem Hörer.

»Bin gleich da!« Er mußte rasch zu seinen Großeltern ein paar Häuser weiter, von wo aus die Familie nach Cortina ins Wochenende aufbrechen wollte. Bis Montag würde also niemand mehr in der Wohnung sein, dachte Morris mit erschreckender Klarheit. Und hatte sich schon entschieden, etwas zu klauen.

»Ich finde den Weg allein«, rief er Gregorio hinterher, der bereits in sein Zimmer hinaufrannte, um seinen neuen Skianzug zu holen.

»*Bene, arrivederci a martedì.*«

»*Arrivederci.*«

Morris sah sich kaltblütig um, wobei er besonders die Fenster studierte, dann nahm er die kleine Bronze-Nymphe von ihrem Podest und schob sie in seinen Aktenkoffer, wobei er fast die Nähte gesprengt hätte. Die Ausbuchtung war obszön deutlich. Sollte er vielleicht eins der Fenster entriegeln, um den Verdacht von vorneherein in die falsche Richtung zu lenken? Morris streckte die Hand aus, da hörte er Gregorios flinke Füße auch schon auf der Treppe. Morris wandte sich zur Tür, dann hielt er inne und blieb abrupt stehen. Hatte er noch Zeit genug, um die Nymphe wieder hinzustellen, ehe der junge Mann auftauchte? Konnte er die Tat noch ungeschehen machen? Nein.

»Kann ich dir tragen helfen?«

Gregorio stand am Fuß der Wendeltreppe, beladen mit Ausrüstungsstücken. Das Fehlen der kleinen Nymphe und das leere Podest waren schrecklich auffällig, fand Morris. Und genauso die Ausbuchtung in seinem Koffer. Was war er doch für ein Narr! Aber Gregorio glitt im Geist schon die sonnigen Pisten hinunter, kurvte um Anfänger herum und sprang über Buckel. Wahrscheinlich hatte er die Statue ohnehin nie richtig bemerkt. Morris spürte, wie seine ganze Haut vor Schweiß und Aufregung prickelte. Seine Schultern waren steif und verkrampft.

»Komm, laß mich wenigstens die Stöcke nehmen.«

»Bene, grazie.«

Und schon standen sie vor der Wohnungstür auf der Treppe, die in den Hof hinabführte. Morris sah zu, wie Gregorio den Schlüssel zwei-, dreimal umdrehte und dann einen zweiten, kleineren Schlüssel benutzte, mit dem er offenbar die Alarmanlage in Gang setzte. Dann gingen sie in den Hof hinunter, wo im Zwielicht das Wasser des Springbrunnens über die Flanken des Fauns tanzte, und dann hinaus auf die Via Emilei. Gregorios Eltern warteten mit dem Mercedes an der Ecke der Via Fama.

»Buona sera, Signore, Signora.«

»Buona sera, Morriies! Come sta? Tutto bene, il lavoro?«

»Grazie, grazie«, sagte Gregorio, als Morris seine Stöcke auf den Dachgepäckträger legte.

»Irgendwann müssen Sie aber wirklich mal mitkommen«, sagte die Signora und lächelte dem Nachhilfelehrer ihres Söhnchens freundlich zu. Ihr Gesicht unter dem peroxydblonden Haar war lächerlich jung, wahrscheinlich alles Puder und Schminke, dachte Morris, und als er den Blick auf seinen Aktenkoffer senkte, entdeckte er zu seinem Entsetzen einen verräterischen Bronzeschimmer. Es war ihm offenbar nicht ganz gelungen, den Koffer zu schließen. Jeder konnte sehen, was er da hatte.

»Ich fürchte, ich kann gar nicht Ski fahren.«

»Gregorio wird's Ihnen beibringen.«

»Si, si«, rief der Junge. Er war ein Stückchen größer als Morris und lächelte mit langen Zähnen auf ihn hinunter.

»Gregorio mag Sie sehr«, sagte der Vater, als ob das ein ganz fabelhaftes Kompliment wäre. »Wir würden uns freuen, wenn Sie mal mitkämen.«

»Das wäre wirklich schön«, sagte Morris.

Sie würden ihn ja sowieso niemals einladen.

5

Am nächsten Abend, kurz vor Mitternacht, kehrte Morris noch einmal in die Via Emilei zurück und fand die großen Eichentüren des Palazzos verschlossen. Aber der größte Teil des Gebäudes war ja vermietet, und es wohnten noch genug andere Leute im Haus. Morris drückte aufs Geratewohl eine Klingel. *Famiglia Zane*.

Nach ein paar Sekunden knackte die Sprechanlage. *»Chi è?«* Das Gerät verzerrte die Stimmen so stark, daß die Gefahr, erkannt zu werden, absolut minimal war.

»Sono Gregorio, Signora. Ich kann meinen Schlüssel für das Tor nicht finden. Ich hoffe, ich habe Sie nicht geweckt?«

»Va bene.« Die Frau war offensichtlich verärgert, betätigte dann aber doch den Summer, so daß Morris eintreten konnte. Schließlich war Gregorio der Sohn des Hausbesitzers.

Er konnte durch das Treppenhaus zur Wohnung hinaufgehen, aber dort war wegen der Alarmanlage wenig zu machen. Statt dessen trat er in den Innenhof mit dem Springbrunnen, der jetzt allerdings abgestellt war. Morris setzte sich auf den Rand des Marmorbeckens. Mitternacht. Die verschiedenen Glocken der Stadt schlugen. Die Nacht war grau, und die Luft in dem engen Hof war schwammig und feucht. Morris betrachtete die Mauern um sich herum, die drei Stockwerke hoch mit Weinreben und Glyzinien bewachsen waren. Nur die Fenster sparte das Rankenwerk aus, und zwei von ihnen waren erleuchtet. Ihm blieb nichts anderes übrig, als zu warten.

Das Marmorbecken war empfindlich kalt. Morris rutschte unruhig hin und her. Zehn Minuten, eine halbe Stunde; aber er verspürte nicht die geringste Langeweile. Seine ganze öde Schulzeit hindurch, ganz zu schweigen von den Monaten der

Arbeitslosigkeit, der verzweifelten Bewerbungen und der jetzigen Hauslehrertätigkeit hatte er sich noch nie so planmäßig und raffiniert um einen echten materiellen Vorteil bemüht. Außer im Falle des Aktenkoffers natürlich, und das war zu einfach gewesen. Das hier war viel aufregender.

Vielleicht ging es letzten Endes nur darum, wie man sein Leben verbrachte, ohne sich wie ein Narr vorzukommen. Und wenn sie einen nicht durch ehrliche Arbeit oder Heirat zu Geld kommen ließen, vielleicht war es dann gar nicht so falsch oder auch nur kompliziert, es zu stehlen. Vielleicht ging es einfach darum, die Augen offenzuhalten und auf Gelegenheiten zu warten. Morris gegen den Rest der Welt – so war es schon in der Schule gewesen.

Dabei ging es eigentlich gar nicht um Geld, sondern vielmehr um Stil. Sollte er jahrelang Hauslehrer bleiben und die Minuten seiner Privatstunden zählen? Sollte er sich weiter im Winter in Decken einwickeln, öffentliche Verkehrsmittel benutzen und unter chronischem Neid leiden müssen, während diese Leute aufgrund ihrer zufälligen Geburt in aristokratischer Anmut dahinlebten? Was gab es für Alternativen? Was konnte ihm die Welt raten? Wie sollte man seine Zeit verbringen? Wie sollte man leben? Die Weisheit des gemeinen Mannes (Kopf hoch, Arbeit suchen, schuften und sich aufs Wochenende freuen) führte offensichtlich ins Nichts.

Wenn sie einem schon keine anständige Arbeit gaben, konnte man ihnen wenigstens einen Denkzettel verpassen.

Um Viertel nach eins ging das letzte Licht aus, und es wurde noch dunkler im Hof. Morris wartete eine weitere Viertelstunde lang ab. Vielleicht wäre es klüger gewesen, noch länger zu warten, aber allmählich begann er zu frieren, und er wollte es hinter sich bringen. So, das reichte. Als er aufstand, mit trockenen Lippen, steifen Beinen und taubem Hintern, spürte er in seinen Eingeweiden die gleiche nervöse Schwäche wie vor einem Examen. Angst und Erregung. Die nächsten Minuten würden alles entscheiden. Aber in Prüfungssituationen hatte sich Morris noch immer bewährt.

Ach, würde das Leben doch von Prüfungen entschieden!

Er stand jetzt vor einem Weinstock, dessen Ranken bis weit über das Wohnzimmerfenster der Ferronis in der ersten Etage hinaufreichten. Er zertrampelte das Fleckchen Erde, aus dem der Stamm hochwuchs, kletterte zwei Meter weit hoch und knickte dabei soviele Ästchen und Blätter wie möglich. Dann ließ er sich wieder hinabgleiten und betrachtete die Fenster von unten. Das Loch in der Scheibe mußte groß genug sein, daß man glauben konnte, es habe jemand von außen hereingegriffen und das Fenster entriegelt.

Er nahm den größten Stein, den er mitgebracht hatte, und zielte sehr sorgfältig. In dem engen Innenhof würde er ziemlich steil werfen müssen, nahezu vertikal. Er schleuderte den Stein hinauf. Daneben. Fast einen Meter zu weit rechts prallte das Geschoß an die Mauer, rauschte mit Krachen und Knakken durch die Blätter und trockenen Zweige herunter und knallte dann wie ein Gewehrschuß auf die Marmorplatten im Hof. Der Lärm war entsetzlich. Morris flitzte durch den Torbogen zum Ausgang und hatte das Tor schon halb geöffnet, ehe er stoppte und lauschte. Trotz der kühlen Nachtluft war er schweißgebadet. Wie zum Teufel konnte er sich wegen der dummen kleinen Statue auf so etwas einlassen?

Nach ein, zwei Minuten schlich er zurück in den Hof. Keine Lichter. Niemand war aufgewacht, wie es schien. Wirklich erstaunlich. Den Stein fand er hinter dem Springbrunnen, stellte sich wieder an genau dieselbe Stelle, zielte ein bißchen weiter nach links und traf haargenau. Das Fenster mußte aus billigstem Glas gewesen sein, denn es zersprang in tausend Stücke. Die Scherben rieselten nur so durch die Blätter herunter. Aber da war Morris schon auf der Straße. Er steckte die Hände in die Taschen, und da der letzte Bus längst weg war, machte er sich mit energischen Schritten zu Fuß auf den Heimweg. Nach einer Weile begann er zu pfeifen. *Oh, when the Saints...*

Die Nymphe hatte er dreist auf seinen Schreibtisch neben das Bild seiner Mutter gestellt, und ab und zu sah er von seinem Buch auf, um sie zu betrachten. Er würde wohl auf die Zeitungen vom Montag oder Dienstag warten müssen, um zu erfahren, wieviel die Statue wert war. Aber das war auch nicht eilig. Er war sich nicht sicher, ob es ihn überhaupt interessierte oder ob er versuchen würde, sie zu verkaufen. Es war einfach schön, sie so bei sich zu haben, diese glatte Bronzedame mit ihren eleganten, aufwärtsstrebenden Formen: Knie, Schenkel, Brüste, Arme und der leicht geneigte Kopf schwangen sich so ekstatisch nach oben. Er würde sie behalten, verdammt nochmal, solange er nicht gerade völlig bankrott war. Vielleicht würde er sogar ein Podest für sie kaufen.

»Der Unterschied, lieber Vater, zwischen Ausbeutung und Diebstahl«, erklärte er dem Diktaphon, das mit der ganzen Kraft der neuen Batterien summte, »der Unterschied zwischen Ausbeutung und Diebstahl besteht darin, daß im einen Falle das Opfer zwar weiß, daß es betrogen wird (so wie du zum Beispiel in der Fabrik), dann aber trotzdem gute Miene zum bösen Spiel machen muß, damit es sein täglich Brot nicht verliert (wie du sagen würdest) und auf diese Weise gedemütigt wird. Im anderen Fall behält es seinen Stolz und seine Freiheit, da es nicht noch gezwungen wird, zum eigenen Ruin ja und amen zu sagen. Stehlen ist also viel ehrenwerter und nobler als jede noch so clever kaschierte Ausbeutung.«

6

Am ersten Juni stellten sie ihm das Gas ab. Das war durchaus berechtigt, denn Morris hatte während der langen, teuren Wintermonate keine einzige Rechnung bezahlt. Er hatte es schon lange erwartet. Trotzdem stürzte ihn das Ereignis in eine abgrundtiefe Depression, so daß ihm seine eigene Gesellschaft plötzlich nicht mehr genügte. Er war froh, wenn er mit seinen Schülern und Nachbarn zusammentraf, verschmähte aber auch die angelsächsische Kolonie mit ihren ewigen Würstchen-Salat-und-Valpolicella-Parties nicht mehr völlig. Seine Kleidung für diese Anlässe wählte er sorgfältig. Er wollte nichts Anständiges ruinieren, mochte sich aber auch der allgemeinen Jeans-und-T-Shirt-Mode nicht anpassen. Wenn er dann da war, hing er in den Ecken der schäbigen Wohnungen im *Dietro Duomo* herum und suchte im besoffenen Geschwätz und Gelächter seiner Landsleute nach Hinweisen auf irgendwelche Jobs, mit denen er während der Sommerferien Bargeld auftreiben konnte.

In der zweiten Juniwoche schlossen die Schulen, und die meisten Privatschüler würden vermutlich um die gleiche Zeit das Interesse verlieren, und damit war dann die gesamte heimatvertriebene Englischlehrergemeinde der Stadt für drei Monate brotlos. In dieser Dürrezeit gaben die meisten von ihnen ihre Wohnungen auf, um die Miete zu sparen, und flüchteten per Autostop in die billigsten Winkel der Mittelmeerländer. Noch billiger war es natürlich, wenn man nach Hause fuhr und erst im Herbst wiederkam, wenn die Schule wieder anfing. Die trostlosen Löcher, in denen sie wohnten, standen dann in der Regel ohne weiteres wieder zur Verfügung – wie das bei schlechten und unattraktiven Dingen ja meistens der Fall ist.

Der Sommer stand wie eine ungeheure, glühendheiße Nebelwand vor ihm, und die Aussicht, ihn ohne Geld und ohne Beschäftigung überstehen zu müssen, stürzte Morris in ungekannte Tiefen des Selbstmitleids. Er kam sich wie ein verirrtes Kätzchen vor. Ein Waisenkind im wahrsten Sinne des Wortes. Ein Nichts. Ohne Würde und Anerkennung mußte er leben. Ruhelos, ohne Heimstatt. Voller Neid dachte er daran, wie die italienische Oberschicht den Sommer verbringen würde. Sie würden über schattige Plätze schlendern und ihre schönen Kleider und göttlichen Körper auf den sonnigen Strandpromenaden zur Schau stellen.

In England war Armut noch einigermaßen erträglich, erklärte Morris einem Mädchen namens Pamela aus East Croydon. In England war sie eine stehende Einrichtung; das ganze Land gab sich schäbig. Die Reichen hatten Schuldgefühle und versteckten ihr Geld, während die Armen auf ihr Elend noch stolz waren und ihre Leiden wie Banner und Kriegsnarben herzeigten.

»In Italien dagegen«, behauptete Morris, »sind nur Narren und Dummköpfe arm, und jeder kann sehen, wie schön das Leben ist, wenn man Geld hat.«

Ob das wirklich seine Ansicht sei, fragte Pamela. Sie fand an Italien gerade so herrlich, daß man gar nicht viel Geld brauchte, wenn man genügend Freunde hatte und in einer Wohngemeinschaft lebte. Morris beobachtete ihre Mittelklassenhände, die nervös an einem Bierglas voll Rotwein herumfingerten, und bedauerte sofort, daß er sich so voreilig exponiert hatte. Das Mädchen hatte große, braune Augen und zwinkerte häufig. Unter ihrem schmutzigen T-Shirt trug sie keinen BH, und man sah, daß ihre Brüste kaum größer als Kirschkerne waren. Sie konnte einem echt leid tun.

»Vielleicht haben Sie recht«, sagte er höflich, bereits auf dem Rückzug. Er war zwar nicht übermäßig interessiert an Frauen, aber wenn sie schön waren, war es ihm lieber.

»Warum versuchst du nicht, einen Job als Reiseleiter zu kriegen?« fragte Marion Roberts, eine hochgewachsene, falsche Blondine, die gern knalliges Make-up in Neonfarben trug, wie man es von der Portobello Road und vom Camden Market kannte. Sie gehörte auch zu denen, die ständig mit Danny herumhingen. »Erzähl ihnen einfach, du wärst auf der Uni gewesen und würdest die Stadt wie deine Hosentasche kennen, dann kriegst du schon einen Job.«

Aber die Vorstellung, müde Rentnerhorden aus Great Yarmouth über die Straßen und Plätze des alten Verona zu schleifen, fand Morris entsetzlich. Touristen! Sie würden sich Taschentücher über die Glatzen knoten wegen der Hitze, sie würden sich gegenseitig unter »Julias Balkon« knipsen, darüber lamentieren, daß man nirgends mal austreten konnte und über den Namen der *Piazza Bra** kichern. Nicht sein Bier, sagte sich Morris.

Jetzt gesellte sich auch Danny zu ihnen. Er trug Jeans und eine goldglänzende indische Bluse. Sein Bart war voller Krümel. Simonetta, eine seiner italienischen Freundinnen, folgte ihm wie eine Feldmaus dicht auf den Fersen. Marions schwarzgetuschte Wimpern zuckten.

»Morris hat ein Problem mit dem Sommer«, sagte sie. »Er ist absolut pleite.«

Morris hatte zwar nichts dergleichen gesagt, widersprach aber nicht. Er war es gewohnt, daß man sich lustig über ihn machte. Auch wenn es so schrecklich lustig meistens nicht war.

»Ach wirklich?« sagte Danny und kratzte sich mit einem breiten jüdischen Lächeln den Bart. Er schien so zufrieden zu sein wie ein Priester, der ein neues Gemeindemitglied entdeckt. Danny, der Evangelist, Danny, der Leithammel.

Morris hätte nicht so eine teure Wohnung mieten sollen, sagte er. Jetzt räche sich eben, daß er nicht in eine Wohngemeinschaft gezogen sei und Geld gespart habe. Aber wenn er sich's noch mal überlegen und in den letzten Wochen bei ihnen einziehen wolle, könne er ja vielleicht später im Kleinbus mit ihnen in die Türkei fahren. Es gebe da eine Insel vor Iz-

* Anm. d. Übersetzers: bra (engl.) = Büstenhalter

mir, wo man garantiert für weniger als einen Dollar am Tag leben könne. Als er das sagte, faßte ihn Danny am Arm, und Morris fühlte sich so desorientiert von dem müßigen, planlosen Gerede, daß er ja sagte, er würde es sich überlegen. Danach hätte er gleich wieder platzen können vor Wut, daß er diesen offensichtlich unbrauchbaren Vorschlag nicht gleich an Ort und Stelle von sich gewiesen hatte.

Aber was ihn am meisten wurmte, war die Tatsache, daß die Geschichte, die er Massiminas Familie bei dem fatalen Abendessen erzählt hatte, in einem Punkt vollkommen zutraf: Danny hatte zwar keine italienische Verlobte gehabt, aber seine Mutter war tatsächlich reich! Sie hatte eine ganze Kette von Motels in Kalifornien. Und was machte ihr Sohn? Er spielte in Italien den armen Hippie, wo es bestimmt nicht die Welt kostete, mit einigem Anstand zu leben. Er wohnte in einem Schweinestall mit fünf anderen (»wir Gastarbeiter halten zusammen«) und war sich dabei doch immer bewußt, daß er jederzeit aus der Scheiße rauskonnte: Er brauchte bloß das erstbeste Flugzeug nach Hause zum Sunset Strip zu nehmen.

Ich bin wenigstens kein Heuchler, dachte Morris. Das kann ich für mich beanspruchen. Ohne ein Wort des Abschieds verließ er die Party.

Zu Hause erhob er sich von seiner Brot-und-Parmesan-Mahlzeit und zog eine Schublade der Kommode heraus. Zwischen Stapeln von Diktaphonkassetten lagen einige Papiere, die Morris vor sich auf dem Tisch ausbreitete.

Kletterkünstler übersieht Kunstschätze lautete die Überschrift eines Zeitungsausschnitts aus der *Arena*. Im heitersten Plauderton wurde erzählt, wie irgendein armer Trottel sechs Meter hoch an den Glyzinienranken eines Palazzos hochgeklettert war, ein Fenster eingeschlagen hatte und dann lediglich eine billige Bronzekopie einer Statue gestohlen hatte, die allenfalls Schrottwert besaß. Der Artikel hatte auf der letzten Seite gestanden.

Unter den anderen Papieren befanden sich der Brief von Signora Trevisan, mehrere Mahnungen der Städtischen Gaswerke, zwei mühsam beschriftete Postkarten von seinem Vater (»Du schiebst den Tag der Abrechnung nur vor Dir her, Junge!« Warum bloß mußten sie sich ständig gegenseitig daran erinnern, daß sie noch existierten?), mehrere Absagen von Firmen in Mailand, bei denen er sich um eine Stelle beworben hatte, ein rührseliges Briefchen von Massimina, das er noch nicht beantwortet hatte, und schließlich die *Gucci*-Prospekte und der Kalender von Signor Cartuccio mit den Ausrufezeichen hinter den Namen Monica und Luigina.

Morris mümmelte seinen Käse und las dabei alles noch einmal aufmerksam durch. Als er noch auf der Universität war, hatte er festgestellt, daß jeder (auch er selbst, mehr oder weniger) eine gewisse Selbstachtung und das Gefühl hatte, völlig zu recht zu einer Gruppe von Gleichgestellten zu gehören, die sich gegenseitig bewunderten und Auftrieb verschafften. Wenn man zu einer Religionsgemeinschaft oder einer großen Familie gehörte (oder auch nur verheiratet war), war es vermutlich so ähnlich: Man teilte Ängste und Hoffnungen, Haß und Vertrauen und entwickelte die gleichen Empfindlichkeiten und Schwielen gegen die Tretmühlen und Nadelstiche der Welt. Gemeinsame Vorurteile waren eine schöne Sache.

Aber wenn man allein war, in einem fremden Land... dann mußte man sein Selbstverständnis allein finden. Man suchte sich Gesellschaft im Spiegel und klammerte sich – ein mühsames Kunststück – an Strohhalme. Mit einem Wort: Da zeigte sich erst, was man wert war. Ein freier Abend, ein Wochenende, ein ganzer Sommer konnten sich vor einem auftun wie ein unüberwindlicher, unüberbrückbarer, lähmender Abgrund. Man geriet sogar in Versuchung, Romane zu schreiben, Aquarelle zu malen oder sonst irgendwas zusammenzubasteln wie der Rest der Ausländer hier. (Hatte nicht ausgerechnet Pamela gesäuselt: »Eigentlich bin ich eine Künstlernatur!«) Man konnte auch den erotischen Freibeuter spielen und auf diese Weise Trophäen jagen. (In diese Kategorie fielen der gute alte, bisexuelle Danny, dieser laszive Nachwuchs-Mormone, und seine Gefolgschaft.)

Morris dagegen war entschlossen, sich solcher verzweifelter Maßnahmen unbedingt zu enthalten. Nein, er würde nicht von der ersten Morgendämmerung bis zum Sonnenuntergang über irgendwelchen Manuskripten und Leinwänden schwitzen, bloß um dann zu erleben, wie seine Werke von Scharlatanen beiseitegefegt wurden. Oder konnte man sich etwa einen Verlag vorstellen, der Dannys Meisterwerk drukken würde: »Neue Welt vernascht Alte«? Morris jedenfalls hatte zuviel Respekt vor der Kunst, als daß er selbst dilettiert hätte! Und die Vorstellung, den Don Juan zu spielen, hatte ihn nie interessiert. Die Einzelheiten eines solchen Lebens waren so *unappetitlich*. Die Vollkommenheit seines eigenen Körpers und seines Selbstbildes waren ihm wichtig, nicht die Inbesitznahme anderer Leiber.

»Jeder Mensch ist eine Insel«, teilte er seinem Diktiergerät mit. »Vollkommen in sich selbst.« Klick. »Sonst helfe ihm Gott!«

Aber irgend etwas mußte Morris doch tun! Irgendwas, unbedingt. Wie verzweifelt auch immer. Sonst würde sein Leben einfach verrinnen, und all sein Talent, sein Geschmack und seine Kraft wären vergeudet. Er wandte sich wieder der Schublade zu, wühlte in den Kassetten und alten Fahrscheinen herum und zog seinen Briefblock heraus. Nur noch vier oder fünf Blätter! Es war besser, wenn er erst einmal einen Entwurf machte.

(Wozu war das Leben eigentlich gut? Was genau hatte das Schicksal für ihn vorgesehen? Für Morris Duckworth aus London?)

Egregio Signor Cartuccio, schrieb er in ungeschickten Blockbuchstaben auf die Rückseite einer der Gasrechnungen. Er gab sich Mühe, so kindisch wie möglich zu schreiben, nicht nur um seine Schrift zu verstellen, sondern auch, weil er wußte, daß nichts so erschreckte wie ein kindisches Wesen.

Erinnern Sie sich noch an den »amerikanischen Diplomaten«?

Ha, ha. Ich habe Ihren Aktenkoffer behalten und auch Ihren Kalender. Ich habe Nachforschungen angestellt, und wenn Sie nicht wollen, daß Ihre Frau Gemahlin von Ihren ekelhaften Abenteuern mit Signorina Luigina und Signorina Monica erfährt, dann seien Sie bitte so nett, die, wie ich finde, bescheidene Summe von fünf Millionen Lire ...

Tja. Hier konnte er sich das Geld nicht gut herschicken lassen. Andererseits wohnte der Mann in Triest, und Morris dachte gar nicht daran, über zweihundert Kilometer zu reisen, um nachzusehen, ob Cartuccio wirklich so blöd war zu zahlen. Wenn er den Brief überhaupt abschickte! Andererseits war es ja nicht viel Geld. Wahrscheinlich verdiente Cartuccio jeden Monat soviel. Vielleicht sogar jede Woche. (Wirklich verbitternd, wenn man sich vorstellte, daß manche Leute in einer Woche soviel verdienten wie das, womit Morris ein ganzes Jahr lang auskommen mußte.) Aber wo sollte der Mann das Geld übergeben?

Morris schlug den Kalender auf. Diese Woche war Cartuccio in Rom, wie es schien. Am achten, neunten und zehnten Juni würde er dann über Florenz, Bologna und Vicenza nach Hause zurückkehren. Gar nicht so übel. Vicenza war nur vierzig Kilometer entfernt, dazu konnte man sich gerade noch aufraffen. Das Problem war nur, daß Morris Vicenza nicht kannte. Wie sollte er Cartuccio da Anweisungen geben? Ein interessantes Problem. Allmählich machte ihm die Sache Spaß. Ein echtes Kabinettstückchen, wenn es gelang. Eine Herausforderung für Phantasie und Verstand. Wenn der Mann zahlte, würde er die Hälfte der Summe für wohltätige Zwecke ausgeben, nur um zu zeigen, daß er kein gewöhnlicher Krimineller war. Oder jedenfalls *eine* Million. Er würde sie einem Waisenhaus stiften.

Er ging ins Schlafzimmer, zerrte eine alte Reisetasche vom Schrank und zog aus dem Durcheinander im Inneren einen Michelin-Reiseführer heraus.

VICENZA. *Hauptsehenswürdigkeiten* (Besuchszeit 1 bis 1½ Std.): Piazza dei Signori – ähnlich wie der Markusplatz in

Venedig ein Treffpunkt für alle... Nein, das war wohl nicht das Richtige für seine Zwecke. Ein Uhrturm aus dem 14. Jahrhundert, schade, keine genaue Beschreibung. Die Basilika vielleicht? Nein, wahrscheinlich viel zu belebt. *Weitere Sehenswürdigkeiten.* Schon besser. *Santa Corona.* Diese großartige Kirche wurde in der zweiten Hälfte des 13. Jahrhunderts im Auftrag des Königs von Frankreich zu Ehren der Heiligen Dornenkrone errichtet. Im gotischen Inneren sind die »Taufe Christi« von Giovanni Bellini (5. Altar auf der linken Seite) und eine »Anbetung der Hl. Drei Könige« von Paolo Veronese zu bewundern...

Morris konnte sich die Kirche gut vorstellen: eine Reihe von Altären mit flackernden Kerzen im Halbdunkel, und vor dem fünften Altar auf der linken Seite vielleicht ein kleiner Automat, wo man fünfzig Lire einwerfen und sich Bellinis »Taufe Christi« beleuchten lassen konnte, während gleichzeitig eine Beschreibung des Bildes in zweihundert Sprachen ertönte. Ein paar Leute würden wohl immer davorstehen, aber bestimmt keine größere Menschenmenge.

Fünf Millionen Lire. Nein, machen wir lieber gleich sechs daraus. Dann langt es wenigstens für ein anständiges Leben im Sommer. Vor allem, wenn er eine Million gleich wieder verschenkte. *Übergeben Sie sechs Millionen Lire in Hunderttausendern in der Kirche Santa Corona in Vicenza am 10. Juni. Stekken Sie das Geld in einen gewöhnlichen Umschlag. Gehen Sie zum vierten Altar auf der linken Seite, setzen Sie sich mit gesenktem Kopf auf den mittleren Stuhl in der vordersten Reihe und kleben Sie den Umschlag mit Klebeband unter den Sitz. Keine Tricks, keine Fehler, sonst ist Ihre Ehe erledigt.*

Morris sah die Szene deutlich vor sich und war entzückt. Narrensicher. Cartuccio würde den Umschlag am zehnten unter den Stuhl kleben, und er würde am nächsten Tag locker mal reinschauen und den Kies abholen. Und wenn Cartuccio nicht spurte, dann hatte er wenigstens die Bilder von Bellini und Veronese gesehen. Es war jedenfalls besser als der übliche »Abfallkorb-am-Busbahnhof«-Trick.

Morris ging den Brief noch einmal durch, änderte ein paar Details und schrieb ihn dann noch einmal auf die Rückseite einer anderen Gasrechnung ab. Es mußte noch verrückter und drohender klingen. Vielleicht sollte er lieber ganz anders anfangen? *Egregio Signor Cartuccio, wissen Sie, daß Sie ein drekkiges Schwein sind? Sie und Ihre ganzen stinkreichen Schweinslederfreunde, die schweinische Illustrierte mit sich herumschleppen und eine Schlampe in jeder Stadt haben? Erinnern Sie sich noch an mich?*

Er überprüfte noch ein paar Wörter im Lexikon und ein paar Einzelheiten in der Grammatik, um sein Italienisch zu korrigieren, dann schrieb er das Ganze mit unregelmäßigen, gestört wirkenden Schriftzügen ab, wobei er dafür sorgte, daß der billige Kugelschreiber ordentlich schmierte.

Als er fertig war und sein Werk in einen Umschlag gesteckt hatte (er würde ihn ja doch niemals abschicken), war er äußerst zufrieden mit sich. Die Sache machte ihm soviel Spaß, daß er gleich noch einen Brief anfing, und diesmal von vornherein auf dem guten Papier.

Gentile Signora Trevisan, diesmal wählte er seine schwungvollste, lyrischste Handschrift und wischte den Kugelschreiber immer wieder mit dem Taschentuch ab. Massiminas Brief mit seinen langen, sehnsüchtigen Sätzen legte er sich dazu auf den Tisch: »Ach Morris, wenn wir uns doch nur irgendwo treffen könnten, wenn ich nur deine Telefonnummer wüßte, ich vermisse dich so –« Und dann die verzweifelten Klagen: »Mamma sagt, ich müßte jetzt immerzu lernen, weil ich in der Schule so hinterher bin. Ich hätte keine Zeit für alberne Schwärmereien, und du wärst auch viel älter als ich. Aber Morris, ich liebe dich so, glaub mir, und…«

Gentile Signora Trevisan, vielen Dank für Ihren Brief vom 15. Mai. Ich verstehe Ihre Sorge um Ihre schöne Tochter vollkommen. Mir ist klar, daß ich Sie über meine berufliche Situation und meine Zukunftsaussichten schändlich belogen habe, aber ich bitte Sie trotzdem, mir zu verzeihen, denn es geschah nur aus Angst, Sie könnten mir den Umgang mit Ihrer Tochter vielleicht untersagen, wenn Sie meine wirkliche, bescheidene Stellung im Leben gekannt hätten.

Nach Erhalt Ihres Briefes hatte ich das Gefühl, alles verloren zu haben. Ich habe mich ehrlich bemüht, Ihre Entscheidung als gerechte Strafe zu akzeptieren. Aber jetzt habe ich einen Brief Ihrer Tochter erhalten, in dem sie mir mitteilt, ihre Gefühle für mich seien stärker als je zuvor, und dies gibt mir die Kraft, Ihnen heute zu sagen: Ich kann nicht auf Massimina verzichten. Ich liebe Ihre Tochter, Signora Trevisan, und wünsche mir nichts mehr, als bei ihr sein zu dürfen.

Was ich jetzt von Ihnen erbitte, ist die Erlaubnis, Massimina gelegentlich sehen zu dürfen, vielleicht auch in Gegenwart Dritter. Bitte geben Sie mir Gelegenheit, mich in den nächsten zwei, drei Jahren als würdiger Bewerber um Massiminas Hand zu erweisen. Ich schwöre beim letzten Rest meiner Ehre, daß ich Massiminas Zuneigung niemals ausnutzen und das Äußerste tun werde, um mein schändliches Benehmen als Gast Ihres Hauses wiedergutzumachen.

Ihr zutiefst unglücklicher
Morris Duckworth

Natürlich war das fürchterlich schwülstig, aber das war nun mal der italienische Stil. Der Trick bestand darin, gar nicht erst auf Englisch zu denken. Und zumindest ersparte es ihm, individuelle Gefühlsausbrüche erfinden zu müssen.

Am nächsten Morgen stand Morris vor dem Hauptpostamt von Verona und warf eine Münze, um zu entscheiden, ob er die Briefe abschicken sollte. Kopf oder Zahl, ja oder nein. Beide Male kam Zahl. Morris warf nochmal, und wieder kam Zahl. Zur Hölle damit. Morris schickte die Briefe trotzdem ab. Was konnten sie denn schon schaden?

»Erstaunlich, daß die Kerle an dieser dünnen Glyzinie bis in den ersten Stock geklettert sein sollen.«

Morris hatte Gregorio ganz zufällig an der Piazza Bra in einem jener Cafés sitzen sehen, die ihre Tische und Stühle bis weit auf den Platz hinaus vorschoben.

»Ja«, sagte Gregorio. Die Polizei sei der Ansicht, daß es Jugendliche gewesen sein müßten, vielleicht sogar Kinder. Denn die Täter hätten im oberen Bereich überhaupt keine Zweige geknickt. Das würde zugleich auch erklären, warum ein letztlich wertloser Gegenstand gestohlen worden war.

»Nur gut, daß sie nicht den kleinen silbernen Neptun auf dem Kaminsims entdeckt haben. Mein Vater wäre durchgedreht. Das Stück ist ein Vermögen wert.«

Mit einer Handbewegung, als wolle er eine Fliege verscheuchen, verdeckte Morris die schmerzliche Grimasse auf seinem Gesicht. Sein Unterricht konzentrierte sich in dieser Woche auf das vierte Kapitel von *Simply English:* Wo man Dinge aufbewahrt (»in der Küche, im zweiten Schrank auf der rechten Seite, oberstes Fach, hinter dem Zucker«). Nur zum Spaß, um der Sache ein bißchen mehr Würze zu geben, hatte er seine Schüler gefragt, ob sie Skulpturen im Haus hätten und wo diese stünden. »Im Salon. Eine Renaissance-Statue. Jupiter als Stier, der Europa entführt.« Und woraus besteht sie? (Nur zur Wiederholung das dritte Kapitel: Woraus man Dinge macht.) »Aus Silber.« Manche Leute waren wirklich Glückspilze. Maria Grazia behauptete, ihr Großvater hätte das gute Stück bei einem Trödler entdeckt und erst zu Hause festgestellt, daß es ein wahrer Schatz war. Spätestens Ende Juni, überlegte Morris, konnte er wahrscheinlich die Miete nicht mehr bezahlen.

Über sein Weinglas hinweg warf er einen Blick auf den Platz, wo die Passanten gemächlich vorbeiströmten. Genau das war es, was ihm an Italien gefiel: die *passeggiata*, die stilvolle Promenade, die Gelassenheit, die da zur Schau gestellt wurde; das helle, flüssige Sonnenlicht auf dem Platz, die funkelnden Brunnen, die reglosen, glühenden alten Fassaden – und diese Menschen, die das alles geerbt hatten, die Mauern, die Lebensart und die Sonne, und die sich gelassen und heiter auf diesen goldenen Straßen bewegten.

Aber wie konnte er daran teilhaben? Er, Morris, der noch nie zu etwas gehört hatte? Der bezweifelte, daß so etwas überhaupt möglich war? (Jeder Mensch ist eine Insel...) Und doch war die Sehnsucht nach Zugehörigkeit beschämend stark. Und je stärker die Sehnsucht, besagte seine Erfahrung, desto unerreichbarer war das Objekt der Begierde.

Gregorio plauderte unterdessen über seine Ferienpläne. Er wollte sich auf Sardinien im Ferienhaus der Familie vom Streß der Abschlußprüfung erholen, ehe er mit dem Studium anfing. Natürlich nur, wenn er die Abschlußprüfung bestand.

Gemächlich nippten sie an ihren Gläsern. Die Sonne brannte auf sie herunter.

»Und Sie? Machen Sie wieder eine dieser langen Reisen ans Ende der Welt?«

»Ach, noch keine bestimmten Pläne. Hängt von der Arbeit ab. Sag mal, willst du nicht ›du‹ zu mir sagen?«

Gregorio lächelte sanft, beinahe zärtlich. »Gern«, sagte er. Er hatte wirklich eine merkwürdige Art, einen anzusehen. Zu intensiv, dachte Morris. Als wäre man Gegenstand starken Interesses. Deshalb mochte er den Jungen wahrscheinlich auch irgendwie. Man fühlte sich geschmeichelt.

»Ich habe daran gedacht, mit ein paar Bekannten in die Türkei zu fahren. Magst du mitkommen?« Andere einladen, um selbst eingeladen zu werden. Keine schlechte Idee.

»Ach ja. Schrecklich gern«, sagte Gregorio. »Aber meine verdammten Eltern würden es nie erlauben. Sie würden mir einfach kein Geld geben.« Wieder lächelte er.

»So sicher bin ich mir sowieso nicht«, sagte Morris (immer hübsch vorsichtig!). »Diese Bekannten von mir wollen mit einem Campingbus fahren, und ich weiß nicht, ob die Zusammensetzung der Gruppe ganz ideal ist.«

Eine lange Pause, in der sich die Gläser leerten. Und dann kam es:

»Hast du vielleicht Lust, mit nach Sardinien zu kommen? In der Villa ist genug Platz. Jedenfalls in der ersten Zeit.

Meine Eltern kommen nicht vor Mitte August. Ich will vielleicht schon am Sonnabend fahren. Es wäre bestimmt ganz lustig zusammen.«

Morris hielt den Atem an. Er kam sich vor wie ein Fallensteller, der das Kaninchen schon in der Schlinge sieht, noch ehe er sie richtig gelegt hat. Wann war er schon mal eingeladen worden? Man konnte es an den Fingern einer Hand abzählen.

»Sardinien ist sicher sehr schön. Würde mich sehr interessieren, wenn ich es schaffe. Hängt natürlich von der Arbeit ab. Man hat mir angeboten, bei ein paar Konferenzen zu dolmetschen.«

»Man kann wirklich wunderbar schwimmen da drüben. Es sind fast immer nette Leute da, und wir haben auch ein paar Boote.«

Was könnte schöner sein? Nachdem er es gerade noch geschafft hatte, nicht sofort ja zu schreien, war Morris dabei, Gregorio beim Wort zu nehmen und Einzelheiten mit ihm zu besprechen (immer noch ziemlich voreilig, denn wenn ihm der junge Mann morgen wieder absagte, stand er schön blöd da), als plötzlich jemand seinen Namen quer über den Platz rief.

»*Morriiees! Eccoti qua! Che meraviglioso!* Oh, Morri, ich muß mit dir reden!« Das Mädchen war in Tränen aufgelöst; ob es Schmerz oder Freude war, ließ sich nicht feststellen. »Ich hab' deinen Brief gesehen, Morriies!«

Massimina sah fürchterlich aus. Ihr sommersprossiges Gesicht war gerötet, das Make-up verschmiert, ihr Haar durcheinander, die Figur nahezu sackförmig in einem ausgeleierten Jogginganzug. Obendrein war sie auch noch außer Atem – die Nasenflügel zitterten, und ihre Augenlider waren geschwollen.

Und ausgerechnet jetzt, wo Gregorio dabeigewesen war, ihn vor diesem schrecklichen Sommer zu retten! Morris stand vor Wut nicht mal auf.

»Morriiees, ich bin ja so froh, daß ich dich gefunden habe,

Gott sei Dank, wenn du wüßtest, ach, wenn du nur wüßtest...« Sie vermochte nicht weiterzusprechen und begann zu schluchzen. Gregorio stand auf, offenbar peinlich berührt, aber auch neugierig. Sein Blick ging zwischen Morris und dem Mädchen hin und her, während seine langen, feingliedrigen Finger bereits nach der Brieftasche griffen, die in seinem Hemd steckte.

»Nein, laß nur, ich zahle schon«, rief Morris rasch. »Ich rufe dich sobald wie möglich an wegen Sardinien, okay?«

Gregorio wandte sich der keuchenden Massimina zu und wartete offensichtlich darauf, daß Morris ihn vorstellte, aber Morris dachte gar nicht daran. Wenn man seine Freunde miteinander bekannt macht, endet es oft genug damit, daß sie gemeinsam abziehen. Und dann über einen reden.

»Bist du sicher?« fragte Gregorio.

»Ja, ja, das geht schon in Ordnung«, sagte Morris und zwinkerte dem Jungen mit wohldosierter Anzüglichkeit zu.

»Na, ich überlasse euch dann eurem Schicksal«, grinste Gregorio und nickte in Richtung des schluchzenden Mädchens. Er hatte sich offensichtlich entschlossen, die Sache komisch zu finden. Seine schlanke Figur in weißen Bermudas und neonfarbenem T-Shirt verschwand in der Menge.

Massimina setzte sich; inzwischen hatte sie ein Taschentuch in der Hand. Ihr Jogginganzug war leuchtend rot, mit weißen Streifen von den Arm- bis zu den Fußknöcheln. Ihr schwarzes Haar hing ihr übers Gesicht. Jetzt war wohl doch etwas Sympathie angezeigt. (Schließlich war das die junge Frau, die er angeblich heiraten wollte.) Morris streckte die Hand aus und griff nach den Fingern des Mädchens.

»Du mußt mir alles erzählen. Komm, beruhige dich. Die Leute schauen schon alle.« Als der Kellner vorbeikam, bestellte er zwei Martinis. Damit war er dann endgültig pleite.

Er musterte Massiminas Gestalt, aber von einer Handtasche oder einem Portemonnaie war nichts zu sehen.

»Na komm, jetzt erzähl mal.«

Und schließlich, mal in den Martini schluchzend, mal das

eine, mal das andere Handgelenk zum Trocknen ihrer rotgeweinten Augen benutzend, begann Massimina zu reden. Alles war schiefgegangen zu Hause. Wieso? Auf den großen Marmorplatten unter dem Tisch wippte Morris mit den Füßen. Der Martini rückte alles so angenehm in die Distanz. Er fühlte sich durchaus behaglich und gleichzeitig so, als säße er am anderen Ende des Platzes.

Großmutter war krank, sagte sie, das war das eine. Wahrscheinlich würde sie sterben an ihrer Angina, und die anderen waren alle so gemein. Sie sagten, daß es vielleicht besser wäre, wenn sie gleich sterben würde, statt die Familie noch lange mit ihrer Hilflosigkeit zu tyrannisieren. Außerdem war Massimina in allen Fächern durchgefallen. Und das bedeutete, sie mußte den ganzen Sommer lernen und im September die Nachprüfung machen, und dann würde sie wieder durchfallen. Und das war auch so gemein und hatte auch gar keinen Sinn, denn sie war nun einfach nicht der Typ für die Schule.

»Das stimmt«, sagte Morris.

Naja, dann hatte sie jedenfalls seinen Brief gefunden, den ihre Mutter tagelang vor ihr versteckt hatte, und jetzt *wußte* sie, daß er sie liebte und daß sie ihn liebte und daß ihre Mutter ganz gemein war, weil sie immer so gemeine Dinge über ihn sagte. Paola hatte sie mitten in der Nacht losgeschickt, um Großmutters Pillen aus ihrer Handtasche zu holen, und dabei hatte sie den Brief gefunden. Und deshalb hatte sie nach dem Mittagessen ihren Jogginganzug übergestreift und gesagt, sie wolle ein bißchen trainieren. Aber statt dessen war sie den ganzen Weg in die Stadt hinunter gelaufen, um ihn zu suchen, denn nach Hause ginge sie nie mehr zurück.

Morris betrachtete die bunten Kleider, die im ständig wechselnden Licht über den Platz wehten. Wenn ihre Mutter nicht gewollt hatte, daß Massimina den Brief las, warum hatte sie ihn dann nicht einfach vernichtet? Das wäre doch viel vernünftiger gewesen.

»Was willst du denn jetzt machen?«

»Auf jeden Fall gehe ich nicht mehr zurück. Ich habe keine

Lust, mich den ganzen Sommer von Mamma einsperren zu lassen und für ein Examen zu lernen, das ich dann sowieso nicht bestehe. Für Prüfungen bin ich nun mal nicht geschaffen.«

Spätestens in fünf Minuten, dachte Morris, würde sie es sich wieder anders überlegen. Sie hatte ja schließlich ihr ganzes Leben noch keine Nacht außerhalb des Bettes ihrer Mutter verbracht. Er wartete und sah zu, wie Massimina sich die Tränen aus dem sommersprossigen, runden Gesicht tupfte. Allmählich kehrte auch die Schönheit ihrer kamelienfarbenen Haut wieder. Ungewöhnlich glatte Haut, wenn man sie zum Beispiel mit der Gregorios verglich. Oder mit der irgendeines anderen Jungen von mehr als fünfzehn Jahren. Morris suchte solch glatte Haut bei Mädchen, und wenn er sie fand, faszinierte es ihn. Es erschien ihm einfach eine erstaunliche Tatsache, daß die Haut eines Mädchens so glatt und das Leben so frisch aussehen konnte.

»Und wofür bist du geschaffen?« Eine ehrliche Frage. Kein bißchen zynisch.

Massimina sah ihm in die Augen, und ihr Gesicht verzog sich zu einem kindlichen Lächeln mit Grübchen.

»Vielleicht für dich, Morri.«

Nach seiner letzten Unterrichtsstunde erwartete Massimina ihn wie verabredet an der Bushaltestelle. Morris hatte sich in der eigenen Falle gefangen, wie er zugeben mußte. Es hatte keinen Sinn, wenn er dem Mädchen ohne Billigung ihrer Familie den Hof machte. Vor allem aber hatte er keine Lust, sich in irgendeine schauderhafte heimliche Liebschaft verwickeln zu lassen, die nur katastrophal enden konnte. Den Brief hatte er geschrieben, weil *er* in ihre Familie *hineinwollte*, sie aus ihrer Familie *herauszuholen*, lag nicht in seinem Interesse. Und der Unterschied war keineswegs akademisch.

»Ich sollte dich sofort nach Hause zurückbringen«, sagte er. Das würde sicher den Beifall der Familie finden. »Komm, wir suchen ein Taxi.«

»Nein, Morri«, sagte sie und warf ihm heftig beide Arme um den Hals. »Ich geh' nicht zurück.«

Und genau in diesem Augenblick schaukelte Danny auf seinem Fahrrad vorbei, hielt unter einer Lampe auf der gegenüberliegenden Straßenseite und grinste bärtig herüber.

»He, Mann! Hast du's dir überlegt mit der Türkei? Kommst du mit? Wir fahren in einer Woche.«

Massimina wich verlegen zurück.

»Du kannst deine Freundin ja mitnehmen«, rief Danny lachend. »Schau doch mal rein und sag Bescheid.« Ein Bus donnerte vorbei, und Danny verschwand.

7

Es war das Geld, das viele Geld, das ihn auf die Idee brachte. Er hatte ihr, im Licht des neuen Tages, ganz vernünftig erklärt, daß sie schon aus finanziellen Gründen nicht länger bei ihm bleiben könne, als sie plötzlich den Reißverschluß ihres roten Jogginganzugs zehn Zentimeter weit aufzog, die Hand hineinschob und nach einigem Herumsuchen ein Bündel Banknoten herauszog, das sie in ihrem Büstenhalter versteckt haben mußte.

»Ich habe gestern mein ganzes Geld abgehoben«, sagte sie. »Meine gesamten Ersparnisse. Ich hab' massenhaft Geld, jedenfalls genug für ein paar Monate. Und danach können sie sowieso nichts mehr ändern, oder? Ich meine, in solchen Fällen müssen sie einen doch heiraten lassen, oder? Sie müssen ja davon ausgehen, daß wir zusammen im Bett waren.«

Morris hatte schon den Mund geöffnet, um etwas zu sagen, jetzt schlugen seine Kiefer hörbar zusammen.

»Außerdem werde ich im August achtzehn.«

Nun, im Bett waren sie jedenfalls nicht zusammen gewesen. Der Abend war sogar ganz manierlich verlaufen. Massimina hatte einen kalten Salat angerichtet, den Tisch gedeckt und abgeräumt, ein Bad genommen und danach, wie Morris leicht beunruhigt feststellte, ihren BH nicht wieder angezogen unter dem Jogginganzug. Ihre Brüste waren größer und schwerer, als er gedacht hatte, angesichts ihrer schlanken Figur. Er war in der Küche sitzengeblieben und hatte ihr in sicherem Abstand über den Tisch hinweg Fragen gestellt, um die Zeit auszufüllen und das Gespräch in harmlosen Bahnen zu halten. Es war genau wie früher, wenn sie in ihrer Bar gesessen und auf den Bus gewartet hatten. Er hatte Fragen gestellt, und sie hatte munter geplaudert: Luigi hatte sich vor dem Militärdienst gedrückt, indem er sich von einem Freund seines Vaters ein Attest hatte ausstellen lassen, Mamma war auf einem Ohr taub, weil sie mal einen Unfall gehabt hatte, Antonella studierte Jura, Paola war in einen verheirateten Mann verliebt und wollte gern ein Jahr ins Ausland, um die Sache zu überwinden, aber Mama...

Eigentlich war es gar nicht schwierig, dachte Morris. Solange der fehlende BH nicht irgendwas signalisieren sollte. Gegen elf erklärte er ziemlich abrupt, er müsse am nächsten Tag sehr früh nach Vicenza. *Sehr* früh.

Dann sollten sie wohl besser schlafen gehen, sagte Massimina. Sie hatte seine Bürste entdeckt und bürstete sich ausgiebig ihre langen schwarzen Haare, die im Licht der grellen Lampen eigenartig rot schimmerten. Ob sie auf dem Sofa schlafen solle, fragte sie. Nein, nein, hatte Morris eilig gesagt, da würde *er* schlafen. Fast zu ritterlich.

Wo fand man schon so ein nettes Mädchen in England? fragte er seine gestohlene Nymphe, als er sich auszog. Alles, woran er sich erinnern konnte, waren Blaustrümpfe und Schlampen, die einen auf ihren Parties erst ignorierten, wenn man Nichttänzer war, und einen dann später plötzlich wie ein Stück heißes Fleisch mit aufs Zimmer zu schleppen versuchten, wenn man der einzig halbwegs Nüchterne war, der noch keine Partnerin hatte. Offensichtlich hatten die katholischen Provinzen auch ihre Reize. Er hatte jedenfalls eine gute Wahl mit seiner Verlobten getroffen.

Mit dem Sofa allerdings weniger. Acht Stunden lang hatte er sich herumgewälzt, zu einem Fragezeichen zusammengekrümmt, mit zusammengebissenen Zähnen und wunder Zunge dem Bellen des elenden Hundes gelauscht.

Jetzt, wo das Morgenlicht wie ein weißglühender Eisenträger auf den roten Bezug des Sofas fiel, mußte Morris erst einmal mit dem Kopf rollen, um seinen Nacken wieder beweglich zu machen.

»Wieviel ist es eigentlich?« fragte er unwillkürlich, obwohl er genau wußte, daß er das nicht tun sollte. Aber die Idee begann schon zu keimen. Und Ideen sind wie Waffen: Wenn sie erst einmal da sind, kann man sie nicht mehr aus der Welt schaffen, eine *Ent-Erfindung* ist nicht möglich. (Apropos Waffen: Morris war auf Waffen fixiert. Geradezu krankhaft, wie er selbst manchmal dachte. Er konnte sich morgens kaum den Toast schmieren, ohne unweigerlich daran denken zu müssen, was man mit dem Buttermesser für schreckliche Dinge anrichten konnte.)

»Zwei Millionen. Mehr hatte ich nicht auf dem Konto. Aber wenn wir sparsam sind, können wir vielleicht durchkommen, bis einer von uns einen Job findet.« Sie unterbrach sich. »Mußt du heute nicht nach Vicenza?«

»Schau, Mimi«, zum erstenmal benutzte er diesen Kosenamen für sie, »sie werden bestenfalls eine Stunde brauchen, bei deinen Bekannten herumzutelefonieren und anschließend zu dem Ergebnis kommen, daß du bei mir bist. Dann brauchen sie noch eine weitere Stunde, um in der Schule anzurufen, meine Adresse herauszufinden und hier zu erscheinen, um dich abzuholen.«

Massimina schwieg.

»Wenn du also wirklich bei mir bleiben willst, müssen wir abhauen. Wir müssen verreisen, sonst holen sie dich wieder nach Hause. Vielleicht sind sie in dieser Minute schon unterwegs.«

»Ja«, sagte sie unsicher. »Aber weißt du, ich glaube, ich sollte doch lieber in Verona bleiben, falls es Großmutter plötzlich schlechter geht. Sie ist gestern ins Krankenhaus gekommen.«

Er trank einen Schluck von dem Kaffee, den sie ihm gekocht hatte, und achtete darauf, daß auch nicht die leiseste Spur jenes neuen Lächelns um seine Lippen spielte, als er sie jetzt ansah.

»Entweder oder«, sagte er zärtlich. »Entweder du gehst mit mir auf Reisen oder wieder nach Hause. Hierbleiben können wir nicht. Großmutter hin oder her.«

Wenn sie sagt, sie will hierbleiben, gut, dachte Morris.

Aber wenn sie sich für die Reise entschließt... Sein ganzer Körper fing an zu kribbeln, das Blut rauschte in seinen Adern, und seine Hosen wurden ihm eng.

»Du kannst ja ohne weiteres anrufen«, sagte er, »wenn wir erst einmal unterwegs sind. Wenn es ihr wirklich schlecht geht, bist du ja schnell wieder hier.«

»Ja«, lächelte sie. »Ja.« Sie stand neben dem Tisch mit der Nymphe und der Fotografie seiner Mutter und zerzauste ihm seine blonden Haare. »Komm, wir verreisen! Ja? Komm, Morri. Wir hauen ab, ja? Das wäre herrlich.« Sie beugte sich herunter und küßte ihn auf den Mund.

»Gut!« Morris stand auf. Gut, gut, gut!

»Aber laß mich erst noch zu Hause anrufen, damit sie wissen, daß es mir gutgeht. Ich möchte nicht, daß sie sich Sorgen machen. Das wäre nicht nett.«

Nein, wenn sie von Anfang an wußten, daß sie bei ihm war, hatte es gar keinen Sinn. Morris war sich zwar noch keineswegs sicher, was er im einzelnen tun würde, wollte sich aber alle Möglichkeiten offenhalten. Er legte ihr den Arm um die Schultern und ließ seine Hand dann allmählich höher hinaufgleiten – solche Gesten sah man immer im Fernsehen. Schließlich streichelte er einen Hals, der weicher war, als sich beschreiben ließ. Aber davon ließ er sich nicht irremachen. (Die Verschwendung war eigentlich das, was ihn an Mädchen immer am meisten erstaunte. So viel Schönheit für nichts und wieder nichts.)

»Laß *mich* lieber anrufen«, sagte er. »Ich kann mich ja nach deiner Großmutter erkundigen. Wenn du mit ihnen sprichst, werden sie dich bloß einzuschüchtern versuchen, und dann bist du in Null Komma nichts wieder zu Hause und mußt den ganzen Sommer büffeln.« Er hatte plötzlich das Gefühl, sie beschützen zu müssen.

Das Mädchen zögerte. »Okay.«

Gemeinsam gingen sie in den Flur und standen vor dem Telefon.

»Trentasei, sessantasei, novantadue.«

»*Giusto.*« Morris fuhr sich mit der Zunge über die Lippen. Das war jetzt beileibe noch nicht die Entscheidung. Es war ein ausgeklügelter Streich, und er würde seinen Spaß daran haben, mehr nicht. Der Punkt, an dem es kein Zurück mehr gab, war noch Meilen entfernt. In Vicenza vielleicht? »*Trentasei, sessantasei, novantadue.*« Er wählte die Nummern sehr rasch, ließ die Wählscheibe aber bei der Neun schon zwei Zentimeter vor dem Anschlag wieder zurückgleiten. Massiminas Augen hingen besorgt an seinem Gesicht. Eine merkwürdige Mischung von Koketterie und Angst lag auf ihren Zügen. Sehr weiblich. Fast wie seine Mutter, wenn sie sich für einen Lunch mit dem Darts Club herausputzte und gleichzeitig Angst hatte, sein Vater könnte sich dabei betrinken. Jahrelang hatten seine Eltern diese Freuden und Leiden geteilt und waren nie was anderes als Habenichtse und Opferlämmer gewesen. Morris war sich plötzlich sehr sicher, daß er die Situation vollkommen im Griff hatte.

Aber dann hörte er das Rufzeichen im Hörer. Er hatte eigentlich erwartet, daß die Leitung einfach tot bleiben würde. Verdammt. Ihm brach der kalte Schweiß aus.

»*Pronto?*« Eine fremde Stimme zum Glück.

»*Pronto, Signora Trevisan?*«

»*Wen* wollen Sie sprechen? Eine Signora Trevisan gibt es hier nicht.«

Morris wartete darauf, daß seine Gesprächspartnerin auflegte, aber den Gefallen tat sie ihm nicht. Mit fragend zusammengezogenen Brauen starrte Massimina ihn an. Er würde sie veranlassen müssen, sich die Augenbrauen etwas eleganter zu zupfen, falls sie länger zusammensein sollten. Er legte die linke Hand über die Sprechmuschel.

»Das war Paola. Sie geht deine Mutter jetzt holen – *pronto, Signora Trevisan?*«

»Tut mir leid, hier wohnt keine Signora Trevisan. Sie haben die falsche Nummer.«

Warum in drei Teufels Namen legte die dumme Person dann nicht endlich auf? Scheiße.

»*Sono Morris Duckworth.*«

»Welche Nummer haben Sie denn gewählt? Unsere Nummer ist drei-sechs, sechs-sechs, sieben-zwei.«

»Es handelt sich um Massimina, Signora.« Neunundneunzig Prozent aller Italiener hängten einfach auf, wenn jemand falsch verbunden war – und ausgerechnet heute mußte er an jemand geraten, der ihm zu helfen versuchte.

»Hallo? Sind Sie noch da? Können Sie mich hören? Hallo?«

»Ich wollte Ihnen nur sagen, daß Massimina bei mir ist, Signora.«

Jetzt endlich legte seine Gesprächspartnerin auf. Morris entspannte sich und lächelte Massimina, die begonnen hatte, nervös am Ärmel ihres Jogginganzugs zu kauen, aufmunternd zu.

»Nein, Signora, ich habe Ihre Tochter keineswegs zu diesem Schritt ermutigt. Und ich habe mir die Situation auch in keiner Weise zunutze gemacht. Ganz im Gegenteil. Ich habe sie mehrfach aufgefordert, nach Hause zurückzukehren. Aber sie besteht darauf, bei mir zu bleiben. Und zwar nicht nur, weil sie mich aufrichtig liebt, Signora Trevisan, sondern auch weil sie das Gefühl hat, von Ihnen und Ihrer Familie ungerecht und despotisch behandelt zu werden.« Hervorragend. Einen Moment lang wünschte sich Morris, Signora Trevisan wäre wirklich am anderen Ende. Aber dazu war es zu spät. Er ließ eine lange Pause für eine wütende Antwort.

»Nein, ich habe keineswegs die Absicht, diese Angelegenheiten mit Ihnen jetzt zu erörtern, Signora. Und Ihre Tochter übrigens auch nicht. Ich habe nur angerufen, um Sie darüber zu informieren, daß Sie sich keine Sorgen zu machen brauchen. Außerdem würde Massimina gern wissen, wie es ihrer Großmutter geht.«

Er machte erneut eine Pause, aber diesmal griff Massimina nach seinem Arm und wollte ihm den Telefonhörer aus der Hand reißen. Die Muschel löste sich einen Augenblick lang von seinem Ohr, und er befürchtete schon, sie hätte den Jaulton der freien Leitung gehört. »Nein!« sagte er, schüttelte den Kopf mit gerunzelter Stirn und preßte den Hörer wieder fest ans Ohr.

»Vielen Dank, Signora, ich bin froh, das zu hören. Und jetzt will ich... Nein, Signora, ich habe Ihnen doch gesagt, ich habe... Nein, haben wir *nicht*...«

Damit hängte er auf.

»Es hatte gar keinen Sinn weiterzureden. Sie hat nur die abscheulichsten Dinge gebrüllt.« Er lächelte bedauernd. »So, und jetzt müssen wir uns beeilen. Sie kann jeden Augenblick kommen.«

»Und Großmutter?«

»Der geht's gut. Sie kommt heute nachmittag aus dem Krankenhaus. Sie rechnen damit, daß sie in einer Woche wieder auf den Beinen ist, Massimina.«

Im Zug betrachtete er Massimina, während sie zum Fenster hinaussah. Wenn man es erst einmal kannte, fand man durchaus einen eigenartigen Charakter in ihrem Gesicht. Oval und sommersprossig, wurde es ganz von den großen, braunen Augen geprägt, zeigte aber stets einen leichten Ausdruck des Mißfallens. Das war aber kein Zeichen eines besonders anspruchsvollen Wesens und mit Sicherheit kein Zeichen von Intelligenz. Es schien ein automatischer Reflex auf häufiges Staubwischen und Treppenkehren zu sein, und der dazugehörige Schmollmund führte außerdem dazu, daß man einen leichten Flaum auf ihrer Oberlippe erkannte. Massimina war sicherlich keine so geistvolle Schönheit, daß Morris sie bis in alle Ewigkeit würde bewundern und anbeten wollen, aber wenn sie wie bisher still, vernünftig und halbwegs zufrieden blieb, würde ihm das vollauf genügen.

Als er jetzt zum Fenster hinaussah, wo die Landschaft in tausend kleinen Fragmenten vorbeiflog, war Morris vollkommen ruhig. Er würde die schicksalhafte Entscheidung erst in einigen Tagen fällen, wenn er sah, wie die Dinge liefen. Im Augenblick konnte er sich entspannen und sein Abenteuer genießen. Die Geschichte in Vicenza kam ihm jetzt ziemlich albern und weit hergeholt vor. Wenn es Probleme gab, konnte er wahrscheinlich einfach behaupten, es wäre alles ein Witz gewesen (wer konnte so was schon ernst nehmen), und mit einer Verwarnung davonkommen. Aber wer konnte das schon genau wissen? Vielleicht hatte er heute abend schon fünf Millionen Lire mehr? Oder hatte er sechs Millionen verlangt? Man sollte bei solchen Sachen wirklich immer eine Zweitschrift aufbewahren.

»Morriiees!«

»Si, cara.«

»Du hast so ein komisches Gesicht gemacht.«

»Ach wirklich? Ich habe bloß nachgedacht.«

»Ja? Worüber? Erzähl's mir!«

Es waren noch zwei weitere Reisende in ihrem Abteil, eine Nonne und ein alter Bauer. Die Nonne lächelte nachsichtig. Massimina streckte den Arm aus und ergriff seine Hand.

»Was essen wir heute zu Mittag?«

»Vielleicht sollten wir feiern, in einem richtigen Restaurant. Darüber habe ich übrigens gerade nachgedacht.«

Der Schmollmund erschien. »Ich glaube, wir müssen vorsichtig sein, Morri, sonst reicht das Geld nicht sehr lange.«

»Aber wenigstens am ersten Tag sollten wir feiern.« Er hatte sich schon richtig auf eine anständige Mahlzeit gefreut. Er war schon seit Ewigkeiten nicht mehr gut essen gewesen.

Massimina ließ sich nicht beirren. Brot und Käse sollten sie kaufen und ein Picknick veranstalten. Sie könnten sich doch auf die Treppe am Mercato Vecchio setzen und die Tauben ein bißchen füttern. Das wäre doch herrlich. Die Nonne lächelte wieder. Morris wurde plötzlich heiß vor Wut. Er dachte gar nicht daran, sich als liebendes Turteltäubchen durch ganz Italien schleifen zu lassen, wie ein Blumenkind auf den Stufen öffentlicher Gebäude zu sitzen und die räudigen Ratten der Lüfte zu füttern. Nichts haßte er mehr als diese Gammler, die jeden schönen Platz in Italien mit ihren dreckigen Rucksäcken und Butterbrotpapieren vollstopften. Wer kein Geld hatte, sollte gefälligst nicht reisen. Vor Wut kochend, starrte er Massimina an, riß sich aber zusammen. Jetzt mußte er auch noch um einer verträumt lächelnden Nonne willen den verliebten Jungen spielen! Aber es wäre wohl nicht gut gewesen, wenn sie Aufsehen erregt hätten.

»Wie du meinst, *cara*«, sagte er. Der alte Bauer grunzte.

Wie ein großes, dunstiges Vakuum lag der Tag vor ihnen. Alles war neu zu erfinden, kein Krümelchen Routine stand zur Verfügung, an dem sie sich hätten festhalten können. Massimina schien das überhaupt nicht zu stören. Fröhlich kaufte sie Weißbrot, Käse und den billigsten gekochten Schinken. Sie war verliebt, ihrem Zuhause entkommen, alles war herrlich neu, und sie hatte genug Energie, um tausend leere Tage zu überstehen. Ihre Haare hatte sie zu Zöpfen und die Zöpfe zu Kränzen geflochten, damit ihr nicht zu heiß wurde, und jetzt saß sie kerzengerade auf den Treppen vor dem Denkmal und zeigte der Sonne ihren zarten, elfenbeinfarbenen Hals.

Morris dagegen langweilte und ärgerte sich. Noch mindestens zwei, drei Stunden mußten sie warten, ehe die Portale von *Santa Corona* nach der Siesta wieder aufgesperrt werden würden, und bis dahin gab es nichts, aber auch gar nichts zu tun. Er wischte sich die Krümel vom Schoß. Seine Reisetasche hatten sie bei der Gepäckaufbewahrung am Bahnhof gelassen, weil Massimina sich geweigert hatte, ein Taxi zu nehmen. Sie wollte erst die billigste Pension in der Stadt suchen und ihn die Tasche dann hintragen lassen. Schon beim bloßen Gedanken daran begann Morris zu schwitzen. Die Sonne stach unbarmherzig herunter, und die Luft war wie Blei. Besser verjubelte man in einer Woche für vollklimatisierten Luxus eine ganze Million, als daß man seine Mittel in eine Zukunft hinein zu strecken versuchte, die völlig unattraktiv war.

»Wir müssen dir auch was zum Anziehen kaufen«, sagte er. Nein, widersprach sie, solange sie ein Waschbecken hatte, in dem sie ihre Sachen über Nacht auswaschen konnte, brauchte sie nichts weiter. Was am Abend gewaschen wurde, war bei dieser Hitze am nächsten Tag bestimmt wieder trokken. (Erstaunlich, wie begierig die verwöhnten Kinder des Wohlstands auf Strapazen und Entbehrung waren.) Sie beugte sich zu ihm herüber, umarmte seine Beine und legte ihren Kopf auf seine Knie.

»Es ist wirklich wunderbar, wie wir ihnen entwischt sind.«

»Komm, wir setzen uns in den Schatten«, sagte er. »Sonst brate ich noch in der Sonne.«

»Wir könnten ja zum Monte Berico hinaufgehen und die Aussicht genießen.«

Aber diesmal blieb Morris eisern. Er brauche ein Bier, sagte er, und Massimina gab kichernd nach. Er sei doch ein richtiger Engländer, meinte sie, das merke man gleich.

In der Bar, die sie schließlich aufsuchten, fing sie an, über ihren katholischen Glauben zu reden. Offenbar wollte sie ihm dergestalt klarmachen, was sie in Sachen Sex dachte. Sie sei sehr gläubig, sagte sie. Sie nehme an allen Altkleidersammlungen für Bedürftige teil. In einem Monat oder so, wenn sie sich ihrer Sache ganz sicher seien und sie achtzehn Jahre alt wäre, könnten sie vielleicht einen Priester aufsuchen und heiraten. Dann könnten sie auch miteinander schlafen, und Morris könnte sich einen neuen Job suchen, in einer anderen Stadt, aber wieder als Lehrer, und dann könnten sie eine Familie gründen, und sobald das erste Baby da wäre, würde ihre Mutter ihnen bestimmt ihren Segen erteilen, denn Babies könne sie einfach nicht widerstehen, und damit wäre dann alles gut. Morris konnte sich sehr gut vorstellen, daß seine Mutter damals zu seinem Vater genau dasselbe gesagt hatte, mit einem Unterschied allerdings: Sein Vater hatte bestimmt schon seine Hände in ihrem Schlüpfer, als sie es sagte.

Immerhin, es verschaffte ihm eine Atempause. Und dafür war er dankbar.

»Meine Mutter war auch katholisch«, sagte er und fügte

nach ein paar weiteren Schlucken Bier hinzu: »Vielleicht sollten wir eine Kirche aufsuchen und beten – ich meine, ich selbst bin nicht gläubig, aber ich finde Beten sehr schön. Wir können ja darum bitten, daß es gut für uns ausgeht, zum Beispiel.« Kein schlechter Gedanke. So ein romantischer Kreuzzug um seine Seele würde sie bestimmt richtig scharf machen.

In der Kirche war es dämmerig, nur von Ferne waren die schlurfenden Füße der wenigen Touristen zu hören. Hier und da in den Stuhlreihen saßen einzelne Frauen und beteten still. In der Luft kräuselten sich kleine Staub- und Weihrauchspiralen. Massimina bekreuzigte sich und knickste, als sie am Weihwasserbecken vorbeikamen. Sehr attraktiv. Morris führte das Mädchen auf die linke Seite des Hauptschiffs.

»Da hängt ein interessantes Bild«, flüsterte er. »Das sollten wir uns unbedingt ansehen.«

»Ich wußte gar nicht, daß du dich für Kunst interessierst«, sagte sie.

»Sehr«, sagte er.

Und dann saß genau auf dem entscheidenden Stuhl eine alte Frau in Schwarz, bekreuzigte sich und murmelte schwach vor sich hin. So eine Scheiße! Unglaublich. Er wandte sich dem Bellini zu, während Massimina in naiver Begeisterung seine Hand quetschte. Ihre Finger waren patschnaß. Und das Gemälde war auch nicht besonders aufregend. Christus kam aus dem Jordan, die Arme zum Himmel erhoben, von dem überirdische Sonnenstrahlen auf ihn herabfielen, während Johannes der Täufer und die übrigen Langweiler wie Trottel im Hintergrund standen und dämlich daherschauten. Die Alte saß wie angenagelt auf ihrem Stuhl.

»Komm, laß uns beten«, flüsterte Massimina. Sie mußte sich auf die Zehenspitzen stellen, um sein Ohr zu erreichen.

Er führte sie zur Stuhlreihe hinter der alten Frau und musterte unauffällig die anderen Kirchenbesucher, um zu sehen, ob sich irgend jemand verdächtig verhielt. Nein, niemand war auch nur in der Nähe. Massimina setzte sich und beugte sich vor. Morris folgte ihrem Beispiel. Aber der entscheidende Stuhl stand viel zu weit vor ihm, als daß er hätte daruntergreifen können. Wieso hatte er an diese Möglichkeit nicht gedacht? Massiminas Augen waren fest geschlossen, während ihre Lippen stumme Silben formten. Fünf Minuten lang, zehn. So eine Scheiße! Es war doch wirklich zu dämlich. Fast fünfzehn Minuten lang betete sie, als ob der liebe Gott Lust hätte, sich diesen ganzen Quatsch über ihre Prüfungen, ihre asthmatische Großmutter, ihre Flucht von Zuhause und die Frage anzuhören, ob und wann sie Morris ihre Jungfernschaft opfern sollte, und so weiter und so fort. Endlich wandte sie ihm ihr Gesicht zu und lächelte selig.

»Komm, laß uns gehen.«

»Ich würde gerne noch ein paar Minuten hierbleiben«, sagte Morris bedeutsam. »Ich liebe diese Atmosphäre. Sie ist so bewegend.«

»Ich fürchte, ich kann nicht«, sagte Massimina verlegen. »Ich muß mal auf die Toilette.«

»Geh nur. Ich komme gleich nach.«

Das überraschte sie sichtlich. Ein gerührter Morris. (Oder vielleicht überraschte es sie auch überhaupt nicht. Was sie über ihn dachte, war ja das größte, eigentliche Rätsel ihrer Beziehung.)

»Gut.« Sie stand auf und ging rückwärts davon, nicht ohne zu knicksen und sich zu bekreuzigen, als sie das Hauptschiff erreichte. Vielleicht bildete sie sich ein, ihre Gebete wären bereits erhört worden, dachte Morris, weil er in der Kirche zurückblieb. Er wartete, bis sie draußen war, und drehte sich dann wieder um. Die Alte saß zwar immer noch auf ihrem Platz, aber das brauchte ihn jetzt nicht mehr zu stören. Er zählte innerlich bis zehn, warf sich dann schamlos nach vorn auf die Knie, fuhr mit der Hand unter den Stuhl – und riß den Umschlag hervor, der dort klebte! *Er war tatsächlich da!* Die Frau drehte sich um.

»*Scusi*. Bin ausgerutscht. Tut mir leid.«

»*Niente, Signore, niente paura.*«

Er hielt den Umschlag tatsächlich in seinen Händen! Unglaublich. Verbrechen lohnten sich also doch! Wenn das Geld tatsächlich da drin war, konnte er durch die Seitentür abhauen und sich von Massimina befreien, ehe sie ihm echt auf den Nerv ging. Seine Finger rissen bereits das Papier auf. Aber der Umschlag war zu dünn. Morris wappnete sich. Es kamen denn auch nur ein Blatt Papier und zwei zerknitterte Tausendlirescheine heraus.

Caro Signor Blackmailer, da ich gerade in der Stadt war und an dieser schönen Kirche vorbeikam, habe ich mir gedacht, es würde Sie vielleicht freuen, wenn ich Ihnen kurz schreibe. Luigina und Monica sind – was Sie gewiß beruhigen wird – meine Töchter. Meine arme Frau ist leider schon vor sechs Jahren gestorben. Geld kann ich Ihnen also beim besten Willen nicht zukommen lassen. Andererseits hätte ich aber gern meinen Terminkalender zurück. Es stehen ein paar Adressen und Telefonnummern drin, über die ich sonst keine Unterlagen besitze. Bitte schicken Sie mir den Kalender also umgehend an meine Adresse. Sollte ich ihn nicht innerhalb einer Woche erhalten, werde ich die Polizei informieren und den Behörden Ihren Brief und eine detaillierte Beschreibung Ihrer Person geben.

Cordialmente, Amintore Cartuccio

P. S. Für den Fall, daß es Ihnen an Bargeld mangelt, lege ich 2000 Lire für Porto bei. Den Aktenkoffer können Sie behalten.

8

Morris wusch sich sorgfältig, auch hinter den Ohren, und betrachtete sich ausführlich im Spiegel. Das Glas war gesprungen und sein Spiegelbild auch. Ein Morris mit Sprüngen. Hübsch, aber nicht ohne Makel. Grimmig schürzte er die Lippen. Das kleine Badezimmer der Pension bestand vorwiegend aus unverschalten Wasserrohren und schmutzigen Installationen, hinter und unter denen sich Staub sammelte. Der Putz an den Wänden hatte die Farbe von Ruß. Das Bidet war fleckig und grau. Millionen anderer Durchreisender hatten schon ihre Gesichter in diesem Spiegel betrachtet. Ganz zu schweigen von anderen Spiegeln. Millionen und Abermillionen, die ihre gesprungenen Lippen aufwarfen und grinsten. Die Zahlen sprachen einfach für sich. Die schiere, ungeheure Größe der Zahlen. Die Zahl der Nullen hinter jeder statistischen Zahl. Das war ein *wirklicher* Anlaß zum Ekel, Jean Paul. Was war schon dran, wenn man ein Morris war von Millionen? Arbeitslos, unbeachtet. Morris fand sich allerdings auch in unbeachtetem Zustand beachtlich. Er lächelte sein Lächeln und streckte sich schließlich die Zunge heraus. Was für ihn galt, galt schließlich auch für alle anderen, nicht wahr? O ja, die Zahlen sprachen gegen jeden einzelnen auf der Welt. Auch gegen Massimina. Ganz besonders gegen Massimina. Es gab bestimmt zehn Millionen wie sie. Zehn Milliarden. Die Zahlen verdammten einen zwar zur Bedeutungslosigkeit, machten einen aber auch frei.

»Ich werde noch mal nach Verona zurückmüssen«, sagte Morris. »Wenn wir länger wegbleiben wollen, muß ich noch ein paar Dinge regeln.«

Das schmuddelige Hotelzimmer enthielt zwar ein Doppelbett, aber Morris hatte versprochen, die Bettdecke auf den Fußboden zu legen und darauf zu schlafen.

»Das macht nichts. Während du weg bist, wasche ich meine Sachen und erforsche vielleicht noch ein bißchen die Stadt.«

Morris goß sich ein großes Glas Wein ein, was ein offenbar unvermeidliches leichtes Stirnrunzeln auf Massiminas kindlichen Zügen hervorrief.

»Du darfst nicht so viel trinken, Morri!«

»Es hilft mir, nicht zuviel nachzudenken.« (Das hätte sein Vater jedenfalls nicht sagen können.)

»Worüber?«

»Über all die Dinge, die ich hätte tun sollen und können, und die ich jetzt nie mehr tun werde.«

»Ach, Morri, sag doch nicht so was!« Sie kam ums Bett herum, setzte sich neben ihn und legte ihm den Arm um die Schultern. Der Jogginganzug zeigte einen nassen Fleck unter der Achsel.

»Ich hätte einen tollen Beruf ergreifen und irgendwas Wichtiges tun können... und statt dessen? Schau mich an: ein mieser kleiner Englischlehrer.«

Es war merkwürdig, so etwas zu Massimina zu sagen. So als ob ihm das, was ihm tatsächlich dauernd im Kopf herumging und ihn bedrückte, plötzlich gar nicht mehr ernst wäre.

»Aber Lehrer ist doch ein sehr schöner Beruf. Ich könnte das nie.«

Da hatte sie allerdings recht.

Morris zuckte mit den Schultern, trank den Wein aus und goß sich sofort ein neues Glas ein. Sie legte ihm eine sanfte Hand auf den Arm, um ihn am Weitertrinken zu hindern, und er mußte zugeben, daß ihm das kleine Drama gefiel, als er sie abschüttelte. Es war wie in einem dieser Filme mit Paul Newman nach einem Drehbuch von Tennessee Williams.

»Ich hätte was Besseres erreichen können«, sagte er und spürte plötzliches, heftiges Selbstmitleid in sich aufsteigen.

»Aber das kannst du doch jetzt auch immer noch, Morri«, sagte sie. »Warum tust du es nicht einfach?«

Jetzt sei es zu spät, sagte er und war fest davon überzeugt.

Nein, es war nicht zu spät. »Schau, Morri, sobald Mamma einsieht, daß an unserer Liebe nichts mehr zu ändern ist, wird sie bestimmt eine gute Position für dich finden. Bei Luigis Familie zum Beispiel.«

»Nach diesem Abenteuer wird mich deine Familie nie akzeptieren.«

»Doch, bestimmt«, sagte sie. »Das verspreche ich dir. Wirklich. Ich werde schon dafür sorgen. Hör mal, wenn du morgen nach Verona fährst, warum besuchst du sie nicht einfach und sagst ihnen, daß ich diejenige war, die sich alles ausgedacht hat, wegen der Schule, und daß du mich zu überreden versuchst, daß ich wieder zurückgehe.«

Morris war ziemlich gerührt und drückte ihr sommersprossiges Gesicht einen Augenblick lang an seine Schulter, als ob ihre Worte ihn freuten. Gleichzeitig trank er seinen Wein aus, einen eher langweiligen Soave. Wenn man das Mädchen nur dazu bringen könnte, ein bißchen mehr Geld auszugeben, dann wäre die Situation fast ideal.

»Jetzt weiß ich's«, sagte sie. »Ich kann meiner Mutter doch einen Brief schreiben, wo alles drinsteht. Ich meine, daß wir nicht miteinander geschlafen haben oder sonst irgendwas und daß wir nur zusammen sein wollen und daß sie uns vertrauen sollen und so. Du könntest ihn mitnehmen und gibst ihn ihr morgen.«

»Gute Idee.« Er wischte sich den Mund ab. »Weißt du, während du den Brief schreibst, könnte ich schon mal deinen Jogginganzug einweichen. Es kann nicht schaden, wenn er mal gewaschen wird.«

»Das ist nicht nötig.«

»Aber ich möchte gern *irgendwas* für dich tun, Liebling. Bisher hast du alles gemacht. Du hast eingekauft und das Essen gemacht, du hast die Pension entdeckt... Laß mich doch auch mal was für dich tun. Ich bin keiner dieser italienischen Machos, die sich bedienen lassen, weißt du?«

»Morri. Quanto sei caro!« Sie wandte sich ab, um die Hose herunterzustreifen und den Reißverschluß der Jacke zu öff-

nen. Ein weitgeschnittener blauer Baumwollschlüpfer und ein bis zum Bersten gefüllter weißer BH wurden sichtbar. Morris betrachtete beides nur mit diskretem Interesse. Massiminas Gesicht war blutrot geworden. Sie setzte sich auf den Stuhl vor dem kleinen Tisch in der Ecke, holte sich einen Kugelschreiber und Papier aus Morris' (Cartuccios) Aktenkoffer und zog das übliche Gesicht mit Schmollmund und Stirnrunzeln.

Im Badezimmer steckte Morris den roten Jogginganzug in die halbgefüllte Wanne, rieb ein bißchen Seife hinein, damit es glaubwürdiger aussah, und ließ ihn in der Lauge liegen. Wenn sie morgen früh nichts zum Anziehen hatte, saß Massimina erst einmal fest. Dann mußte sie in der Pension darauf warten, daß der Anzug trocken wurde, und bis zum Nachmittag war er bestimmt wieder da.

»Morri?« Ihr Gesicht erschien über der Bettkante und blickte auf ihn herab. Dabei hatte er fast schon geschlafen. »Morri, bist du noch wach?«

Jetzt schon. Das ovale Gesicht war bleich und besorgt.

»Morri.« Aus irgendeinem Grund flüsterte sie wie ein Kind, das nicht will, daß die Eltern es hören. Als ob ihre Mutter nicht wissen dürfte, daß sie noch wach war. »Es tut dir doch nicht etwa leid, daß du mit mir weggelaufen bist, Morri? Hast du *darüber* nachgedacht, als du noch länger in der Kirche bleiben wolltest? Du warst so weit weg mit deinen Gedanken, als du herauskamst. Als ob ich dir völlig gleichgültig wäre.«

»Natürlich tut es mir nicht leid, Liebling. Wahrscheinlich war es das Schlaueste, was ich jemals getan habe.«

»Weißt du, Morri, du hast eine sehr schöne Stimme. Ich meine die Art, wie du redest, dein Akzent. Ich glaube, deswegen habe ich mich zuerst in dich verliebt. Im Unterricht.«

Morris schwieg.

»Wenn du morgen zurückkommst, geht unsere Reise erst richtig los, Morri, okay? Wo wollen wir hinfahren?«

»Mal sehen. Freunde von mir wollen in die Türkei. Vielleicht wäre das etwas für uns?«

»O ja, Morri! Laß uns mitfahren!« Sie beugte sich plötzlich zu ihm herunter und küßte ihn auf die Lippen. Morris rührte sich nicht.

»Buona notte.«

»Sogni d'oro.«

Außerdem gab es natürlich noch Gregorio in Sardinien, dachte er. Das wäre auch noch ein gutes Versteck, wenn ihm der Boden unter den Füßen zu heiß werden sollte.

»Das weißt du schon, Papa, das ist dir schon klar, daß ich dabei bin, sie zu entführen, nicht wahr? Das ist jedenfalls mehr, als du je mit einer Frau gemacht hast, Papa, trotz all deiner ewigen Angeberei. Die galanteste Form des Klassenkampfs, die man sich vorstellen kann, oder? Da staunst du, was? Da bist du nie drauf gekommen.«

Morris war beim ersten Tageslicht auf und zog sich im Bad an. Ein sauberes weißes Hemd, ein Paar selbstgebügelte Hosen, die er sorgfältig zusammengelegt in den Koffer gepackt hatte, und eine schmale Lederkrawatte, die er sich locker anlegte. Auch auf die Manschettenknöpfe verzichtete er nicht, und die Haare kämmte er sich mit Wasser in Form. Es war kurz vor sechs. Massimina hinterließ er einen Zettel: »Bin um vier wieder da. Morris« und schlich dann lautlos zur Tür. Noch während er sie behutsam hinter sich schloß, hörte er jeden tiefen Atemzug des schlafenden Mädchens.

Auf dem Bahnhof kaufte er vier halbwegs vielversprechende Krimis und eine Rückfahrkarte nach Verona. Es würde ein hektischer Tag werden. Aber das Schöne war, daß er bisher noch nichts getan hatte, wofür ihn irgend jemand hätte einsperren können. Die Tagesparole war, das Risiko bis zum letzten Moment so klein wie möglich zu halten.

Als nächstes las er den Brief, den Massimina fest zugeklebt hatte. »Schwör mir, den Brief nicht zu lesen, sonst sorge ich dafür, daß du deinen Kopf durch keine Tür mehr kriegst«, hatte sie gesagt. Ihre Handschrift war genauso rund wie ihre Brüste, stellte er fest, rührend unschuldig, mit kleinen koketten Schleifchen bei den Unterlängen unter den Zeilen.

Cara Mamma, ich weiß, es ist schrecklich, was ich getan habe, aber ich mußte es tun. Ich bin jetzt alt genug, um zu wissen, was für ein Leben ich führen will, und ich liebe Morris sehr. Sehr sehr sehr. Es ist mir egal, was Ihr über ihn sagt, ich weiß, daß er ein guter Mensch ist, auch wenn er vielleicht etwas träge und faul ist. Im Umgang mit mir ist er äußerst zurückhaltend und hat nicht den geringsten Versuch unternommen, mit mir etwas zu tun, was ich vielleicht bereuen könnte. Vielleicht lügt er wirklich manchmal, wie Du gesagt hast. Aber ich glaube, das ist nur, weil er Minderwertigkeitskomplexe hat. Deshalb tut er mir leid, und ich möchte ihm helfen. Ich glaube nicht, daß er es irgendwie auf unser Geld abgesehen hat, er hat mich bisher um keinen Pfennig gebeten. Jedenfalls werden wir jetzt zusammen verreisen, um zu sehen, ob wir wirklich zusammenpassen. Alles, alles Liebe. Ich bin so froh, daß es Großmutter wieder besser geht. *Un caro abbraccio a tutte, Massimina.*

Ach, schau an! Er war also *träge!* Und gelogen hatte er wegen seiner *Minderwertigkeitskomplexe!* Einen Monat lang wollte sie sehen, ob sie zusammenpaßten, schau, schau. Als ob er ein Kartoffelsack wäre, der mindestens fünfzig oder sechzig Prozent Ehetauglichkeit nachweisen müßte. Damit war alles klar. Jetzt würde er's machen. Diese ganze verdammte Bande brauchte mal eins auf die Nase.

Sobald er *Verona Porta Nuova* erreicht hatte, kaufte er am Bahnhofskiosk eine *Arena*, die größte Lokalzeitung, und fuhr mit der Nummer 8 nach Montorio raus. Er erreichte seine Wohnung kurz nach neun, in der Hand die Plastiktüte mit den Krimis. Was er in der Zeitung gesucht hatte, hatte er unterwegs im Bus entdeckt.

DIE SCHÖNE MASSIMINA NOCH IMMER VERMISST, lautete eine der kleineren Schlagzeilen im Inneren des Blattes. DURCHGEBRANNT ODER ENTFÜHRT? Es folgten ein paar Einzelheiten über Massiminas plötzliches Verschwinden am Freitag, bei dem sie lediglich mit einem roten Jogginganzug bekleidet gewesen sei. Aber solange die Polizei nicht mit Signor Morris Duckworth gesprochen habe, einem von der Familie verschmähten Bewerber um die Hand des jungen Mädchens, bestünde immer noch Hoffnung, daß die beiden lediglich durchgebrannt waren, um heimlich zu heiraten. Je länger allerdings die Abwesenheit des Mädchens dauere, desto größer werde die Wahrscheinlichkeit einer Straftat. (Allerdings! Allerdings!)

Der zuständige Inspektor Marangoni hatte erklärt, eine Entführung oder Ermordung des Mädchens, aber auch Selbstmord, ließen sich beim gegenwärtigen Stand der Ermittlungen nicht ausschließen. Der Direktor der *Nelson School of English*, Horace Rolandson, hatte Morris der Presse gegenüber als sehr gemäßigten und gewissenhaften Lehrer beschrieben, der mit Sicherheit nichts Überstürztes tun würde. Morris sei kein besonders leidenschaftlicher Typ, und er, Rolandson, hoffe zuversichtlich, daß er schon in der nächsten Woche wie gewohnt seinen Gehaltsscheck abholen werde (das war nun bestimmt eine Lüge!). Die Tatsache, daß Morris für die beiden letzten Unterrichtswochen noch nicht bezahlt worden war, wurde offensichtlich als starkes Argument gegen eine heimliche Flucht des jungen Paares betrachtet. Was für eine zynische Welt!

Die Affäre bleibe rätselhaft, schrieb die *Arena*, und die Sorge der Familie wachse. Signora Trevisan jedenfalls sei fest überzeugt, daß ihre Tochter, falls sie tatsächlich durchgebrannt sein sollte (was ihr mehr als unwahrscheinlich erschien), der Familie zumindest eine Nachricht hätte zukommen lassen, um ihnen diese schreckliche Ungewißheit zu ersparen.

»Massimina ist ein sehr traditionelles Mädchen«, hatte Signora Trevisan gesagt, »kein drogensüchtiges oder verzogenes Kind. Sie hätte unser Haus bestimmt nicht zu einem Zeitpunkt verlassen, wo ihre Großmutter im Krankenhaus liegt.«

Man merkte doch deutlich, daß in der Provinz nicht viel los war, dachte Morris. Der *Telegraph* hätte noch nicht mal zwei Zeilen aus der ganzen Geschichte gemacht.

Neben dem Artikel hatte die *Arena* ein ungemein schmeichelhaftes Foto von Massimina gedruckt, das für eine Identifikation glücklicherweise völlig untauglich war. Da hatte die Eitelkeit der Familie über die Fahndungsinteressen gesiegt. Das einzige verbleibende Problem war, daß sowohl Gregorio als auch Danny ihn am Freitagabend noch mit dem Mädchen gesehen hatten. Aber Gregorio war bestimmt schon längst in Sardinien, und daß Danny italienische Zeitungen las oder überhaupt lesen konnte, war nicht sehr wahrscheinlich. Trotzdem, ein Restrisiko blieb. Vielleicht sollte er lieber gleich zur Polizei gehen und zugeben, am Freitag eine oder anderthalb Stunden mit ihr zusammengewesen zu sein. Morris quälte sich eine Weile mit dem Problem ab, kam aber nicht gleich zu einer Lösung. Er mußte eben improvisieren.

Das erste, was er erledigte, war die Sache mit dem Kalender. Er wickelte ihn in braunes Packpapier und kritzelte einen hastigen Brief in kindischer Schrift:

Touché, Cartuccio! Vielen Dank für Ihren Brief vom 10. dieses Monats. Da ich selbst so einen widerwärtigen Zeitgenossen und Pornoleser wie Sie nicht am Broterwerb hindern will, lege ich Ihnen Ihr schmieriges Notizbüchlein bei. Seien Sie aber versichert, mein schweinsledener Freund, daß ich alle relevanten Seiten fotokopiert habe und mit meinen Nachforschungen noch keineswegs am Ende bin. Wenn Sie auch nur den geringsten Grund haben, sich Ihres Verhaltens zu schämen, werden Sie noch von mir hören. Un abbraccio mortale, il tuo amico, il diplomatico.

Morris dachte eine Weile über den Brief nach. Einige Sätze gefielen ihm nicht recht. Es war alles ein bißchen schwerfällig, wie in einem Fernsehkrimi für Kinder, aber er hatte keine Zeit, die Sache zu perfektionieren. Es mußte genügen. Abschicken würde er den Brief aber erst in Vicenza. Er durfte dem Kerl nicht zweimal aus Verona schreiben, das wäre gefährlich.

So, und jetzt die Kriminalromane, die er gekauft hatte. Morris setzte sich auf die Couch im Wohnzimmer und legte die vier Taschenbücher vor sich auf den Boden. Dann sprang er gleich wieder auf und suchte im Schlafzimmer nach einer Schere. Und Tesafilm. Und Handschuhen, natürlich! Denn auf dem Tesafilm würde man Fingerabdrücke erkennen. Einen Augenblick lang war er richtig stolz auf sich, daß er daran gedacht hatte. Nein, ein Dummkopf war er bestimmt nicht!

Er machte noch einen Abstecher ins Bad und betrachtete sich wieder einmal im Spiegel – groß, blond, lächelnd und elegant mit seinem weißen Hemd und den dunklen Hosen. Sehr charmant. Ein Partylöwe. Die Gartenparties in Cambridge hatten ihm gefallen. Der einzige Teil des gesellschaftlichen Lebens, der ihm zugesagt hatte. Ein paar Sekunden lang genoß Morris seinen Anblick. Seine körperliche Gegenwart war attraktiv, ohne Zweifel. Sein Fleisch war fest, sein Hals erhob sich schlank und glatt aus dem sauberen, italienischen Hemdkragen. Was wollten sie denn mehr, zum Teufel? Warum mußten sie ihn unbedingt so weit treiben? Jetzt sollten sie ihm aber bitte auch keine Vorwürfe machen! Er rannte zurück ins Wohnzimmer zu seinen Romanen.

Es waren natürlich lauter ganz dumme Geschichten: Eifersuchtsdramen, politische Morde, Verbrechen aus Rache und Geldgier, ja, sogar Verbrechen aus Liebe, die dann von schlauen, etwas exzentrischen kleinen Männern mit ausgesuchten Manieren, geschickten Verhörmethoden und billigem Charme gegenüber dem schwachen Geschlecht aufgeklärt wurden. Alles Mist. Immer derselbe humanistische Quatsch: Die Welt ist böse, und die Guten kriegen ständig eins auf die Nase, aber irgendwie, auf der allerletzten Seite, gewinnen sie doch. Ob sie nun Maigret, Miss Marple oder James Bond hießen, war letztlich völlig egal. Alles Mist. Man fragte sich, ob einer von diesen Kerlen je eine Zeitung gelesen hatte oder auf Arbeitssuche gewesen war, um sich dabei eine Absage nach der anderen einzufangen. Nein, diese Kerle schienen alle genau zu wissen, wohin sie gehörten. Echtes Scheitern kannten sie nicht. Sie hatten ein paar Mißerfolge, und dann lösten sich alle Mißgeschicke durch glückliche Fügung auf – das war das Gesetz dieser Spannungsromane. Wenn jemand wirklich unterging, dann hatte er das auch verdient. Und wenn seine Mißerfolge zu drastischen Konsequenzen führten, dann war der Täter eben pervers.

Romane der achtziger Jahre waren das nicht, dachte Morris. (Er hätte eben doch Kritiker werden sollen!) Heutzutage waren solche Motive Gemeinplätze. Humanismus, o je!

Aber die Tage, in denen er noch Zeit für solche philosophischen Betrachtungen gehabt hätte, waren endgültig vorbei. Wenn er heute abend zurück in Vicenza sein wollte, hatte er eine Menge zu tun! Er befeuchtete seinen Zeigefinger und blätterte den albernen Simenon durch. Dumpfe Leidenschaften und düstere Bars in Paris. Nicht das, was er suchte. Also Agatha Christie: lange Kleider und Liebesbriefe, Männer, die Pfeifen ansteckten und sich hinterm Ohr kratzten, Arsenspuren in Apfelresten. Auch nicht das Wahre. Das dritte Buch war zwar wesentlich primitiver, aber dafür fand Morris auf Seite fünfunddreißig genau das, was er brauchte:

Scheich Schachtiar! Euer geliebter Sohn ist in Händen beduinischer Freiheitskämpfer, die ihn einem äußerst schmerzlichen Schicksal überlassen werden, wenn Ihr nicht genau unseren Anweisungen folgt. Noch ehe sich die Sonne zum drittenmal hinter den Horizont neigt, werdet Ihr tausend Gold-Dinar in eine Kamelhaut gewickelt auf dem Grabmal von Abdullah dem Barbaren am Rande der Oase von Oujakd hinterlegen. Solltet Ihr versuchen, irgendeine List zu gebrauchen, so ist das Leben Eures Sohns verwirkt und er speist mit Euren räuberischen Ahnen in der Hölle, noch ehe der Mond wechselt.

Die Rächer des Islam

Über diesen fabelhaften Erpresserbrief war Morris mehr als entzückt. Als erster warnender Nadelstich war der Brief ausgezeichnet. Haargenau paßte er, kamelhaargenau sozusagen. Nichts war erschreckender als eine Farce, von der man nicht wußte, ob man sie nicht doch ernst nehmen mußte. Er streifte die Gummihandschuhe über, die er sonst immer zum Spülen benutzte, und schnitt den Brief aus.

So, jetzt brauchte er nur noch irgendwo eine »Tochter« zu finden, die sich über den »Sohn« kleben ließ (war nicht gleich auf der ersten Seite der Agatha Christie eine »Tochter« gewesen? Ja, richtig: die Erbin). Dann noch ein »sie« statt »ihn«, das war noch leichter. Anstelle der »beduinischen Freiheitskämpfer« klebte er drei Fragezeichen hin, und die Stelle, wo vom Lösegeld die Rede war, ersetzte er durch einen Satz von Simenon, den er schräg über den ganzen Absatz des Originals klebte: »Dieses Problem werden wir zu gegebener Zeit lösen.« Den Umschlag würde er in der Stadt kaufen und nur mit Handschuhen anfassen, und die Adresse konnte er mit einzeln ausgeschnittenen Buchstaben kleben. Wer konnte schon wissen, wozu die moderne Kriminalwissenschaft fähig war, heutzutage. Aber wenn er es so machte, konnte ihm bestimmt niemand was nachweisen. Sie würden nicht mal wissen, daß er kein Italiener war; vielleicht dachten sie sogar, es wäre eine der professionellen sardischen oder kalabresischen Kidnapperbanden. Davon gab es ja weiß Gott genug.

Ein kleines Problem allerdings war da noch. Morris biß sich auf die Lippen. Er war jetzt sehr aufgeregt. (Das war nun endlich das Leben, für das er geschaffen war!) Er mußte einen Beweis dafür liefern, daß er wirklich über das Mädchen verfügte. Irgendeine intime Anspielung, nichts Bestimmtes, aber doch ein Indiz dafür, daß sein Erpresserbrief mehr als ein

Kinderstreich war. Er sprang auf, ging zu seinem Bücherregal und schlug »Achsel« und »Muttermal« in seinem Wörterbuch nach.

Er wollte die beiden Wörter schon beinahe herausschneiden, als ihm plötzlich klar wurde, wie leichtsinnig das war. Wenn die Polizei nun das Druckbild erkannte und dahinterkam, daß ein Wörterbuch benutzt worden war? Ein *englisch*-italienisches Wörterbuch noch dazu? Nein. Er ging noch einmal ins Schlafzimmer und wühlte in den Sachen herum, die sein Vormieter in einem der unteren Schrankfächer hinterlassen hatte. Richtig, da war es: ein gewöhnliches italienisches Wörterbuch. Der Rest war einfach. Innerhalb von zwei, drei Minuten hatte er die kritischen Substantive ausgeschnitten und die restlichen Präpositionen aus den Romanen dazu.

Lei ha un neo sotto l'ascella sinistra. Sie hat ein Muttermal unter der linken Achsel. Hervorragend!

Als der Brief fertig war, schob ihn Morris in seine Zeitung. Dann begann er seine Wohnung auszuräumen. Die Krimis mußten sofort auf den Müll; seine Kleider und sonstigen Habseligkeiten packte er in seine andere große Reisetasche und drei große Kartons, die er auf dem Dachboden des Hauses verstaute. Das einzige, was er in der Wohnung zurückließ, war Gregorios wertlose Bronze, die ihre Arme auf dem Bücherregal im Wohnzimmer hochreckte. Es war offensichtlich verrückt, sie da stehenzulassen. Außer vielleicht, daß Morris jetzt das Gefühl hatte, daß die Götter sein neuestes Unternehmen mit Wohlwollen betrachteten. War es nicht phantasievoll und tollkühn genug? Wer nichts wagte, den mochten sie nicht. (Jetzt sollte sein Vater ihn noch mal einen Waschlappen nennen!) Er hatte sich nun einmal entschlossen, sein Brot aufs Wasser zu werfen (was immer das heißen mochte) und sich dem Schicksal als Geisel zu geben.

Eine Stunde später war er an der Endhaltestelle in Quinzano, stieg die beiden scharfen Haarnadelkurven oberhalb des kleinen Platzes hinauf und läutete die Glocke neben dem großen schmiedeeisernen Tor, das die lange Zufahrt zum

Haus der Familie Trevisan versperrte. Der kleinen Fernsehkamera über dem Klingelknopf sah er direkt und ehrlich ins Glasauge.

»*Sono io, Morris.* Ich habe gerade die Zeitung gelesen und bin gleich hergekommen.«

Das Schloß sprang auf, und die Torflügel öffneten sich automatisch. Morris schritt den ordentlich geharkten weißen Kiesweg hinauf, der links und rechts von blühenden Magnoliensträuchern gesäumt war. Es war brennend heiß, und deshalb waren die Schweißperlen, die ihm von den Schläfen herabliefen, wohl einigermaßen verzeihlich, fand er.

Gleich innerhalb der ersten zwei Minuten seines Besuchs rief Signora Trevisan bei Inspektor Marangoni an. Der Inspektor wollte Morris am liebsten gleich auf die *Questura* bestellen, aber Signora Trevisan bestand darauf, daß Marangoni zu ihnen herauskam. Sie habe ja selbst noch kein Wort mit dem jungen Mann reden können. Nachdem sie ihm drei, vier Minuten lang zugesetzt hatte, lenkte der Inspektor offenbar ein.

»Nein, gestern war ich in der Oper in Mailand«, erklärte ihr Morris. »Ich habe den letzten Zug zurück nach Verona verpaßt, und dann mußte ich noch die Nacht auf dem Bahnhof verbringen, weil ich kein Geld fürs Hotel dabeihatte. Erst als ich heute morgen die *Arena* gelesen habe, wurde mir klar, was passiert ist.« Wenn er gesagt hätte, daß er in einem Hotel übernachtet hatte, bestand die Gefahr, daß sie ihn fragten in welchem, und dann hätte der Meldezettel gefehlt. Andererseits hatte er eine Kritik der neuesten *Madame Butterfly*-Inszenierung der *Scala* gelesen und befand sich in dieser Hinsicht auf sicherem Boden.

Die Signora betrachtete ihn mit einem Gesicht, das grau vor Müdigkeit war. Sie machte sich offenbar große Sorgen.

»Geh, mach uns einen Kaffee«, sagte sie zu Paola. Ihre Augen waren geschwollen und rot. »O Gott! Ich hatte so gehofft, sie wäre mit Ihnen durchgebrannt oder so was. Irgendeine harmlose Dummheit.«

»Nein, leider nicht«, sagte Morris höflich und versuchte sich an einem angedeuteten Lächeln. Aber Signora Trevisan wandte sich ab. Jetzt, wo er seine Erklärung abgegeben hatte, hatte sie eigentlich bereits keine Zeit mehr für ihn. Er war nur »eine Dummheit«, eine harmlose Erklärung, die jetzt leider hinfällig war.

»Wollen Sie damit sagen, daß Sie Massimina überhaupt nicht gesehen haben?« fragte Luigi trocken.

Das war schon schwieriger. Morris drehte sich zu Luigi um. Das Gesicht des mageren jungen Burschen war zur harten und strengen Maske geworden. Natürlich. Er spielte jetzt den Beschützer. Es gab ja sonst keine Männer mehr in der Familie.

»Ja, das ist richtig«, sagte Morris. Diese Lüge mußte er wohl riskieren. »Seit der Einladung hier im Haus nicht mehr.« Wenn das verdammte Mädchen bloß nicht in diesem bescheuerten roten Jogginganzug aus dem Haus gerannt wäre! Dann brauchte er sich gar keine Sorgen zu machen. Nur eine Schwachsinnige konnte in einem roten Jogginganzug davonrennen. Morris war richtig wütend auf sie.

Luigi tauschte einen Blick mit der Mutter. Und in dieser Sekunde begann auch noch das Telefon zu klingeln. Morris zuckte zusammen, sein rechter Arm und seine Schulter hatten sich deutlich bewegt. Wenn jetzt Massimina...

Aber es war nur Antonella. Sie bat, es möge sie jemand im Krankenhaus ablösen. Sie könne es nicht mehr aushalten.

»Wie geht es denn der alten Dame?« fragte Morris mit leiser, respektvoller Stimme.

»Sie liegt im Koma«, erwiderte Luigi und schien seine Bitterkeit zu genießen. »Sie wird sterben.«

»Das tut mir leid«, sagte Morris (er konnte sich richtig vorstellen, wie er seinen Hut in der Hand gedreht hätte, wenn er einen gehabt hätte). »Daß all diese Dinge so zusammenkommen...« Er warf Signora Trevisan, die jetzt wieder aufgelegt hatte, einen bedauernden Blick zu. »Ich weiß gar nicht, was ich sagen soll.«

Die Frau sah aus, als ob sie jeden Augenblick in Tränen ausbrechen könnte. Sie schickte Paola ins Krankenhaus und setzte sich wieder. Als er ihre schwimmenden, müden Augen sah, spürte Morris heftiges Mitleid. Andererseits: Wenn sie ihm erlaubt hätten, Massimina auf ordentliche Weise den Hof zu machen, wäre das alles nicht nötig gewesen.

Inspektor Marangoni war ein bulliger, angriffslustiger Typ. Nachdem man ihn gezwungen hatte, in dieser Gluthitze nach Quinzano herauszukommen, war seine Neigung, der Familie Trevisan übermäßigen Respekt zu bezeugen, ganz offensichtlich auf ein Minimum gesunken, ganz egal, wie schrecklich ihre Lage auch sein mochte. Er setzte sich krachend auf einen der unvermeidlichen harten Stühle und wandte sich ausschließlich an Morris. Neben ihm saß sein schlanker, zierlicher Assistent, der ein ausdrucksloses, trokkenes Gesicht mit olivfarbener Haut und flinken Augen hatte. Zufrieden beobachtete Morris, daß sie beide genauso schwitzten wie er selbst.

»Parla italiano, Signore? Capisce tutto?« Die anderen hörten aufmerksam zu.

»Er spricht sehr gut Italienisch«, begann Signora Trevisan.

»Erlauben Sie bitte, daß ich das Verhör allein führe, Signora. Um den Bestimmungen zu genügen, muß ich alle Antworten von dem jungen Mann selbst bekommen.«

Morris lächelte ebenso respektvoll wie nachsichtig. »Ich spreche ganz gut italienisch. Wenn ich irgendwas nicht verstehe, werde ich Ihnen das sagen.«

»Haben Sie irgendwelche Papiere? Einen Ausweis?«

Morris griff in seine Brieftasche und zog seinen Paß heraus. *»Her Britannic Majesty ... requests ...«* Wirklich sehr liebenswürdig von der Queen, sich so um ihn zu bemühen.

»Permesso di soggiorno für Verona?«

»Den habe ich im Augenblick leider nicht bei mir.«

»Ist auch nicht wichtig.« Der Inspektor machte eine Pause und sah Morris direkt in die Augen. »Sie standen also in einer engen Beziehung zu der Vermißten?«

»Ich wollte mich mit ihr verloben. Ihre Mutter hat uns verboten, daß wir uns sehen.«

Signora Trevisan wollte Protest einlegen, aber der Inspektor machte rasch weiter.

»Sie hatten nie die Absicht, mit dem Mädchen durchzubrennen oder dergleichen?«

»Nein, keineswegs. Massimina ist schließlich erst siebzehn. Da wäre so etwas strafbar.« Er lächelte ernsthaft.

»Rein juristisch gesehen haben Sie recht.« Der Inspektor beugte sich zu seinem Assistenten, der sich eifrig Notizen machte, und flüsterte ihm etwas ins Ohr.

»Haben Sie jemals über so etwas gesprochen?«

»Ja. Massimina hat die Möglichkeit erwähnt, aber ich war dagegen. Ich war fest überzeugt, ihre Mutter würde uns irgendwann doch ihren Segen geben.« Er schenkte Signora Trevisan ein versöhnliches Lächeln, aber ihr Gesicht blieb hart. Um so schlimmer für sie. »Ich dachte, wir sollten uns Zeit lassen.«

»Wann haben Sie Massimina zum letzten Mal gesehen, Signor Duckworth?«

»Vor über einem Monat. Als ich zum Abendessen hier war.«

»Seither haben Sie Massimina nicht mehr gesehen?«

»Nein. Und auch nicht mehr mit ihr gesprochen.« Er spürte, wie ein winziger Muskel in seinem Augenwinkel zu flattern begann.

Der Inspektor wechselte erneut ein paar Worte mit seinem Begleiter

»Signora, ich würde gern ein paar Minuten mit Signor Duckworth allein sprechen. Macht es Ihnen etwas aus, Signor Duckworth, mit mir in den Garten zu kommen?«

»Nein, keineswegs.« Als Morris aufstand, hatte er das Gefühl, daß seine Eingeweide sich unter ihm auflösten. Sie wußten also, daß er sie am Freitagabend getroffen hatte! Danny hatte sich bei ihnen gemeldet. Oder hatte Gregorio ausgesagt? Wie hätten sie auch einen roten Jogginganzug vergessen sollen? Wie hatte er sich einbilden können, daß sie nicht mehr daran dachten? Jetzt hieß es Ruhe bewahren. Er konnte ja sagen, er habe von vornherein jeden Verdacht von sich ablenken wollen. Er hätte Angst gehabt, sie würden die falschen Schlüsse ziehen... Oh, verdammt, warum nur hatte er den blöden Erpresserbrief abgeschickt, ehe er hierher kam! Wenn das nicht wäre, wenn er ihn noch irgendwie aufhalten könnte... Dann hatten sie immer noch nichts, womit sie ihn festnageln konnten. Nur ein paar Lügen. Aber wenn der Brief eintraf... und dann womöglich noch dieser Signor Cartuccio etwas in der Zeitung las...

»Signor Duckworth.« Sie saßen an einem Marmortisch in einer Glyzinienlaube. Das Licht fiel grün durch die Blätter und tauchte sie in eine kühle Aquariums-Atmosphäre. »Ich glaube, ich sollte Sie besser gleich darauf hinweisen, daß uns Signora Trevisan erzählt hat, Sie hätten die Familie in einigen Punkten über Ihre persönlichen Lebensumstände belogen. Signora Trevisan ist der Ansicht, man könne Ihnen nicht trauen. Luigi, Signor Cenci, hat das bestätigt.«

Morris konnte einen Seufzer der Erleichterung gerade noch unterdrücken. Er fuhr sich durch die Haare, um seinen Gesichtsausdruck zu verbergen, und versuchte, eine ebenso erstaunte wie resignierte Miene aufzusetzen.

»Das ist vollkommen richtig. Ich habe sie über meine jetzige Tätigkeit, meine beruflichen Perspektiven und die Stellung meines Vaters belogen.«

»Und warum, wenn ich fragen darf?« Aber auf dem verschwitzten Gesicht des massigen Mannes erkannte Morris bereits die Andeutung eines Lächelns.

»Die Familie Trevisan ist sehr reich. Ich habe befürchtet, ich würde nur eine negative Einstellung provozieren, wenn ich ihnen erzählte, wie bescheiden meine Lebensumstände tatsächlich sind. Deshalb habe ich ein bißchen übertrieben. Ich dachte, bis sich die Beziehung richtig entwickelt hat – wenn sie sich denn entwickelt –, hätte ich bestimmt eine bessere Stellung.«

Der Inspektor grunzte, und der Assistent machte Notizen. Er senkte den Kopf, damit man sein Grinsen nicht sah.

»Ich hätte nie gedacht, daß sie so mißtrauisch sind und alles überprüfen. Ich meine, man...«

»Nein. Ganz recht, Signor Duckworth. Ich habe nur noch ein, zwei andere Fragen, solange wir unter uns sind. Dann sind Sie entlassen.«

Freie Fahrt. »Ja bitte?«

»Besteht die Möglichkeit, daß Massimina schwanger sein könnte?«

Morris war ehrlich überrascht. »Nein. Das ist ausgeschlossen.«

»Entschuldigen Sie, Signor Duckworth, aber mein Beruf zwingt mich gelegentlich, solche unangenehmen Fragen zu stellen.«

Marangoni zog ein Taschentuch heraus und wischte sich damit nachdenklich den Schweiß aus dem großen, wachsbleichen Gesicht. Er litt. Er dachte wohl an sein schönes, kühles Büro. Außerdem hatte er schlechte Zähne, der arme Kerl. Wenn er solche Zähne gehabt hätte, dachte Morris, wäre er sofort zum Zahnarzt gegangen, ganz egal, wie teuer es war.

»Sie hatten also keinen Geschlechtsverkehr mit dem Mädchen?«

»Nein, nie. Um ganz ehrlich zu sein, sie ist katholischer als der Papst. Sie wollte nichts davon wissen. Sie will unbedingt vorher heiraten. Deshalb haben wir uns auch verlobt.«

»Ich verstehe. Eine andere Frage: Haben Sie irgendeinen Grund zu vermuten, Massimina könnte Selbstmord begangen haben?«

Morris schüttelte den Kopf. »Nein, auf gar keinen Fall. Das würde nicht zu ihr passen.«

»Denken Sie noch einmal darüber nach, Signore. Hatte sie in letzter Zeit irgendeinen Grund zu besonderer Aufregung?«

Morris begann demonstrativ nachzudenken. »Nun ja, sie hat ihre Prüfungen nicht bestanden, und darüber war sie sehr unglücklich. Und ich weiß auch, daß die Krankheit ihrer Großmutter sie sehr beunruhigt hat. Sie war sehr niedergeschlagen deswegen. Ich habe den Eindruck gewonnen, daß ihre Großmutter ihre einzige Verbündete in der Familie war, weil die anderen sie offenbar für ein Dummerchen hielten und sie ständig herumkommandierten.«

In diesem Augenblick wurde Morris bewußt, daß er weder über Massiminas Prüfungsergebnisse noch über ihre Reaktionen auf die Krankheit ihrer Großmutter hätte Bescheid wissen können, wenn er tatsächlich einen Monat lang keinen Kontakt mehr mit ihr gehabt hätte. Aber er fuhr unbeirrt fort.

»Vermutlich war sie auch ziemlich bestürzt darüber, daß sie mich nicht mehr sehen durfte. Jedenfalls hat sie mir ein paar sehr verzweifelte Briefe geschrieben. Trotzdem glaube ich nicht, daß sie...«

»Sie hat Ihnen Briefe geschrieben?«

»Ja.«

»Könnten wir diese Briefe bitte sehen, Signore? Auch der kleinste Hinweis kann uns vielleicht helfen.«

»Äh, ich fürchte, ich hab' nur noch einen...« Und den hatte sie vor dem Examen geschrieben, verdammt! »Ich kann ihn gern heute nachmittag auf der *Questura* vorbeibringen.« Wo zum Teufel hatte er den Brief hingetan? Und wieso hatte er so leichtfertig von mehr als einem Brief geredet? Sag um Himmels willen die Wahrheit, Morris, soweit es nur geht! Sonst machst du dich ohne jeden Anlaß verdächtig.

»Trotzdem wären wir Ihnen sehr dankbar, Signore. Nur eine Frage noch. Wo hält sich Massimina jetzt Ihrer Ansicht nach auf?«

Morris zuckte die Achseln, schürzte die Lippen und fuhr sich mit der Hand durch die Haare.

»Keine Ahnung. Ich weiß natürlich, was ich befürchte, aber eine echte Vorstellung von ihrem Aufenthalt habe ich nicht.«

»Und was befürchten Sie?«

»Tja«, sagte Morris zögernd. »Irgendein schrecklicher Sexualmord, glauben Sie nicht?«

Ein langes Schweigen folgte dieser Vermutung.

»Daß sie entführt worden sein könnte, glauben Sie nicht?«

»Na ja«, sagte Morris nach einiger Überlegung. »Möglich wäre es vielleicht schon.« Und fügte verwundert hinzu: »Ist die Familie denn wirklich *so* reich?«

»Ich glaube schon«, sagte Marangoni.

Der Inspektor fragte Morris, wo er ihn in den nächsten Tagen erreichen könne, und Morris sagte, das könnte vielleicht ein Problem werden. In der Schule seien jetzt Ferien, und er habe sich mit ein paar Freunden zu einer Reise an die türkische Mittelmeerküste verabredet. Darüber mußte der Inspektor einen Augenblick nachdenken. Er habe keinerlei rechtliche Handhabe, sagte er schließlich, Morris an seiner Reise zu hindern, aber er wäre ihm dankbar, wenn er sich alle paar Tage per Telefon melden würde, damit sie ihn im Falle einer unerwarteten Entwicklung nach Verona zurückrufen könnten. Eine ganz routinemäßige Vorsichtsmaßnahme, sagte der Inspektor. Falls er mal kein Geld haben sollte, könne er ruhig ein R-Gespräch anmelden.

Gut, sagte Morris, das wolle er gern tun. Allerdings sei er sich gar nicht mehr sicher, ob er jetzt tatsächlich noch in Urlaub fahren werde, solange diese schreckliche Geschichte in Gang war. Er habe das Mädchen zwar seit einem Monat nicht mehr gesehen und alle Hoffnungen aufgeben müssen, aber er sei natürlich emotional noch lange nicht über die Sache hinweg. Er befinde sich sehr im Zwiespalt, ob er fahren solle oder nicht. Er würde dem Inspektor Bescheid geben, wenn er heute nachmittag den Brief ins Polizeipräsidium brachte. Damit schienen Marangoni und sein Assistent zufrieden und kehrten ins Haus zurück, um sich von Signora Trevisan zu verabschieden.

Merkwürdig, dachte Morris. Daß Massimina ihre Ersparnisse von der Bank abgehoben hatte, schien niemand zu wissen. Dabei hätte man denken sollen, daß diese Dinge das erste wären, was überprüft wurde. Oder hatte man ihm nicht alles gesagt?

Die Einladung zum Mittagessen lehnte Morris ab, nahm sie dann aber doch an, als Signora Trevisan ihn halbherzig dazu drängte (schließlich würde er bei Massimina wohl auch künftig nie genug in den Bauch kriegen). Man setzte sich zu Tisch und verspeiste die beiden Poularden, die man vermutlich Luigi & Co. verdankte, in nahezu völligem Schweigen. Die Unterhaltung beschränkte sich auf das absolut Notwendige, was einem zumindest erlaubte, das Essen zu genießen.

Erst als Morris sich verabschiedete, sagte Signora Trevisan, es täte ihr leid, wenn sie ihn gekränkt haben sollte, und Morris erwiderte, nein, nein, er sei es, der sich entschuldigen müsse. Wenn er in den kommenden Tagen etwas für sie tun könne... Einen Augenblick lang überlegte er, ob sie ihn wohl einladen würden, regelmäßig vorbeizukommen, um sich auf dem laufenden zu halten. Schließlich mußten sie ja davon ausgehen, daß er Massimina liebte und Angst um sie hatte. Aber so weit ging das Vertrauen denn doch nicht. Nein, sagten sie steif, er könne ihnen nicht helfen, und so stürmte Morris davon. Zu tun hatte er ja noch genug.

Den ganzen Nachmittag verbrachte er in einem Zustand rasender, fanatischer Ruhe wie ein Soldat im Gefecht. Die kleinsten Wahrnehmungen von Farbe, Form und Bewegung standen ihm deutlich vor Augen, und jede Sekunde prägte sich so scharf ein wie ein Foto. Die Gedanken jagten sich in seinem Gehirn. Und doch blieb jede seiner Handlungen gelassen und ruhig. Es war eine Gratwanderung, ein Unternehmen auf Leben und Tod. Mit einem Wort, Morris amüsierte sich prächtig.

An der Ponte della Vittoria sprang er vom Bus und ging durch die Seitenstraßen zum Dietro Duomo. Zweimal blieb er hinter einer Ecke stehen, um zu prüfen, ob ihm jemand folgte, aber er konnte nichts feststellen. Aus den Rinnsteinen und Mülltonnen stiegen üble Gerüche auf, und die Luft war stickig und heiß. Das Pflaster glühte, und die verschachtelten

Gassen hinter der Via Emilei rochen abscheulich. Aber wenn alles gut ging, war er schon morgen oder übermorgen am Meer. Er konnte sich am Strand braunbrennen lassen und alles in Ruhe sorgfältig planen. Denn er hatte noch einen weiten Weg vor sich. Viertel nach zwei erklomm Morris die brüchigen Stufen vor der Via Accoliti Nummer 7.

»Am Dreißigsten nehmen wir die Fähre von Brindisi«, sagte Danny, während er mit übereinandergeschlagenen Beinen an seinem Wein nippte, in dem zahlreiche Eiswürfel schwammen. Er hatte nur seine Shorts und ein Unterhemd an. »Wäre toll, wenn du mitkommen könntest. In der Woche davor sind wir in Rom in der Emmaus-Kommune. Ich geb' dir die Adresse, wenn du willst.«

Morris sagte, er müsse noch ein paar Privatschüler unterrichten. Aber wenn er ein bißchen Dampf machte, könnte er es vielleicht gerade schaffen. Würde ihm bestimmt Spaß machen.

»Ah, Morris«, sagte Marion Roberts. Sie malte gerade irgendwas an die Wand. »Ich glaube, ich hab' was über dich in der Zeitung gelesen. Hattest du nicht was mit dem verschwundenen Mädchen zu tun? Worum geht es da eigentlich?«

Sie strahlte durch ihr knalliges Neon-Make-up wie eine Ampel und freute sich offensichtlich, daß sie etwas über sein Privatleben wußte. Wieso wollten eigentlich immer alle Leute etwas über sein Privatleben herauskriegen? Ihm war es doch auch völlig egal, ob Danny nun mit Marion, Pamela Pinnington oder der jämmerlichen Simmonetta ins Bett ging. Oder mit allen drei gleichzeitig, oder mit gar keiner. Es war ihm absolut scheißegal. Er war an Dannys Eroberungen nicht interessiert. Während andere Leute offenbar glaubten, sie hätten einen am Wickel, wenn sie wußten, daß man eine Freundin hatte. Voller Abscheu erinnerte sich Morris zum Beispiel daran, wie aufgeregt seine Klassenkameraden herumgehüpft waren, als sie durch Zufall ein Foto seiner Mutter in seiner Brieftasche entdeckt hatten. Vor lauter Begeisterung über ihren Fund hatten sie das Bild gar nicht mehr wieder zurückgeben wollen.

»Nein, die Zeitung hat sehr übertrieben. Ich bin vor einiger Zeit gelegentlich mit ihr ausgegangen, aber ich habe sie schon ewig nicht mehr gesehen. Irgendwie haben die Reporter wohl gehofft, wir wären zusammen durchgebrannt.«

Danny richtete sich auf. »War das die Kleine, mit der ich dich neulich an der Bushaltestelle gesehen habe?«

»Nein, das ist eine andere«, sagte Morris und versuchte sich dabei selbst zuzuhören. Klang sein Dementi auch überzeugend? Ja – solange niemand den Jogginganzug erwähnte.

»Der reinste Casanova!« spottete Marion und setzte einen weiteren Pinselstrich in das Geschmier auf der Wand. Dumme Kuh. Morris war wütend. Jetzt wurde er zu allem Überfluß auch noch rot. Diese Marion war wirklich eine unausstehliche Ziege. Wozu mußte sie eigentlich die Wand so versauen?

»Massimina war am Freitagabend schon verschwunden«, fügte Morris hinzu und behielt Danny dabei scharf im Auge.

»Massimina heißt die Süße? Stammt wohl aus besseren Kreisen? Massi-mini-mina! Reiche Leute?«

»Glaub' schon.«

»Is' ja irre, Mann. Ich wette, sie ist entführt worden oder so was.«

»Sollte mich nicht überraschen«, sagte Morris.

»Komisch«, unterbrach Marion glücklicherweise, »komisch, daß du jetzt ›sollte‹ gesagt hast. Ich hätte meinen Schülern gesagt ›würde‹. Ich meine…«

»Bringst du die Kleine von der Bushaltestelle mit, wenn wir in die Türkei fahren?« fragte Danny und kratzte sich am Bart. »Je mehr, desto lustiger, oder?«

Morris zögerte. Er hatte immer noch keine klare Vorstellung, was er mit sich anfangen sollte. Geschweige denn mit Massimina. Er würde sie ja irgendwie beschäftigen müssen.

»Hängt sehr von ihren Eltern ab«, sagte er. »Vielleicht kann sie nicht weg.«

Danny grinste. »Immer dasselbe bei den italienischen Mädchen. Familie, Familie und noch mehr Familie. Wird man nie los. Wahrscheinlich sind die meisten Mädchen ganz geil drauf, daß man sie ein bißchen entführt, was?«

»Genau«, sagte Morris.

Eine halbe Stunde später hatte er Horace Rolandson, den Direktor der Schule, aus dem süßen Schlummer seiner Siesta gerissen und auch bereits überredet, ihm nicht nur endlich den Scheck auszuschreiben, sondern fünfzigtausend Lire gleich bar auszuzahlen. Der Direktor, der offenbar noch unter den Nachwirkungen der Cocktails litt, die er vor dem sonntäglichen Mittagessen geschluckt hatte, war sehr erleichtert, als ihm Morris erzählte, er habe mit der Polizei schon gesprochen und es sei alles in Ordnung. Die Schule, sagte er, könne einen Skandal nicht gebrauchen. Rolandson gehörte zur Nachhut der Auslands-Briten mit ungebrochener Kolonialoffiziersmentalität. Sein Italienisch zeigte auch nach jahrzehntelangem Aufenthalt in der Stadt noch einen herzhaften Yorkshire-Akzent, während seine ganze Existenz vom zweifelhaften Ruf seiner schmuddeligen Schule abhing, die immer noch nach Lehrmethoden der 50er Jahre geführt wurde. Er schüttelte Morris fleischig die Hand.

»Bis zum nächsten Semester dann, mein Junge«, sagte er, lächelte Morris zum Ausgang und pustete Gin in die staubige Luft.

Um Viertel nach drei stand Morris wieder an der Bushaltestelle, fiebrig vor Hitze, Erschöpfung und Euphorie. Viertel vor vier war er wieder in seiner Wohnung, wühlte Massiminas Brief aus einem der Pappkartons auf dem Dachboden und rannte dann wieder zur Bushaltestelle. Er gab den Brief im Polizeipräsidium ab und ließ Inspektor Marangoni ausrichten, er werde sich wieder melden. Dann endlich zum Bahnhof, wo er gerade noch den Zug um halb sechs nach Vicenza erreichte. Zwei Stunden später, als er gedacht hatte, aber so war das nun mal. Massimina würde schon warten.

9

Man mußte sich eben was einfallen lassen. Darauf kam alles an, und nur wegen der Genialität seiner Einfälle war letzten Endes auch alles verzeihlich. Es würde der Familie Trevisan nicht schaden, sich von einem Teil ihrer irdischen Güter zu trennen. Das hatte sogar der Inspektor gesagt – oder zumindest angedeutet. Würde ihnen vielleicht sogar guttun. Und wenn sich die Signora nebenbei endlich mal fragte, ob sie ihre Töchter (ganz zu schweigen von Morris) eigentlich richtig behandelte, um so besser.

Ein Zehntel des Geldes würde er sowieso für einen guten Zweck spenden. Das würde auch besser aussehen, wenn er seine Story dem *Mirror* verkaufte. Nein, er war ganz einfach ein großzügiger Mensch. Er brauchte eben nur etwas, womit er großzügig sein konnte.

Morris formulierte seine Lösegeldforderung beim Friseur. Es kam darauf an, daß sie in jeder Hinsicht haargenau paßte. Die geforderte Summe mußte haargenau stimmen: groß genug, um nützlich zu sein und plausibel, aber wiederum auch nicht so groß, daß sie nicht mühelos zu zahlen gewesen wäre. Er wollte ja nicht, daß die Familie verzweifelt die Arme hob und sich an die Polizei wandte. Auf jeden Fall mußte er ihnen die Lösegeldforderung zustellen, ohne daß die Polizei es erfuhr. Und die Polizei überwachte garantiert die eingehende Post der Familie. Das war ein Problem. Genauso wie die Geldübergabe. Er mußte sich etwas einfallen lassen, wie er jede polizeiliche Einmischung ausschloß. Der richtige Tonfall war wichtig: Er mußte erschrecken und gleichzeitig beruhigen, er mußte Autorität ausstrahlen. Was verlangt wurde, war nicht mehr und nicht weniger als ein Kunstwerk (also das, Vater, was grundsätzlich immer verlangt wird, wenn man aus der Menge herausragen will).

Morris lächelte Massimina zu, und sie lächelte von ihrem Friseurstuhl zurück. Eine energische junge Frau schnippelte heftig an ihren Haaren herum. Auf Morris' wiederholte Bitten hin ließ sich Massimina ihr Haar schneiden. Mit einer Dauerwelle und kurzen, getönten Haaren würde sie viel attraktiver aussehen, hatte Morris ihr eingeredet. Moderner und weniger kindlich. Außerdem wäre es kühler im Sommer. Sie würde eine ganz andere Persönlichkeit werden, unabhängig und frei von der Mutter, die vermutlich bisher dafür gesorgt hatte, daß Massiminas Haar unversehrt blieb. Und natürlich völlig zu Recht. Denn ihre Haare waren Stolz und Herrlichkeit Massiminas. Morris konnte es gar nicht glauben, daß sie sich hatte überreden lassen, sich dergestalt zu verstümmeln, und fühlte sich schuldig deswegen. Es war ein Verbrechen gegen die Schönheit.

Massimina sah ihn mit seinem silbernen Stift eifrig kritzeln.

»Na, schreibst du wieder deinem Papà?« lächelte sie mit sommersprossigen Grübchen. Morris schrieb seinem Vater aus jeder Stadt, die sie passierten, demonstrativ eine Postkarte, und Massimina hielt das offensichtlich für einen lobenswerten Charakterzug. Auch sie schrieb ihrer Familie gelegentlich eine Postkarte, aber es war jedesmal Morris, der diese Postkarten zum Briefkasten brachte.

»Ich hab' mir gedacht, ich könnte ihn vielleicht einladen, uns zu besuchen. Im September, wenn es kühler ist.«

»*Meraviglioso*, Morriiees. Ich würde ihn gern kennenlernen.«

»Bis dahin sind wir wieder in Verona, und er kann bei mir im Wohnzimmer auf der Couch schlafen.«

»Ottimo!« Und sie errötete unter der blitzenden Schere. Wenn sein Vater auf der Couch im Wohnzimmer schlief, dann lag sie also bis dahin längst bei Morris im Bett, dachte sie ohne Zweifel. Sie lag bei Morris im Bett, und sie waren verheiratet. Ja, vielleicht war sie zu diesem Zeitpunkt schon schwanger. Ihr achtzehnter Geburtstag war am 10. August.

Vielleicht hoffte sie, schon vor dem neunzehnten Mutter zu sein! Massimina öffnete den Mund, um noch etwas zu sagen, aber die Friseuse drückte ihren Kopf sacht nach unten.

Werte Beraubte, schrieb Morris. Den Entwurf würde er lieber in englischer Sprache verfassen, falls ihm das Mädchen mal über die Schulter sah. Schließlich schrieb er ja angeblich seinem Vater. Mit ihren dürftigen Sprachkenntnissen würde sie sowieso nicht die Bohne verstehen. *Werte Beraubte, wieviel ist Euch das liebe verlorene Schäfchen denn wert? Ganz ehrlich: eine glatte Milliarde erscheint mir kaum zuviel für dieses köstliche junge Geschöpf. Ich betrachte gerade ihr süßes Gesicht. So herrliches langes Haar!* Er würde eine schöne lange Locke in den Umschlag stecken. Das war eine gute Idee. Rasch bückte er sich und hob eine Handvoll Haare auf. Als er wieder hochkam, stellte er fest, daß ihn Massimina im Spiegel beobachtet hatte. Eilig hob er das Haar an die Lippen und küßte die schwarze Strähne. Massimina lächelte. Liebe war doch was Schönes, nicht wahr?

Eine glatte Milliarde, und das ist immer noch viel zu billig. Meine Kameraden hier allerdings haben mich überredet, Ihnen einen kleinen Rabatt zu gewähren. Wir wissen ja, daß Geld Ihnen alles bedeutet. (Das würde sie lehren, hinter ihm herzuschnüffeln, wo er so höflich gewesen war und sogar der klapprigen alten Oma den Arm angeboten hatte, verdammt!) *Ja, wir sind bereit, uns mit genau 400000000 (vierhundert Millionen) Lire zufriedenzugeben – unter der Bedingung, daß Sie sofort und ehrlich zahlen. Keine Tricks! Jeder Versuch, die Polizei einzuschalten oder uns eine Falle zu stellen, würde uns unweigerlich sehr nervös machen – mit möglicherweise fatalen Konsequenzen für eine gewisse junge Dame, die wir alle gut kennen. (Wollen Sie vielleicht die Flüsse und Kanäle oder Müllkippen absuchen? Oder einen Plastiksack mit abgeschnittenen Armen und Beinen unter einer Autobahnbrücke finden? Lieber nicht?) Vierhundert Millionen sollten doch kein Problem sein, wenn die ganze Familie und ein paar Freunde mithelfen. All die Freunde mit ihren guten Beziehungen.* (Letzten Endes waren es nicht mehr als zweihunderttausend

Pfund. Vielleicht war es doch nicht genug?) *Nur gebrauchte Scheine, natürlich, und keine größeren als 50000 Lire.*

Morris lehnte sich einen Augenblick zurück, beobachtete Massiminas Gesicht im Spiegel und versuchte, vierhundert Millionen durch fünfzigtausend zu teilen. Gott, was für eine idiotische Währung! Erst mal die Nullen wegstreichen! Vierhunderttausend durch fünfzig. Das ist dasselbe wie vierzigtausend durch fünf. Achttausend. Sicher ein ganz schöner Packen. Wo sollte man so etwas hintun? Aber wenn man einmal so einen Fischzug gemacht hatte, nur ein einziges Mal, und dann vorsichtig investierte... Dann war man saniert. Das reichte fürs ganze Leben. Für ein Leben in Schönheit und Muße. Vielleicht konnte er sogar ein Buch schreiben, wenn er es hinter sich hatte. Allein schon das Selbstvertrauen, das einem so etwas verschaffte! Wenn ihm dieser Coup gelang, dann konnte er auch auf dem Wasser wandeln, nicht wahr? Da würde sein Vater aber Augen machen, wenn er nach Hause zurückkam und seinem alten Herrn eine hübsche Maisonettewohnung in Ealing kaufte. Und noch dazu ein Buch veröffentlicht hatte. *Der Sturm auf die Zitadelle* würde es heißen. Und weil er ja nicht mehr gezwungen wäre, Geld zu verdienen, könnte er sich wohltätigen Aufgaben widmen. Er könnte für Kinderheime arbeiten und andere Einrichtungen, wo man noch respektiert wurde...

»Morri!« Mit einem Handtuch über dem Kopf wurde Massimina gerade vom Waschbecken zum Frisiertisch geschoben. »Warum schreibst du denn in dieser riesigen Druckschrift?« Jetzt, wo alle ihre Haare unter dem Handtuch versteckt waren, sah ihr Gesicht koboldhaft aus: Die Augen waren glänzender und dunkler, die Nase spitzer und die Wangen runder.

Morris spürte, wie ihm das Blut ins Gesicht schoß. »Mein Vater – äh – sieht nicht sehr gut. Normale Schrift kann er nur ein paar Zeilen lang lesen«, fügte er rasch hinzu; denn auf den Postkarten hatte er wie üblich ziemlich klein geschrieben.

»Schreibst du ihm was über mich?«

»Naturalmente.«

»Sag mir, was. Komm, lies es mir vor. Du mußt es aber gleich übersetzen.«

Aber jetzt wurde ihr Gespräch zum Glück von der Trokkenhaube übertönt, und Morris konnte weiterarbeiten.

... keine größeren als 50000 Lire. Das Geld soll, in braunes Packpapier eingeschlagen ... Nein, das war schrecklich. Braunes Packpapier war geschmacklos. Trivial. Hier mußte sich sein Genie wieder zeigen. Es mußte etwas sein, was schwer zu überwachen war. Vielleicht etwas, was sich bewegte?

Morris ließ seinen Blick durch den dämmerigen Friseursalon bis zu der Stelle gleiten, wo Massiminas langes Haar abgeschnitten auf dem gefliesten Fußboden lag. Leuchtende schwarz-goldene Strähnen lagen massakriert im Zwielicht. Wo? Wo? Wo? Es war immer die Lösegeldübergabe, bei der Entführer geschnappt wurden. Er hatte all diese Filme gesehen, wo derjenige, der das Geld übergeben muß, als erstes in eine Telefonzelle geschickt wird, wo der Entführer, der sich ganz in der Nähe versteckt hat, ihn anruft und dann zur nächsten Telefonzelle schickt und so weiter. Aber so etwas konnte Morris nicht allein arrangieren, jedenfalls nicht, wenn Massimina in seiner Nähe war. An seinem Bleistift kauend sah er zerstreut hoch und stellte fest, daß ihn Massimina immer noch anlächelte. Sie strahlte unter der Trockenhaube hervor, und als ihre Blicke sich trafen, warf sie ihm Kußhände zu. Er lächelte ein »Du-wirst-fabelhaft-aussehen«-Lächeln zurück. Und dann fiel es ihm plötzlich ein!

Das Geld muß in Papier eingewickelt und unter einem Stapel Wäsche in eine gewöhnliche braune Reisetasche mit einem Reißverschluß gepackt werden. Keine Schlösser, keine Bomben, keine Tricks. Die Reisetasche werden Sie im Schnellzug Mailand–Palermo verstauen, der Mailand am ... um ... Uhr verläßt, und zwar im Gepäcknetz des vordersten Erster-Klasse-Abteils. (Die Abfahrtszeiten mußte er noch überprüfen und sich außerdem für ein Datum entscheiden. Das wiederum hing davon ab, wann er den Brief abschickte.) *Sie dürfen weder im genannten Abteil noch im Zug bleiben. Sonst wird Ihr kleiner Schatz hier nicht freigelassen.*

Es war schon grausam, so etwas zu schreiben, aber wie sollte man eine Lösegeldforderung sonst schreiben?

Eine zweite Chance gibt es nicht, klar? Weitere Briefe werden Sie nicht von mir kriegen. (Nein. Nicht »von mir«.) *Weitere Briefe werden Sie nicht von uns kriegen. Sondern allenfalls Ihre Tochter. Lebendig – oder tot. Ganz wie Sie wollen.*

Morris überlegte einen Augenblick, ob er Massimina wohl dazu überreden konnte, einen Brief an seinen Vater mit ihm zusammen zu unterschreiben. Dann könnte er die Unterschrift später auf die Lösegeldforderung kleben, als Beweis für die Echtheit. Aber wahrscheinlich würden sie sich dann bloß fragen, warum er sie nicht gezwungen hatte, auf der Lösegeldforderung selbst zu unterschreiben. Nein, die Unterschrift durfte ruhig ein bißchen dramatischer sein. *I Vendicatori della Povertà.* Das klang irgendwie nett. Rätselhaft und leicht terroristisch. Die ideale Tarnung. Dann fiel ihm noch etwas anderes ein.

Um zu beweisen, daß sie hier bei uns ist, habe ich Massimina gebeten, uns etwas zu erzählen, was nur sie wissen kann. Sie hat mir berichtet, daß ihre Frau Mutter jede Nacht fünfmal aufstehen und pissen muß, weil sie eine chronische Blasenentzündung hat. Außer ihrem Arzt und der Familie weiß das sonst niemand.

So, das sollte jeden Wunsch, den Brief an die Presse zu geben, erheblich verringern.

»Fünfundvierzigtausend Lire«, verkündete die Friseuse mit einem Lächeln, das wohl ihre Zufriedenheit mit ihrem Werk ausdrücken sollte. Und in der Tat hatte sich Morris bei Massiminas Frisur fast genauso geirrt wie bei Gregorios Bronze. Massimina sah glänzend aus mit ihrer kurzen, hennaroten Welle und der einzelnen Locke, die über das linke Auge herabfiel und äußerst sexy wirkte. Das Gesicht war runder, aber auch lebendiger geworden, und ihre Ohren waren kleine Perlen. Wer hätte das gedacht? Diese Verbesserung hätte er nicht erwartet. Er hatte das Schlimmste befürchtet, eine ungeschickte, ordinäre Frisur, die Massimina zu einer Begleiterin gemacht hätte, mit der jeder öffentliche Auftritt die reine Peinlichkeit gewesen wäre. Hinsichtlich der Augenbrauen hatte er aber sehr recht gehabt. Jetzt, wo sie zu einem schmalen, steilen Bogen ausgezupft waren, sah Massimina nicht mehr so kindisch aus, sondern fast raffiniert. Aber was wirklich zählte, guter Geschmack hin oder her, war die Tatsache, daß man sie nahezu überhaupt nicht mehr erkannte.

»Soviel Geld, Morri«, schmollte sie. Sie traten aus dem klimatisierten Friseursalon in die Gluthitze der Straße hinaus. Vor ihnen lag Riminis grellweißer Strand.

»Aber du siehst fabelhaft aus!« rief Morris. Jedenfalls fabelhaft anders. In plötzlicher Euphorie beugte er sich zu ihr herunter und gab dem Mädchen einen schallenden Kuß, unmittelbar neben den Mund. Es machte ihm sogar Spaß.

»Morri!« Sie schmiegte sich an ihn und streichelte ihm mit schlanken Fingern über die Brust. »Weißt du, daß du mich jetzt zum ersten Mal geküßt hast?«

»Wirklich?«

»Manchmal frage ich mich, ob du mich überhaupt liebst. Du bist so zurückhaltend.« Wieder der Schmollmund, aber in Wirklichkeit fragte sie sich überhaupt nichts. Sie war überzeugt, ihn fest und für immer am Wickel zu haben. (Daran war sicher der demütige Brief schuld, den er ihrer Mutter geschickt hatte.) Der Schmollmund war wohl mehr für die blanke Schaufensterscheibe vor ihnen aufgesetzt worden, weil das Mädchen sehen wollte, wie er unter der neuen Haartolle wirkte. Die Eitelkeit gewann die Oberhand. Das machte sie aber irgendwie netter.

»Weißt du, ich möchte dich nicht zu etwas drängen, was du später vielleicht bedauerst«, sagte Morris. »Außerdem bin ich natürlich Engländer, und man weiß ja, wie Engländer sind.« (Und was hätte er gesagt, wenn er zufällig Franzose gewesen wäre oder sonst irgendwas?)

»Come sei comico, Morri«, sagte sie. *»Come sei comico! Ti amo sai.«* Arm in Arm gingen sie über die Straße und die Stufen

von der Promenade hinunter zum Strand. Sie suchten sich zwischen den bunten Sonnenschirmen einen Weg über den glühenden Sand, und das einzige, was Morris beunruhigte, war die Vorstellung, angesichts der vielen nahezu unbekleideten Frauen könnte Massimina auf die Idee kommen, sich ebenfalls »oben ohne« zu sonnen. Sie hatte in letzter Zeit sehr viel Kühnheit gezeigt (von zu Hause weglaufen, Haare abschneiden), aber die Aufmerksamkeit, die sie unweigerlich erregen würde, wenn sie sich jetzt auch noch dazu entschloß, in aller Öffentlichkeit ihre üppigen Brüste zu zeigen, konnte er wirklich nicht brauchen.

10

Als er nach Vicenza zurückgekehrt war, hatte er Massimina als erstes dazu gebracht, sich etwas zum Anziehen zu kaufen. Das Mädchen hatte sich heftig gesträubt, und sie hatten ihren ersten großen Krach. Morris hätte nur allzugern nachgegeben, denn er haßte jeden offenen Streit, aber der rote Jogginganzug war einfach zu auffällig. Am Schluß hatte er vorgeschlagen, er könne die neuen Kleider ja mit seinem Geld bezahlen (das würde sie und ihre mißtrauische Mutter lehren, an seiner Großzügigkeit zu zweifeln). Daraufhin war Massimina rot geworden und in Tränen ausgebrochen.

»Es ist doch viel zu heiß für einen Jogginganzug. Außerdem liebe ich dich und möchte, daß du hübsch aussiehst, Mimi.« Eitelkeit war der richtige Hebel. »Du kannst doch nicht immer in diesem unförmigen, verschwitzten Ding rumlaufen, das jeden Zentimeter von dir verhüllt. Außerdem möchte ich nicht, daß du jeden zweiten Tag zu Hause bleiben mußt, während das Ding nach dem Waschen wieder trocknet.« (Was in Wirklichkeit der einzige Vorteil gewesen war. Denn solange sie in einem Hotelzimmer festsaß, konnte sie nicht telefonieren, Briefe abschicken oder irgendwas in der Zeitung lesen, während Morris Besorgungen machte.)

Massimina gab sich geschlagen, bestand aber darauf, zu UPIM zu gehen, statt in die Boutiquen, und da Morris immer noch damit rechnete, zahlen zu müssen, ließ er sich darauf bereitwillig ein. Aber als sie schließlich mit einer Handvoll Röcke und Blusen zur Kasse kamen, wollte Massimina nichts davon hören, daß er bezahlte, und legte die zweihunderttausend Lire selbst auf den Tisch. Und während die polierten Fingernägel der Kassiererin mit den Scheinen über den Tisch tanzten, reckte Massimina sich hoch und küßte ihn auf den Hals.

Das war nett, was er da gesagt habe, flüsterte sie, das mit dem Hübsch-Aussehen, er habe ganz recht. Aber es gebe gar keinen Grund, daß er deswegen sein sauer verdientes Geld ausgeben solle, wo man es ihr doch einfach in den Schoß gelegt habe. Das hätte er selbst nun wirklich kaum besser zu sagen gewußt. Trotzdem fühlte sich Morris ein bißchen schuldig und da sie sich noch immer bei UPIM befanden, bestand er darauf, ihr wenigstens zwei Paar Schuhe zu kaufen. Sie auszusuchen, machte ihm richtig Spaß. Das Rot würde gut zu dem perlgrauen Rock passen. Nein, hohe Absätze nicht, die waren längst aus der Mode. Flache Absätze und oben offen. Und Sandalen für den Strand. Ästhetik war nun mal seine Domäne, und eine hübsche Frau anzuziehen, machte echt Spaß. Er setzte sogar noch einen großen Strohhut durch, dessen Krempe Massiminas Gesicht praktischerweise fast zur Hälfte verdeckte. Was allerdings dazu führte, daß er sich anschließend mit einem kümmerlichen Mittagessen zufriedengeben mußte, das vor allem aus Supermarkt-Mozzarella, Weißbrot und einem billigen Merlot bestand.

An jenem ersten Tag, nachdem er in Verona gewesen war, hatte Morris sich äußerst unwohl gefühlt. Er hatte seine Schiffe verbrannt, es gab kein Zurück mehr. Aber hatte er sich nicht zuviel vorgenommen? Ständig ertappte er sich dabei, daß er sich umsah, und jedesmal, wenn ihnen ein Polizist begegnete oder ein Streifenwagen vorbeifuhr, überfiel ihn ein unkontrollierbares Zittern. Obwohl der Jogginganzug schon früh am Vormittag der Vergangenheit angehörte, war Morris noch lange nach dem kärglichen Mittagessen so nervös, daß ihn immer wieder kalter Schweiß und sogar Durchfall heimsuchten. In fast jedem Café, an dem sie vorbeikamen, mußte er auf die Toilette (ohne etwas zu bestellen, versteht sich), und das war ihm sehr peinlich. Gefährlich war es aber vor allem deshalb, weil Massimina während seiner Abwesenheit unbewacht allein auf der Straße zurückblieb.

Einmal, als er aus einem Café kam, sah er sie mit jemanden reden und dachte, es wäre alles zu Ende. War das ein alter Bekannter? Hatte sie aufgrund eines blödsinnigen Zufalls einen Freund der Familie getroffen? Dann war Morris geliefert. Aber zum Glück war es nur ein amerikanischer Soldat, der nach der Basilika fragte, und Massimina versuchte ihm in ihrem schrecklich stockenden Englisch (das sie bei Morris gelernt hatte) den Weg zu erklären. Sobald er begriffen hatte, was los war, fertigte Morris den Burschen kurz ab.

»Rechts, links und dann wieder rechts, Kumpel, dann immer geradeaus«, sagte er, obwohl er von der Geographie der Stadt keinerlei genauere Vorstellung hatte, und zog Massimina in die andere Richtung. Sein Magen fühlte sich leicht und leer an, und seine Eingeweide waren so unzuverlässig wie ein englischer Frühling.

»Du bist ja eifersüchtig«, sagte Massimina vergnügt. Sie amüsierte sich offenbar ausgezeichnet. Dabei hatte er seinen Besuch in Verona als vollkommenen Fehlschlag bezeichnet. Die Familie habe ihn äußerst kühl empfangen, hatte er Massimina nach seiner Rückkehr berichtet. Ihre Mutter habe ärgerlich reagiert, sei nicht bereit einzulenken und so weiter. Jetzt wollte das Mädchen plötzlich ein Eis: *Stracciatella, Amaretto* und *Bacio (»Bacio, Morri!«).* Sie verlangte, daß er den Arm um sie legte, sie wollte ins Kino oder vielleicht auch eine Manikürebehandlung.

»Ach, Morri, wenn doch nur nicht alles so teuer wäre!« Je vergnügter sie wurde, desto schwieriger und peinlicher wurde es, ihr zu erklären, warum er dauernd in all diese Cafés flitzen und sich über den schmutzigen Löchern im Boden entleeren mußte, die sich in irgendwelchen lichtlosen Winkeln befanden. Es sei alles ihre Schuld, behauptete er (jetzt juckte es ihn zu allem Überfluß auch noch überall). Sie mit ihrem Geiz und der kümmerlichen Ernährung. Aber Massimina lachte nur und sagte, er solle lernen, auch mal die komische Seite der Sache zu sehen. Sie drehte eine zierliche Pirouette, und der grüne Faltenrock, den sie gekauft hatten, wirbelte so fröhlich herum, daß die Männer sich umdrehten, um einen Blick auf ihre Beine zu werfen. Morris faßte sie eng um die Hüften. Kein unangenehmes Gefühl, und auf jeden Fall verhinderte es weitere Pirouetten und die damit verbundene Aufmerksamkeit.

Bis zum Abend legten sich die Nervosität und die Übelkeit zum Glück wieder. Es war, als ob Morris jetzt schwindelfrei oder seefest oder so etwas wäre. Und als er nach dem Abendessen noch einmal losrannte und Massiminas nächsten Brief an ihre Mutter »mit zum Briefkasten nahm« (in dem sie wahrscheinlich ihrem Bedauern darüber Ausdruck verlieh, daß die Mamma auf ihren ersten so unfreundlich reagiert und Morris gleich wieder vor die Tür gesetzt hatte), fühlte er sich schon wieder viel besser. Es würde schon klappen, sagte er sich, als er das Schriftstück an der Ecke des Giardino Salvi und des Corso Andrea in tausend kleine Fetzen zerriß.

In der Dämmerung sahen die Gärten so vornehm aus! So klassisch italienisch, mit ihrem Zypressenduft und den Brunnen, deren Wasser über Statuen herabplätscherte. Und er war so wunderbar, wunderbar siegesgewiß! Er mußte Massimina dazu bringen, daß sie ihrer Großmutter eine Postkarte schickte und ihr gute Besserung wünschte; das wäre doch nett. Die alte Dame war inzwischen wahrscheinlich längst tot, aber das ersparte ihr wenigstens die Sorge um Massimina, aber eine Postkarte zu schreiben, würde Massimina sicher glücklich machen. Um die Zeit sinnvoll zu verwenden, die er vermutlich gebraucht hätte, um in einer so unübersichtlichen Stadt wie Vicenza einen Briefkasten zu finden, ging Morris in ein Tabakgeschäft und suchte eine bunte Karte heraus, auf der eine von Kopf bis Fuß bandagierte Person zu sehen war, was eigenartigerweise als komisch zu gelten schien.

Es paßte alles so gut zusammen. Die Tatsache, daß Massimina unbedingt immer in den billigsten Hotels übernachten wollte, ersparte es ihnen zum Beispiel, ihre Pässe zeigen zu müssen. Man brauchte bloß zu sagen, man habe seinen Ausweis verloren oder er sei einem gestohlen worden. Nach Massiminas Ausweis wurde sowieso nie gefragt. Frauen stellte man keine Fragen, so etwas wäre taktlos gewesen. Und ob der Portier die Geschichte nun glaubte oder nicht, am Ende kriegte man immer sein Zimmer, denn die Leute brauchten das Geld. Außerdem hatten die billigen Hotels und Pensionen natürlich nie Fernsehen und Radio, was die Gefahr verringerte, daß Massimina irgendwas über sich selbst hörte. Zeitungen schien sie nicht sehr zu schätzen, und außerdem waren auch die größeren Blätter im Grunde genommen Lokalzeitungen: Außen brachten sie zwar die überregionalen und internationalen politischen Nachrichten, aber im Inneren standen immer nur örtliche Meldungen. Es war also höchst unwahrscheinlich, daß eine Zeitung aus Vicenza oder eine der großen Zeitungen wie der *Corriere della sera* oder *La Stampa* über so eine relativ unbedeutende Entführung berichten würden. Oder zumindest würde es noch ein, zwei Tage dauern. Es wimmelte schließlich von ehrgeizigen Kidnappern in Italien, außerdem gab es noch die Mafia und Terroristen und einen Haufen schrecklicher anderer Verbrechen, die sein kleines Unternehmen im Vergleich wie eine Art Sonntagsausflug erscheinen ließen. Ganz zu schweigen von den bevorstehenden Wahlen. (Vermutlich scherte sich auch Inspektor Marangoni in Wirklichkeit bloß einen Scheißdreck um die ganze Geschichte. Wahrscheinlich schoben seine Beamten bloß die Akten zwischen zwei Kaffeepausen mal hin und her.) Abgesehen von einer Zufallsbegegnung mit alten Bekannten bestand eigentlich keine Gefahr. Und das war ein Risiko von eins zu einer Million. Morris brauchte Massimina bloß im Auge zu behalten und aufzupassen, daß sie nicht nach Hause telefonierte oder Briefe schrieb, von denen er nichts wußte, dann würde schon alles gutgehen. Aber das Beste war immer noch, daß er sie gar nicht gewaltsam entführt hatte. Ganz im Gegenteil, er sorgte dafür, daß sie sich amüsierte wie niemals zuvor. Er hatte sie nicht mal »entehrt« oder dergleichen. Er war wirklich kein Ungeheuer, er nicht.

Vergnügt pfeifend schlenderte Morris zurück in ihre Pension und bummelte die unbeleuchtete Treppe hinauf. Sein

Geist war beschäftigt, darauf kam's an, vollauf be-schäf-tigt. Er lief auf vollen Touren. Langeweile und Mühsal waren vorbei. Jetzt gab es kein Nichts-zu-tun mehr und keine bellenden Hunde, die ihn mitten in der Nacht weckten und an seinen Nerven herumsägten. (Den Köter hätte er jetzt einfach kaltgemacht – am besten mit einem in Fleischsaft getränkten Schwamm, falls er je wieder in diese Wohnung zurückkehren sollte. Er würde nie wieder stumm leiden.)

»Na, du scheinst ja recht glücklich zu sein!« sagte Massimina. Sie probierte gerade den perlgrauen Rock, die roten Schuhe und ein rotes T-Shirt zusammen an.

Morris hörte abrupt auf zu pfeifen. »Und was glaubst du, warum?« (Jetzt bloß nicht das *neue Lächeln*, das könnte sie mißtrauisch machen.)

»Wahrscheinlich, weil du bei mir bist«, sagte sie.

Das war noch nicht mal so falsch.

»Du siehst fabelhaft aus«, sagte er.

»Danke, Morri«, sagte sie. Und dann mit einem neuen Unterton in der Stimme. »Vielen Dank.«

»Wofür? Du siehst doch wirklich fabelhaft aus.«

»Nein, nein, ich meine für all die Sachen hier, für die Kleider.«

»Die hast *du* bezahlt, Liebling, nicht ich.«

»Aber ohne dich hätte ich mir nie so etwas gekauft. Verstehst du? Ich hätte mich gar nicht getraut. Ich habe mir noch nie etwas ohne meine Mutter gekauft.« Es folgte eine weitere kleine Pirouette, bei der sie die Hände über den Kopf hob und solange herumwirbelte, bis ihre Unterhöschen sich zeigten. Hoffentlich wurden die Dinge nicht noch kompliziert!

»Morriiees?«

»Ja?«

»Weißt du, daß ich noch nie so gut geschlafen habe wie in den letzten Tagen?«

»Wirklich? Wie schön!«

»Ich bin so entspannt.«

Erst nach ein, zwei Sekunden fiel ihm auf, daß er ihr vor lauter Neid nicht geantwortet hatte. Und er hatte auch nicht die Absicht, das jetzt noch zu tun.

»Doch. Du hast keine Ahnung, wie schrecklich es ist, bei meiner Mutter zu schlafen.«

»Ich kann es mir vorstellen.«

Daraufhin hatte sie ihm eine ausführliche Beschreibung der Dinge geliefert, die eine Nacht mit Signora Trevisan so unangenehm machten: ihre Besuche auf der Toilette, ihr Schnarchen (ihre Fürze, ergänzte Morris im Stillen)... Und plötzlich fragte er: »Hast du oft Alpträume?«

Kaum hatte er die Frage ausgesprochen, da wurde ihm auch schon klar, daß er instinktiv nach einem Vorwand gesucht hatte, seine eigenen bösen Träume zu beichten. Aber gleichzeitig wurde ihm klar, daß er seine nächtlichen Visionen auf gar keinen Fall aussprechen durfte. Viel zu schrecklich war das alles gewesen. Die Grausamkeit, das Umschlagen in die Gewalt. Der moralische Abstieg. Er konnte sich nicht erinnern, je so etwas Schreckliches empfunden zu haben. Aber vielleicht lag es ja nur daran, daß er keine vernünftige Schlafgelegenheit hatte. Er hatte es – Bettdecke hin oder her – jedenfalls ziemlich satt, auf dem Fußboden zu schlafen.

Sie schob ihm ihre Finger in die Haare, und sein Körper reagierte wie auf einen elektrischen Schock. Das war immer so, wenn er ihre schlichte, unbewußte Zärtlichkeit spürte.

»Nur manchmal. Aber du hast letzte Nacht im Schlaf gelacht.»

Gelacht? War das möglich?

Nun ja, solange er nicht *redete*.

»Ach, Morriiees«, sagte sie und meinte alles und nichts. Morris täuschte Entspannung vor und schloß die Augen.

Sie lagen in Rimini am Strand, Morris unter einem Sonnenschirm, Massimina einen halben Meter entfernt in der Sonne. Seine totenblasse englische Haut war Morris recht peinlich. Er hatte seit Jahren nicht mehr in der Sonne gelegen und trug ein Paar Bermudas, die fast bis zum Knie reichten.

Bei Massimina hatte er auf einem dezenten grünweißen, einteiligen Badeanzug bestanden (das würde sie auf jeden Fall daran hindern, »oben ohne« herumzulaufen, nicht wahr?), und um ihre neue Frisur zu schützen, hatte sie eine gelbe Badekappe übergestülpt.

Die Hitze flimmerte über dem Strand mit seinen zahllosen bunten Sonnenschirmen und Liegestühlen, in denen sich Schönheit und Bestialität räkelten. Es wurde gelacht und geschwatzt, und ab und zu löste sich eine einzelne Gestalt aus den Reihen und stürzte sich in das spiegelglatte, lauwarme Adriawasser. Ein starker Sonnenölgeruch trieb ohne Ziel durch die windstille Luft, hoch oben zerrte ein alter Doppeldecker eine *Crodino*-Reklame über den Strand, und hinter dunklen Sonnenbrillen spähten alte Männer hinter den Mädchen her. Wer hätte auch nur im Traum daran gedacht, ausgerechnet hier nach einem Entführungsopfer zu suchen? Hier, bei den Freiesten der Freien, den vergnügungssüchtigen Ferienmenschen?

»Und wie soll man jemals richtig ausschlafen«, fing Massimina wieder an, »wenn man mit jemandem zusammen im Bett liegen muß, der es für eine Sünde hält, erst nach acht aufzustehen? Ich meine, ich bin ja selbst gut katholisch, aber was ist schon so Schlimmes daran, wenn man sonntags mal eine halbe Stunde länger im Bett bleiben möchte?«

»Ach, übrigens, tut mir leid, daß du am Sonntag die Messe verpaßt hast«, sagte Morris. »Ich hab' leider nicht daran gedacht, als ich deinen Jogginganzug eingeweicht habe.«

Sie lachte. (Oh, sie war wirklich sehr selbstgefällig! Verdammt selbstgefällig!) »Ich glaube nicht, daß Gott sich darüber aufregt. Ich bin sicher, daß er nicht so ein pedantischer alter Pauker ist, der bloß auf Regeln und Vorschriften achtet. Er weiß ja, was ich in meinem Herzen empfinde, und das genügt.«

Schau an, sie war also doch eine heimliche Protestantin und keineswegs so katholisch, wie sie getan hatte. Als nächstes würde sie ihm wahrscheinlich verkünden, es wäre völlig in Ordnung, wenn sie zusammen ins Bett gingen, solange ihre kleinen Herzen sich gut dabei fühlten.

Nach einem Augenblick des Schweigens fragte sie nach seiner Familie, und ohne jeden Grund erzählte ihr Morris, wie seine Mutter gestorben war. Bei einem Autounfall, als er vierzehn gewesen war. Er hatte gelernt, dieses Ereignis mit größter Kaltblütigkeit zu berichten, ohne sichtbare Muskelkontraktionen oder gerötete Augen, und er wußte, daß er damit Eindruck machen konnte.

»Eines Tages kam meine Mutter mit ihrem Einkaufswägelchen aus dem Co-op an der Ecke, ein Autofahrer erlitt einen Herzanfall, sein Wagen geriet außer Kontrolle, fuhr auf den Bürgersteig und zerquetschte sie an der Außenmauer von Barclays Bank.« (Wurden sie nicht alle an irgendwelche Mauern gequetscht?)

Morris stemmte sich auf die Ellbogen hoch und fuhr sich mit der Zungenspitze über die trockenen Lippen. Er mußte sich unbedingt Lippenpomade besorgen. Die Hitze, und dann noch am Meer. Das viele Salz in der Luft strapazierte die Haut.

»Tja, und dann war ich mit meinem Vater allein.«

Nach einer Pause, in der sie nichts zu sagen wußte, erwiderte Massimina: »Merkwürdig. Du hast deine Mutter verloren und ich meinen Vater.«

Und dann: »Ich würde deinen Vater gern kennenlernen. Ich hoffe sehr, daß er im Herbst kommt. Er muß wirklich sehr tapfer sein, daß er nach so einer Katastrophe einfach so weitergemacht hat.«

Was hätte er denn sonst tun sollen? fragte sich Morris. Selbstmord begehen? Ausgerechnet sein Vater? Am Ende ist er eben morgens aufgestanden und um halb acht zur Arbeit gegangen, hat mittags in der Kantine gegessen und abends ein Sandwich zu Hause. Und dann ist er mit den Darts in die Kneipe verschwunden, bis Polizeistunde war. Wie immer. Was machte es ihm schon aus, daß die Mutter seines Sohns nicht mehr da war? Ein Hindernis weniger, das war alles.

Der einzige, der Mutter wirklich vermißt hatte, war Morris.

»Er hat mich verachtet«, erklärte Morris unklugerweise.

»Cosa?«

»Mein Vater. Er dachte immer, ich wäre kein richtiger Mann, weil ich nicht schon mit sechzehn in der Fabrik gearbeitet habe.« Warum sollte das Mädchen es nicht erfahren? »Und weil ich immer soviel Zeit mit Lesen verbracht habe. Er hatte so seine Vorstellungen über richtige Männer, und diese Vorstellungen haben vor allem mit harter Arbeit und Frauen zu tun. Er redete dauernd davon, daß er Sozialist wäre, und ein richtiger Kerl ist für ihn bloß, wer sich von morgens bis abends für einen gehetzten kapitalistischen Infarktkandidaten abrackert (wie den zum Beispiel, der meine Mutter umgebracht hat), als ob...«

Aber wenn man es bloß so erzählte, war es irgendwie nicht richtig. Es bedeutete nichts, und es gelang ihm einfach nicht, es zu erklären. Auch mit den Tonbändern nicht. Die Sache war so schwer zu fassen. Als läge das Problem ganz woanders.

Das Mädchen wußte dazu natürlich nichts zu sagen. Man konnte ihr das kaum vorwerfen. Es war wohl ein bißchen viel, wenn man von seinem Entführungsopfer auch noch verlangte, daß es einen angenehm und intelligent unterhielt und alle kleinen Minderwertigkeitskomplexe ausbügelte, die man mit sich herumschleppte. Das hatte schließlich bisher auch noch niemand getan, warum sollte ausgerechnet Massimina das schaffen? Plötzlich stellte Morris fest, daß er nahe daran war, in Tränen auszubrechen.

Als er einige Sekunden lang schwieg, sagte sie: »Fast ein bißchen wie bei mir und Mamma, die immer sagt, daß ich lernen soll, wo doch ganz klar ist, daß es nichts nutzt. Außer bei dir. Da war es anders. Ach, Morri, sei doch nicht traurig.« Sie schlang ihm einen schlanken, nackten Arm um den Hals, küßte ihn auf den Mundwinkel und kitzelte ihn mit der Zungenspitze dabei. Morris schmeckte Salz.

»Ach, Morri«, flüsterte sie. »Ich bin so froh, daß ich keine Examen mehr machen muß.«

Daß er Massimina dauernd beobachten mußte, hatte dazu geführt, daß er kaum noch Zeit für sich selbst hatte. Dabei gab es soviel zu tun! Deshalb weigerte sich Morris auch, sie zu begleiten, als Massimina fünf Minuten später erklärte, ihr sei zu heiß und sie wolle noch einmal schwimmen. Er wolle nicht zu oft ins Salzwasser, sagte er, mit seiner empfindlichen Haut, versprach aber, daß er ihr zusehen würde.

Sobald Massimina im Gewühl der anderen Leiber am Rand des Wassers herumplantschte, zog Morris die Nagelschere aus ihrer Strandtasche und machte sich daran, ein Exemplar von *Panorama* zu zerschnipseln. Er suchte sich die passenden Wörter, schnitt sie heraus und sammelte sie zwischen zwei Seiten am Anfang des Blattes. Gar keine leichte Aufgabe. Er fand weder »eingewickelt«, noch »Reisetasche« oder »Reißverschluß« und »Gepäcknetz«, verdammt! Er würde sich ganz andere Magazine kaufen müssen. Oder sollte er die einzelnen Buchstaben ausschneiden? Das würde ja eine Ewigkeit dauern. Aber Geduld gehörte nun mal dazu. Absolut. Er durfte keine einzige Silbe mit eigener Hand schreiben. Nicht nur wegen der Handschrift. Ein zusammengestoppelter Brief würde auch etwaige Fehler oder Ungeschicklichkeiten besser verdecken. Um die Adresse zu schreiben, könnte er sich ja eine Schreibmaschine in einem Hotel leihen. Er mußte nur sagen, es wäre was Offizielles, das er nicht mit der Hand schreiben könne. Die Adresse müßte die von Luigi sein, falls die Post der Familie von der Polizei überwacht wurde. Dazu brauchte er allerdings ein Telefonbuch von Verona (er könnte natürlich Massimina auch vorschlagen, dem jungen Mann gemeinsam eine Postkarte zu schreiben, um »guten Willen« zu zeigen). Außerdem mußte er natürlich die Abfahrtszeiten des Schnellzugs Mailand–Palermo herausfinden. Dazu mußte er zum Bahnhof oder wenigstens telefonieren. Nein, zum Bahnhof gehen war besser. Er mußte die Zeiten schwarz auf weiß vor sich haben. Das hatte allerdings keine

Eile. Er durfte überhaupt nichts überstürzen. Die Zeit arbeitete durchaus nicht gegen ihn. Sie hatten Geld für mindestens einen Monat oder noch mehr, so sparsam, wie sie jetzt waren. Heute nachmittag würde er bei einem der größeren Zeitungsstände eine *Arena* zu kaufen versuchen, am besten gleich am Bahnhof (zwei Fliegen mit einer Klappe, gewissermaßen). Seinen ersten Brief müßten sie eigentlich gestern gekriegt haben, falls etwas in der Zeitung stand, dann vielleicht heute.

Erpressung oder dummer Scherz? Sorge wächst um Massimina. Irgend sowas. Aber er mußte wissen, was los war. Im Grunde war es das beste für ihn, wenn sie es für eine reguläre Entführung hielten. Dann würden sie die Spezialeinheiten heranziehen, von denen immer so viel die Rede war, und sämtliche bekannten Banden, Terrorgruppen und möglichen Feinde der Trevisans überprüfen oder ihre Geschäftspartner, die finanzielle Schwierigkeiten hatten, und so weiter und so weiter. Daß sie es diesmal mit einem echten Genie zu tun hatten, einem Einzelnen unter Einzelnen, darauf würden sie nie kommen. Auch das letzte verlassene Haus in der Umgebung von Verona würden sie noch untersuchen (es war richtig gewesen, den Brief dort abzuschicken), aber kein Mensch würde auf die Idee kommen, ein Entführungsopfer in einem noch so billigen Hotel zu suchen. Er hatte sie ja auch gar nicht richtig »entführt«. Wenn er bestritt, den Brief geschrieben zu haben – und den konnten sie ihm bestimmt nicht nachweisen – dann hatten sie nichts gegen ihn in der Hand. Eine einzige Lüge gegenüber Polizei und Familie. Sonst nichts. Wenn er jetzt einfach verschwand, würden sie ihn deswegen bestimmt nicht verfolgen.

»Morri, ti presento Sandra. Ma che cosa stai facendo con...?«

»Was ist?« Morris fuhr erschrocken zusammen. Plötzlich zitterte er, trotz der Hitze. Heftig fuhr er mit der Schere in die Seiten des Magazins und riß dabei große Fetzen heraus. »Ich... ich war gerade dabei, einen Schmetterling auszuschneiden wie früher, als wir noch Kinder waren. Aber... irgendwie krieg ich es nicht mehr hin.« Er sprang hastig auf und legte die Zeitschrift beiseite.

»Sandra, darf ich dir Morriiees vorstellen? Morriies, das ist Sandra.«

Schweiß lief ihm den Rücken hinunter zwischen die Arschbacken. Wer zum Teufel war diese Frau? Groß, dürr, mit sandfarbenen Haaren, einem Pferdegebiß und einer weit vorspringenden aristokratischen Nase. Automatisch streckte Morris die Hand aus. Hoffentlich war das Lächeln auf seinem Gesicht das charmante. Echt, da ließ man das Mädchen mal zwei Minuten lang aus den Augen und schon befreundete sie sich mit dem halben Strand. Es sei denn, diese Sandra war eine alte Bekannte aus...

»Piacere«, würgte er mühsam heraus. Ihre Hand war noch feucht vom Wasser, seine eigene klebte vor Schweiß. Er versuchte, Distanz zu wahren und schüchtern zu wirken; das schreckte die Leute meist ab. *»Scusi se sembro un po'...«*

Massimina lachte vergnügt. »Sandra ist Engländerin, Morri. Deswegen habe ich sie gebeten, herüberzukommen. Sie ist Engländerin. Ich dachte, es wäre nett, wenn ihr euch kennenlernt.«

»How do you do«, sagte Morris unfreundlich. »Ich war mir nicht bewußt, was...«

Offenbar war Massimina von der jungen Frau nach den Duschen gefragt worden. (Warum wurde eigentlich dieses Dummerchen dauernd von irgendwelchen Leuten nach etwas gefragt? Morris fragte nie jemand was.) Und daraufhin hatte sie Sandra über den ganzen Strand geführt, und sie hatten zusammen geduscht, um nicht zweimal hundert Lire bezahlen zu müssen, und Massimina hatte Sandra alles über Morris erzählt: daß er Engländer war, daß seine Haut so weiß war, und daß er den ganzen Tag unter dem Sonnenschirm saß, während alle anderen in der Sonne lagen und schmorten. Und dann hatte sie Sandra eingeladen, sich zu ihnen zu setzen, denn dafür waren Ferien ja da: daß man neue Leute kennenlernte und sich amüsierte. Und es würde Morris doch sicher Spaß machen, wenn er sich mit einer richtigen Engländerin unterhielt?

»Aus Barnet – oder besser: aus Hadley, genauer gesagt – in der Nähe von London.«

Der goldene Gürtel, dachte Morris. Da führte die Hälfte aller konservativen Kabinettsmitglieder ihre Hunde spazieren (oder ließen sie, wenn es regnete, von der Dienerschaft ausführen).

»Ich selbst bin in South Kensington geboren.« Stell dir vor...

Sandra trug einen blauen Bikini, der oben fast gar nicht, unten aber gewaltig gefüllt war. Ihre Haut war goldbraun (wahrscheinlich künstlich, dachte Morris, aber das war vielleicht nur der Neid). Sie bewegte sich auf äußerst kokette Weise. Sie war ungefähr vierundzwanzig, erheblich älter als Massimina. Und das sah man auch. Im unteren Teil der Nase war sie recht großporig. Sie setzte sich auf das Handtuch von Morris und erklärte, sie liebe die Hitze. Massimina zuliebe ging sie jetzt zu einem gebrochenen Italienisch über. *»Vengo in Italia ogni anno.«* Es klang mehr wie *»ano«*, aber Massimina lachte nicht.

Morris versuchte sich zu entspannen. Was konnten sich die beiden schon Gefährliches sagen? Touristen lasen keine örtlichen Zeitungen, auch wenn ihr Italienisch ausnahmsweise mal gut genug war, und das war ja bei der armen Sandra wohl nicht so. Vielleicht war es gar nicht so schlecht, wenn Massimina sich geduldig mit dieser radebrechenden Engländerin unterhielt, statt unter Tausenden von Italienern herumzuschwirren. Er mußte es einfach als Glücksfall betrachten.

»Wie lange sind Sie denn schon in Italien?« fragte er.

»Ich? Noch gar nicht lange«, sagte das Pferdegebiß. »Wir sind gerade erst aus Venedig gekommen.« Und dann fing sie an, von den Palästen, dem funkelnden Wasser und der strahlenden Sonne in der *Serenissima* zu schwärmen. *»Per me è stato meraviglioso!«*

Morris sah, daß sich hier eine Gelegenheit bot. »Ich geh mal schnell und hole mir eine Zeitung«, sagte er. »Ihr könnt ja noch schwatzen.« Damit ergriff er das zerschnipselte Exemplar von *Panorama*, wobei er sorgfältig darauf achtete, daß die ausgeschnittenen Wörter nicht doch noch herausfielen. Er hoffte, sein plötzlicher Aufbruch war unhöflich genug, um Sandra bald zu vertreiben.

»Bring uns doch allen ein Eis mit, ja, Morri?« Massimina schien unempfindlich gegen Unhöflichkeit. »Was für einen Geschmack hättest du gern, Sandra?«

»Zabaglione«, rief Miss Goldener Gürtel hinter ihm her und ließ dabei kräftig das *»g«* hören.

Morris watete durch den glühenden Sand. Rings um ihn herum tobte das Strandleben mit lautem Gebrüll, Radiogeplärr, Bällen, die durch die Luft flogen, mit eingeölten Körpern, auf die man nicht drauftreten durfte, und zappelnden Kindern. Er sah zwei Jungen mit sandigen Badehosen, die einen Fußball herumkickten, und die feinen blonden Härchen auf dem Arm eines Mädchens, das auf dem Bauch lag und sich sonnte. Morgen mußte er wirklich eine Sonnenbrille kaufen, sich endlich entspannen, alles in Ruhe beobachten und aufsaugen. Warum konnte er sich eigentlich nie richtig entspannen?

Er erreichte die Treppe, die zur Straße hinaufführte, und zog seine Sandalen an. Es war wirklich gräßlich heiß. Viel zu heiß, um zu denken. Er würde einfach zum nächsten größeren Zeitungskiosk gehen und einen *Corriere della Sera* und eine *Arena* kaufen (wenn sie eine hatten). Die *Arena* würde er lesen und wegwerfen, den *Corriere* und ein paar Eisbecher mit zurück an den Strand nehmen. Er durfte Massimina nicht allzulange allein lassen. Vor allem mußte er sie von dieser blöden Sandra wegkriegen. Er würde sagen, daß es Zeit zum Essen wäre. Wenn er Glück hatte, ging sie vielleicht sogar mit in ein Fischrestaurant. Schließlich waren sie ja an der See.

Morris schlängelte sich durch den dichten Verkehr auf der Uferstraße und hastete die heißen Häuserzeilen entlang ins

Stadtzentrum. Er hätte sich gern irgendwo hingesetzt und in aller Ruhe ein Bier getrunken, aber dazu hatte er keine Zeit. Erst beim dritten Zeitungshändler fand er ein einsames Exemplar der *Arena*.

Als er wieder auf der Straße war, wollte er das Blatt gerade aufschlagen, um den Lokalteil zu suchen, da entdeckte er unten auf der ersten Seite eine kleine Überschrift, die ihn verblüffte:

Kleider des vermißten Mädchens gefunden.
Der rote Jogginganzug der siebzehnjährigen Massimina Trevisan aus Quinzano, die seit letzten Freitag vermißt wird, ist gestern morgen in einem Papierkorb auf dem Hauptbahnhof von Vicenza entdeckt worden. Franco Galeardo, der seit über zehn Jahren für die Leerung der Papierkörbe zuständig ist, erklärte: »Es fiel mir auf, daß der Anzug beinahe neu war, und so habe ich ihn behalten und meiner Frau gezeigt. Ich dachte mir, er paßt vielleicht meiner Tochter. Aber meine Frau hat mir gesagt, sie hätte im Radio gehört, daß ein Mädchen mit einem roten Jogginganzug vermißt wird. Da hab' ich die Polizei angerufen.«

Im Labor der Kriminalpolizei in Verona wurde inzwischen ermittelt, daß die auf dem Jogginganzug gefundenen Haare mit denen aus Massiminas Zimmer übereinstimmen. Im Innenteil: Die Angst der Familie, die wartet.

Morris überquerte die Straße, marschierte schnurstracks in eine Bar, bestellte einen doppelten Whisky mit Eis und setzte sich auf einen Hocker. Sie hatte das Ding weggeworfen! Ausgerechnet in einen öffentlichen Papierkorb. Und ohne ihm etwas zu sagen. Ein Glück, daß sie den Anzug wenigstens nicht im Hotel gelassen hatte! Ob womöglich auch Haare von *ihm* auf dem Ding waren? Ein einzelnes blondes Haar? Hatte er sich am ersten Tag irgendwann an sie gelehnt? Oder konnten sie womöglich auch Schuppen identifizieren? Davon waren bestimmt welche drauf. Wir schleppen alle irgendwelche Partikel unserer Mitmenschen mit uns herum. Das war unvermeidlich.

Er kippte seinen Drink in einem Zug herunter und wandte sich dem Innenteil zu. Rasch überflog er die Spalten.

... kein Blut, aber die Polizei befürchtet das Schlimmste ...

Und der Brief? Über seinen Brief stand nichts in der Zeitung. Da hatte ihn wohl die Post im Stich gelassen. Drei Tage, und der Brief war noch nicht da. Den nächsten mußte er »Eilboten« schicken. Es sei denn, sie hatten der Presse davon nichts gesagt.

Morris entdeckte plötzlich sein Spiegelbild zwischen den Flaschen hinter der Theke. Sein Gesicht war von Hitze und Alkohol gerötet, von seinen Ängsten ganz zu schweigen, die Haare waren nach seinem Bad in der Adria klebrig und durcheinander. Er hatte auch wirklich immer Pech. Ausgerechnet in den Papierkorb mußte sie das Ding schmeißen, der von einem miesen kleinen Geizhals auf der Suche nach alten Kleidern geleert wurde. (Und das für seine eigene Tochter! Unglaublich. Wenn Morris je Kinder haben sollte, würde er ihnen nur das Beste geben. Warum setzte man Kinder sonst überhaupt in die Welt? Warum hatte sein Vater *ihn* in die Welt gesetzt?)

Er stand auf und verließ die Bar in rasender Wut.

11

»Du bist ja bloß eifersüchtig. Er hat sich überhaupt nicht für mich interessiert. Er...«

»Ich werde nicht zu abend mit ihnen essen.«

»Seit Tagen redest du davon, du wolltest mal richtig in einem Restaurant essen, Morri, und jetzt, wo ich auch Lust dazu habe, weigerst du dich. Komm, sei ein Schatz, Morri!«

»*Mit denen nicht!* Wenn wir ausgehen, dann bitte allein.« Sein Leben wurde allmählich wirklich zur Farce. Eine richtige Entführung mit Augenbinde, Handschellen, Stricken und Knebeln, mit einem Zelt im Zimmer und einem griffbereiten Revolver gab einem doch wenigstens die Sicherheit, daß man wirklich der Boß war. Wenn sein Vater jemals so etwas versucht hätte, dachte Morris, dann hätte er bestimmt mit allen Mitteln gearbeitet. Wahrscheinlich würde er Morris wieder mal einen Waschlappen nennen, wenn er jemals erfuhr, wie er die Sache durchgezogen hatte.

Massimina massierte ihm *After Sun* in den Rücken (der Sonnenbrand war auch ihre Schuld!). Das Zimmer war voller Fliegen, und Morris wußte genau, daß sie wahrscheinlich höchst vergnügt lächelte. Er konnte sich ihr Gesicht mit der albern modischen Dauerwelle und der erotischen Locke, die über die gezupften Augenbrauen herabfiel, genau vorstellen. Sie war sicher ehrlich überzeugt, daß Morris eifersüchtig war. Frauen waren einfach grenzenlos eitel. Jetzt, wo sie neue Kleider und eine neue Frisur hatte, hielt sie sich wahrscheinlich für Aphrodite persönlich. Den ganzen Nachmittag hatte sie ihn auf der Suche nach Parfum und Make-up durch sämtliche Läden geschleift. (»Mamma ließ mich doch nie etwas kaufen, alles mußte ich mir teilen mit meinen Schwestern.«) Kaum zu glauben, daß sie noch vor zwei Tagen bereit gewesen war, den ganzen Juni, Juli und womöglich auch den August in diesem roten Jogginganzug zu verbringen und wie ein Ferkel zu schwitzen.

»Was hast du eigentlich mit deinem Jogginganzug gemacht?« fragte er beiläufig.

»Weggeschmissen.«

»Weggeschmissen? Aber wieso denn?« Sein Ärger erleichterte es ihm nicht unbeträchtlich, die nötige Überraschung vorzutäuschen. Er drehte abrupt den Kopf um und sah voller Wut, daß sie grinste. Er sollte sie auf der Stelle erwürgen, dachte er. Jetzt gleich. Damit wäre dann Ruhe. Schluß mit dem ganzen Theater. Er würde die Leiche irgendwo verstekken, das Lösegeld abholen, in seine Wohnung nach Verona zurückkehren und durch den Rest der Affäre ganz gelassen hindurchsegeln.

»Ich verstehe das nicht. Du faselst dauernd davon, daß wir Geld sparen müßten, und dann schmeißt du einen Anzug weg, der noch beinahe neu war.«

Das Mädchen erwürgen. Sein ganzer Körper glühte plötzlich bei diesem Gedanken. Und das gerade jetzt, wo er angefangen hatte, sie ein bißchen zu mögen. Wo er schon fast eine Ahnung hatte, wie es sein könnte, wenn er mit ihr ins Bett ging (als sie auf der Strandpromenade plötzlich kichernd ihre Schenkel an seinen gerieben hatte, war das gewesen). *Erwürg sie*. Nichts leichter als das. Wäre es am Ende nicht allen egal? (War das Leben nicht damals auch einfacher geworden, als Mutter tot war, trotz all seiner Trauer? Und sie war schließlich die einzige Frau gewesen, die er je wirklich geliebt hatte. Die Konflikte, die Schuldgefühle, das ewige Mutter-wird-das-gar-nicht-gefallen waren damals aus seinem Leben verschwunden. Er würde sich bestimmt auch diesmal viel freier fühlen. Vielleicht waren alle Leute, die jemanden liebten, am glücklichsten, wenn der oder die Betreffende endlich tot waren?) Bring sie um! Sie war doch ein Niemand. War durch alle Prüfungen gerasselt. (Wann hätte er je eine Prüfung nicht bestanden? Und was hatte ihm all das genutzt?) Außerdem verdiente sie es, daß er sie haßte. Allein schon der Brief, den sie an ihre Mutter geschrieben hatte (»... vielleicht lügt er wirklich manchmal ...«), und dann den Jogginganzug einfach so wegzuschmeißen! Morris spürte, wie er von einem Strudel rasender Wut erfaßt wurde. Eine Wut, die auch mit seinem Sonnenbrand und der gräßlichen, stickigen Luft in diesem verdunkelten, fliegengefüllten, billigsten aller billigen Hotelzimmer zu tun hatte. Er könnte es mühelos tun. Er war viel stärker als sie. Er brauchte bloß ...

»Du hast doch gesagt, ich sähe nicht hübsch darin aus. Ich möchte nur noch Sachen anziehen, die dir gefallen, Morri. Ich ...«

Überhaupt, was würde er eigentlich mit ihr machen, wenn alles vorbei war? Mal angenommen, er kriegte das Geld, was ...

»Ich hab' es für dich getan, Morri, verstehst du?«

Sie kniete hinter ihm und rieb ihm den Hautbalsam in den geschundenen Rücken. Besonders oben auf den Schultern, wo es am schlimmsten war, fuhr sie ganz sachte über die schmerzende Haut. »Du hast einen tollen Rücken«, flüsterte sie ihm ins Ohr.

Morris fröstelte, und gleichzeitig war ihm heiß. Seine feuchten Finger verkrampften sich auf dem Kopfkissen, Massiminas Stimme wurde heiser. »Ich würde so gern mit dir schlafen, Morri, wenn wir nur ...« Morris rührte sich nicht. Ihm wurde nur immer heißer und heißer.

»Ich werde mit diesen Leuten *nicht* essen gehen«, sagte er. »Dieser Kerl hat dich die ganze Zeit angestarrt.«

»Okay, Chef«, lachte sie, und ihre schlanken Finger glitschten auf dem öligen Balsam den Rücken hinunter und schlüpften in seine Bermudas. Sein Körper spannte sich wie ein Stahlseil.

»Morri ...«

Jeden Augenblick jetzt konnte es passieren, wenn sie nur nicht ... Die Hitze in seinem Körper war unerträglich. Wenn sie jetzt ...

Plötzlich klopfte es an der Tür. Morris fuhr blitzschnell

herum und setzte sich gerade hin, als hätte man ihn bei irgendwas Kriminellem erwischt. Auch Massimina erschrak und streifte ihn dabei noch mit dem Ellbogen am Kinn.

»Entri!« Wer zum Teufel konnte das sein? Die Polizei? Er führte seine Hand zum Gesicht. Einer ihrer Ringe mußte ihn an der Lippe erwischt haben, sein Mund blutete. *»Entri, prego.«* In den Raum traten Sandra und ihr Freund Gianni.

Nachdem er die *Arena* weggeschmissen und drei kleine Eisbecher gekauft hatte, kehrte er an den Strand zurück. Dort allerdings hatte sich die Situation schon wieder unerwartet verändert. (Dabei hatte er sich für so gut vorbereitet und scharfsinnig gehalten.) Sandras Begleiter war aufgetaucht. Sandras *italienischer* Freund. Als sie »wir« gesagt hatte, hatte Morris automatisch angenommen, daß Sandra damit sich selbst und einen aus England mitgebrachten Freund oder eine Freundin oder schlimmstenfalls eine englische Reisegruppe gemeint hatte, was alles keine Gefahr dargestellt hätte. Solche Leute würden wohl kaum wissen, daß Massimina Trevisan als Entführungsopfer gesucht wurde. Aber ein Italiener war etwas anderes. Vor allem, wenn er sich ganz offensichtlich mehr für Massimina interessierte als für seine eigene Freundin. (Morris war keineswegs davon überzeugt, daß Massimina all diese Aufmerksamkeit tatsächlich verdiente, aber sie hatte jedenfalls große Brüste, und das war genau der Punkt, der bei der armen Sandra etwas unterentwickelt erschien.)

Gianni war nicht nur älter als Sandra, sondern auch etwas kleiner. Er hinkte und trug seine langen Hosen wohl deshalb, damit man nicht sehen sollte, was mit seinem Bein war. Sein unvermeidlicher italienischer Schnurrbart war sauber gestutzt, zeigte aber schon einiges Grau. Alle paar Sekunden schnippte er mit den Fingern und rieb sich die Hände. Ständig übertönte er alle anderen Gesprächsteilnehmer mit einer ununterbrochenen Suada von Scherzen, witzigen Bemerkungen und schlüpfrigen Andeutungen, die dicht an der Grenze des Erlaubten lagen.

Allmählich stellte sich heraus, daß er Fotograf war, Kunstfotograf, was vielleicht erklärte, warum sich Miss Goldener-Gürtel-Luxus-Stimme aus Hadley überhaupt eingelassen hatte mit diesem Zwerg, dachte Morris, obwohl der größere Teil seines Bewußtseins noch ganz mit der Frage erfüllt war, ob die Polizei jetzt, wo sie den Jogginganzug gefunden hatte, wohl die Hotels und Pensionen in Vicenza überprüfen würde, oder ob sie darauf verzichten würden, weil sie an einen Entführungsfall glaubten. Wenn bloß sein Brief schon angekommen wäre! Wenn er ihn bloß etwas seriöser abgefaßt hätte, statt sich das Hintertürchen offenzuhalten, es sei alles bloß ein geschmackloser Scherz! Denn wenn sie den Brief noch nicht hatten oder ihn für einen Scherz hielten, würden sie bestimmt an der Theorie festhalten, daß Massimina bloß durchgebrannt war, und das bedeutete mit Sicherheit, daß sie die Hotels überprüften. Ach, verdammt!

»Aus Bari«, sagte Gianni gerade und verputzte den Eisbecher, den Morris ursprünglich für sich selbst mitgebracht hatte. »Aber das ist jetzt seit ungefähr zehn Jahren das erste Mal, daß ich an die gute alte Adria zurückkehre. Ich wohne jetzt in Verona.«

Verona? Für den Bruchteil einer Sekunde erstarrte Morris zu Eis, dann brach er in das Gespräch ein wie der Stier ins Gewächshaus des Gärtners. Noch ehe Massimina das Eis, das sie gerade im Mund hatte, herunterschlucken und nach gemeinsamen Bekannten fragen konnte, schrie er verzweifelt: »Und wie lange sind Sie jetzt schon unterwegs?«

Seine Frage klang gezwungen, und sein Interesse war so offensichtlich geheuchelt, daß Gianni einen Augenblick zögerte. Er wußte offenbar nicht, ob Morris bloß ungeschickt oder ganz gezielt unhöflich war. Sandras Italienisch allerdings schien nicht zu reichen, um solche Nuancen zu registrieren.

»Seit einer Woche«, sagte sie munter. »Vier Tage in Venedig und ein paar in Ravenna...«

Morris atmete auf. Sie waren abgereist, ehe die Sache in die

Zeitungen kam. Wenn er sie jetzt abschütteln konnte, war alles in Ordnung. Sandra erzählte gerade, wie sie die Mosaiken in Ravenna bewundere. »Wirklich atemberaubend«, sagte sie abschließend auf Englisch und wandte sich Morris zu. Denn es war inzwischen wirklich peinlich, wie Gianni Massiminas Brüste und die Stelle anstarrte, wo sich ihr lindgrüner Badeanzug im Schritt spannte. So ein Schwein! Giannis Gesicht zeigte das typisch geile Grinsen des italienischen Macho. Ein kleiner, zerknitterter Mann, der sich nie genug beweisen konnte. Das genaue Gegenteil von mir selbst, dachte Morris. Er könnte gut ohne Frauen auskommen. Er war kein Sklave tierischer Triebe.

»Oh«, sagte Morris und bedeckte theatralisch seine Stirn mit der Hand. »Ich... ich fürchte, ich kann nicht länger bleiben. Mir wird gleich übel. Das muß wohl die Sonne sein.« Und dann zu Massimina: »Schatz, es tut mir sehr leid, aber ich muß mich ins Bett legen. Ich muß ins Zimmer zurück, wo es kühl ist. Kommst du?«

»Wir können uns ja zum Abendessen treffen«, sagte Gianni munter.

»Gut«, sagte Morris. »Sieben Uhr am Anfang des Piers.« Das würde genügen, um sie loszuwerden. Und dann hatte er Massimina hastig durch die Stadt geschoben, zurück zu ihrer Pension.

»Wie zum Teufel haben die uns gefunden?« flüsterte Morris wütend, als sie in Giannis Wagen davonfuhren. Als Sandra und Gianni plötzlich bei ihnen im Zimmer standen, war Morris gar nichts anderes übriggeblieben, als die Einladung in einen Landgasthof anzunehmen. Er hatte das Gefühl, als müßte er jetzt den ganzen Abend Spießruten laufen. Und das mit angehaltenem Atem.

»Ich hab' Sandra erzählt, wo wir wohnen, als du eisholen warst.«

»Was fällt dir ein? Du kannst doch nicht allen Leuten erzählen, wo wir wohnen!«

»Warum denn nicht?« fragte sie.

Tja, warum nicht.

Massimina hatte fast eine halbe Stunde gebraucht, um das neue Make-up aufzulegen, das sie am Nachmittag gekauft hatte. Gegen sein besseres ästhetisches Wissen hatte ihr Morris empfohlen, möglichst schrille Farben zu kaufen. Er hoffte, auf diese Weise würde sie gewöhnlicher aussehen und nicht mehr so wohlbehütet wie sonst. Aber Massimina hatte die leuchtenden roten und blauen Farben so behutsam und sorgfältig aufgetragen, daß sie ihre natürliche Schönheit geschickt unterstrichen. Jetzt trug ihr Gesicht tatsächlich die klassischen Züge des Fotos, das in der Zeitung abgedruckt worden war und bestimmt bei jedem neuen Bericht nachgedruckt werden würde. Morris war wütend (er hatte sie verändert, ja, aber in der falschen Richtung!). Er hätte geschworen, daß für ihre eigenartig milchige Kamelienhaut mit den zarten Sommersprossen nur Pastellfarben in Frage kamen, aber jetzt hatte sie all diese knalligen Farben im Gesicht und sah dabei aus wie ein Engel. Und die Männer interessierten sich mehr denn je für sie. Vor allem Gianni, der Mann aus Verona.

»Es ist dir wohl nicht klar, wie leicht deine Mutter auf diese Weise erfahren könnte, wo wir uns aufhalten.« Zuviel Parfum trug sie auch. Der ganze Wagen schien davon erfüllt. »Oder?«

»Nein«, lachte sie und schmiegte sich in seinen Arm. »Kein Grund, die Nerven zu verlieren, Morri. Kann uns doch ganz egal sein, wenn sie es erfährt. Wir sagen ihr einfach, es wäre zu spät, ich wäre schwanger und wir müßten jetzt heiraten.«

»Wir sind durchgebrannt«, sagte sie laut zu Gianni und Sandra, die vorn saßen. »Meine Mutter wollte Morriiees nicht haben, aber wir sind einfach weggelaufen.«

Vor Wut preßte Morris sich seine Fingernägel ins Fleisch, bis es schmerzte.

»Halt den Mund!« zischte er.

Auf schmalen Landstraßen kurvte Giannis Wagen immer höher hinauf in die Berge. Die Abendsonne warf schwarze Schlagschatten über die Gipfel des Apennin. Gianni hatte versprochen, sie zu einem kleinen Gasthaus auf den steilen, terrassierten Abhängen unterhalb von San Marino zu bringen, wo er schon einmal sehr gut gegessen habe.

»Wir sind auch durchgebrannt«, sagte Sandra und verstrubbelte ihrem Liebhaber das grau-schwarze Haar. »Stimmt's, Gianni?«

»Proprio così«, sagte Gianni. »Lauter Turteltauben, genau.« Und trotz der kurvenreichen Straße drehte er sich um und zwinkerte Morris zu.

Was bedeutete, daß der Schweinehund seine arme Frau sitzengelassen hatte, dachte Morris. Genau wie sein Vater. Wie lange hatte es nach Mutters Tod eigentlich gedauert, bis sich unten auf der Couch diese Eileen gewälzt und kichernd Vaters Pranken aus ihrem Schlüpfer zu ziehen versucht hatte? Und dieser Cartuccio wahrscheinlich auch. Von wegen Witwer! Wie hätte Morris das eigentlich überprüfen sollen? Wenn er sie nicht gerade umgebracht hatte. Aber wer weiß? Vielleicht hatte er's ja getan. Morris starrte den steilen Abhang hinunter. Hinter jeder Kurve ein tieferer Abgrund! Wenn er jetzt plötzlich das Steuer herumreißen würde? Aber wie kam er dann selbst schnell genug aus der Kiste heraus? Es war ein zweitüriger Wagen, und er saß hinten. (Drehte er langsam durch? Was hatte er denn schon getan? Er war mit Massimina durchgebrannt, er hatte einen Brief geschrieben und die Polizei angelogen. Sie waren selbst dran schuld, warum hatten sie alles so einfach gemacht? Sonst hätte er die Sache nie angefangen.)

Die Silhouette von San Marino erschien. Zinnen und Türme wie aus dem Bilderbuch erhoben sich dreihundert Meter über ihnen im Abendlicht. Es sah aus wie eine kitschige Illustration zum ›Herr der Ringe‹ oder eine Kulisse für eine Kostümschau im Fernsehen. Ganz ruhig bleiben, improvisieren, es würde schon gutgehen. Die Reifen knirschten über den Kies auf dem Parkplatz, und dann saßen sie auch schon in der milden Abendluft auf der Terrasse des Restaurants, über sich eine Pergola aus üppigen Weinranken und vor sich den Blick hinunter zum Meer. Nur die Aussicht auf San Marino versperrte leider zur Hälfte ein häßlicher Wohnanhänger aus Holland, der verbotenerweise am Straßenrand parkte.

»Touristen sind wirklich das letzte«, sagte Sandra in ihrem vollmundigen Englisch und zeigte dabei auf den Wohnwagen. Soviel er verstanden hatte, arbeitete sie als Produktionsassistentin bei der BBC, und ihr Vater war politischer Redakteur bei *Radio Four*. (Na, so eine Überraschung!)

»Da haben Sie nicht ganz unrecht.« Verzweifelt versuchte Morris zu verfolgen, worüber Massimina und Gianni sich unterhielten, die munter auf italienisch daherschwatzten. Spätestens wenn sie versuchen sollten, ihre Adressen auszutauschen, mußte er unbedingt eingreifen! Vermutlich aufgrund seiner eigenen delikaten Situation schien Gianni aber glücklicherweise nicht sonderlich daran interessiert, gemeinsame Bekannte zu finden. Er hatte sich, soweit Morris verstanden hatte, noch nicht einmal nach Massiminas Familiennamen erkundigt. Warum auch? Wußte denn Morris den Nachnamen von Marion oder Danny?

»Da kommen sie den ganzen weiten Weg von Holland herunter«, sagte Sandra, »und dann hocken sie den ganzen Tag bloß am Strand, fressen Pizza und versperren anderen die Sicht.«

Gianni hatte Massimina bereits ganz kameradschaftlich die Hand auf die nackten Schultern gelegt. Unglaublich, was sich manche Leute an Freiheiten herausnahmen. Morris hätte so etwas nie getan. Jedenfalls nicht bei der Verlobten eines anderen. Und schon gar nicht bei Sandra. Manchmal hatte er den Eindruck, daß er der einzige war, der noch ein bißchen Moral und Anstand im Leib hatte. Und jetzt flüsterte der alte Graubart dem Mädchen auch noch etwas ins Ohr, aber das war wohl kaum die Frage nach ihrem Nachnamen.

»Und wenn sie mal ins Museum gehen, dann schauen sie mal hierhin und dorthin, flitzen in zehn Minuten durch alle Säle und bilden sich hinterher ein, sie hätten ganz Italien gesehen. Aber von der italienischen Lebensart verstehen sie genausowenig wie von den Traditionen, die das Italien von heute mit der Vergangenheit verbinden. Es fehlt ihnen einfach jedes Gefühl, und es fehlen ihnen die Kenntnisse. Die Mosaiken in Ravenna zum Beispiel...«

Morris goß sich noch ein Glas Wein ein. Er durfte nicht zuviel trinken. Er mußte vorsichtig sein. Er mußte immer im Auge behalten, daß er besser als diese Leute war, wirklich besser, intelligenter und schneller. In jeder Hinsicht. Moralisch und geistig. Es gab keinen Grund, nervös zu werden.

»Sonst noch jemand?« fragte er und hob die Flasche.

Wenigstens war es spannend.

»Oh, ja bitte«, sagte Sandra und trank aus. »Überhaupt keine Lebensart haben diese Touristen. Immer bloß Bier, Strand und Fernsehen und rücksichtslos bis zum Gehtnichtmehr. Ich glaube, das Wichtigste bei künstlerischen Menschen ist ihre Sensibilität gegenüber anderen. Deshalb sind sie auch viel rücksichtsvoller...«

So ein Quatsch! Sie sollte lieber mal darauf achten, wie rücksichtsvoll ihr lahmer Gianni war. Was wußte sie schon von Kunst? Mit ihrem albernen violetten Kleid und seinem theoretischen Dekolleté und ihren geometrischen Ohrringen, die aussahen, als ob sie aus einem dieser intellektuellen Puzzlespiele stammten, wie sie reiche Leute ihren Kindern bei Harrods zu Weihnachten kauften. Wenn eine Engländerin eine wohltönende Stimme, mit zehn einen Hockeyschläger und in der Pubertät ein Reitpferd zwischen den Beinen gehabt hatte, dann fühlte sie sich berechtigt, ihr Leben lang über Kunst daherzuschwatzen, als hätte sie Tizian persönlich gekannt.

»Wissen Sie«, fuhr sie fort, »die Hälfte der Redakteure bei der BBC sind genauso. Mein Daddy sagt immer, die Kultur dieser Leute ist so flach wie der Bildschirm. Trotz aller Arroganz.« Sie zupfte an den Trägern ihres Kleides, beugte sich vor und schenkte Morris ein Lächeln, das alle spitzen *Princess-Anne*-Zähnchen zeigte. Das mit dem »flach wie der Bildschirm« war offensichtlich *das* Bonmot der Familie.

»Ich meine, alles in allem ist mir ein richtiger Prolo noch lieber als diese ganzen Klugscheißer und Waschlappen, die den ganzen Tag im Fernsehen über Kultur und Theater daherreden und überhaupt nix kapiert haben. Das sind doch alles keine richtigen Männer, diese impotenten Kerle mit ihrem abgehobenen Geschwätz, die haben einfach keinen Kontakt mit dem richtigen Leben. So ein Prolo ist wenigstens ehrlich. So schön direkt irgendwie. Er stellt seinen Wohnwagen knallhart vor das Panorama von San Marino und sagt: Ihr könnt mich mal alle...«

Damit hatte Sandra ihren 360-Grad-Schwenk beendet. Und er hatte ihr mit keinem Wort widersprochen. Sein Vater hätte sie grün und blau gefickt, dachte Morris. Und dann weggejagt (so wie Eileen – und die anderen).

Aber die meisten Frauen wollten es ja auch gar nicht anders.

Sandra lehnte sich zurück und lachte. Sie mußte fast eine ganze Karaffe allein getrunken haben und meinte offenbar, sie sei der Star der Gesellschaft.

»Gianni ist ein echter Künstler«, sagte Sandra. »Sie sollten mal sein Buch sehen, *Dämmerung des Mittelalters*. Das ist toll. Stimmt's, Gianni?« Und damit packte sie ihren Liebhaber heftig am Arm, um sein Gespräch mit Massimina zu unterbrechen.

»Ich werde mir ein Exemplar besorgen«, versprach Morris. Und dann auf jedes Blatt einzeln draufpissen, dachte er. Was dazu führte, daß ihm plötzlich bewußt wurde, daß er dringend auf die Toilette gemußt hätte. Aber das konnte er sich nicht erlauben. Er mußte ja aufpassen, wie das Gespräch weiterging. Er würde den ganzen Abend aushalten müssen. Und damit war seine erste anständige Mahlzeit seit einer Woche auch wieder ruiniert.

12

Elf Uhr. Ein überraschend trüber Morgen mit leichtem Regen, aber hell genug für Morris. Er war auf dem Weg von ihrer abgelegenen Pension ins Stadtzentrum zu einem Zeitschriftenhändler. Es gefiel ihm, daß die Italiener buchstäblich jede freie Wandfläche mit einem Meer von Plakaten bedeckten. Alle möglichen Farben und Botschaften lagen im Widerstreit miteinander: Todesanzeigen, Reklame für Tanzstunden, Damenunterwäsche und die Radikale Partei. Selbst auf den ältesten Gebäuden. Als ob sie zeigen wollten, daß sie vor der Vergangenheit nicht viel Respekt hatten, daß sie jetzt, in der Gegenwart, lebten. Zum Beispiel auf der Kundgebung der *Democrazia Proletaria* heute abend. *Forza compagni!*

Und die jungen Mädchen, die Arm in Arm gingen! Das war noch etwas, worüber Morris sich freute. Die hatten keine Angst, ihre unschuldige Zuneigung öffentlich zu zeigen. Die brauchten keine Angst zu haben, daß man ihnen gleich unterstellte, sie wären lesbisch, wenn sie sich unterhakten oder mal küßten. Sogar die jungen Männer konnten sich freundschaftlich anfassen, ohne daß dabei gleich schäbige Assoziationen geweckt wurden wie in einer Londoner Vorstadt.

Morris flitzte durch die frische morgendliche Geschäftigkeit auf den Straßen und fühlte sich im Einklang mit der Welt. Letzte Nacht hatte er von seinem Vater geträumt. Er hatte geträumt, sie hätten zusammen vor dem Fernseher auf dem Sofa gesessen. Sonst nichts, nur sein Vater und er vor der Glotze. Aber sie hatten gelacht, als ob sie sich nie gehaßt hätten. Das Komische war, daß auf dem Bildschirm er selbst zu sehen war. Er lag auf dem Bett, und Massimina rieb ihm Hautbalsam in die Schultern. »Mein Gott, die hat vielleicht dicke Möpse. Die würd' ich mir jeden Tag dreimal vornehmen…«, hatte sein Vater gelacht, und aus irgendeinem Grund hatte Morris mitgelacht.

Ja, der Morgen hatte gut angefangen. Massimina war friedlich mit Kopfschmerzen bis lange nach zehn im Bett geblieben, und er hatte ein paar Stunden lang freie Bahn gehabt, um seinen Brief fertigzumachen, die Worte aus den verschiedenen Zeitungen herauszuschnipseln, die er gekauft hatte, und alles zusammenzukleben. Um halb zehn, als sie sich daranmachte, aus dem alten Weißbrot vom gestrigen Picknick ein Frühstück zu improvisieren, hatte er das arme Mädchen in der Pension zurückgelassen und war nach draußen gegangen. Abgesehen von ihren Kopfschmerzen schien Massimina auch einen schweren moralischen Kater wegen der Kosten des Abendessens mit Gianni und Sandra zu haben.

»Vierzigtausend Lire, Morri! Stell dir das doch mal vor! Das ist doch Wahnsinn!«

»Ich habe dir doch gesagt, daß wir nicht mit ihnen ausgehen sollten. Er wollte dich bloß betrunken machen, und das aus sehr durchsichtigen Gründen.«

Aber was Morris anging, war der Abend ganz ausgezeichnet gelaufen. Zwar hatten sie auf Giannis Wunsch alle Brüderschaft trinken müssen, aber es waren keine Adressen ausgetauscht, keine gemeinsamen Bekannten ermittelt und nicht nach Familiennamen gefragt worden. Und am Ende war Morris so frostig gewesen und hatte seine Eifersucht so trefflich in Szene gesetzt, daß auch von einem weiteren Treff keine Rede mehr sein konnte. Angesichts der Tatsache, daß Gianni und Sandra schon in den nächsten Tagen mit der Fähre nach Griechenland reisen wollten, bestand eigentlich kaum noch Gefahr, daß sie Ärger machen konnten. Es war alles gut gegangen, und er hatte nicht mal jemanden umbringen müssen. (Blöder Gedanke, er war doch viel zu intelligent, um zu morden.) Er lächelte sein Lächeln und spürte, wie seine Lippen sich wölbten. Er würde alles sauber und heil überstehen und mit einem Haufen Geld aus der Sache herauskommen, und er würde stolz auf sich sein! Dennoch hatte

Morris die plötzliche Muskelanspannung, die überwältigende körperliche Hitzeaufwallung und die blinde Entschlossenheit von gestern abend noch nicht ganz vergessen. Er hatte nicht gewußt, daß er so jähzornig sein konnte.

Er ging zum selben Zeitungshändler wie gestern, griff nach einer der beiden *Arenas* im Ständer und siehe da: Der Brief hatte seine Empfänger endlich erreicht! Eine kleine Notiz auf der ersten Seite führte in den Innenteil des Blattes. Die Polizei hatte sich jetzt endgültig entschlossen, eine Entführung tatsächlich ins Auge zu fassen – ausgezeichnet. Allerdings wollten sie wegen des eigenartigen Charakters der Botschaft einen üblen Scherz nicht ganz ausschließen. Auch okay. Es war schon ziemlich verrückt, was er da geschickt hatte. Aber das mit dem Muttermal mußte doch eigentlich überzeugt haben. (Oder wußte nicht mal ihre Familie, daß Massimina ein Muttermal hatte? Die meisten Leute waren ja wirklich vollkommen blind.) Die Suche nach dem verschwundenen Mädchen konzentrierte sich auf das Gebiet um Vicenza, hieß es in der *Arena*, weil dort der rote Jogginganzug gefunden worden war. Inspektor Marangoni erwarte schon innerhalb der nächsten achtundvierzig Stunden konkrete Hinweise, sagte die Zeitung.

O nein, dachte Morris und hüpfte geradezu auf die Straße hinaus. O nein! Inspektor Marangoni erwartete gar nichts dergleichen. Das war einfach nur der Quatsch, den sie der Presse erzählten. Sein Name wurde in dem Artikel überhaupt nicht erwähnt, das konnte nur Gutes bedeuten. Das einzige Minus war die Tatsache, daß sie Massiminas Foto erneut abgedruckt hatten, zugegebenermaßen viel kleiner als das erste Mal, aber dafür entsprach es der jungen Frau mit den gezupften Augenbrauen und der Dauerwelle, die gestern abend neben ihm gesessen hatte, leider viel mehr. (Was hatte der Fotograf bloß um Himmels willen damit gemacht? Wieviel hatten sie ihm dafür bezahlt?) Ein Freund oder ein Verwandter würde das Mädchen vielleicht nicht mehr wiedererkennen, aber dafür jeder andere, der sich abgelegene Provinzblätter kaufte und Fahndungsfotos studierte. Trotzdem fühlte sich Morris an diesem trüben, feuchten Morgen so sicher, daß er die kleine Herausforderung fast begrüßte (wo wäre sonst das Abenteuer geblieben?). Ein triumphierendes Lächeln verzog sein Gesicht, und er blieb einen Augenblick stehen, um sich in einer Schaufensterscheibe zu betrachten, hinter der Babysachen ausgestellt waren. Groß, blond und hübsch – bloß ein bißchen fade vielleicht. Kein sehr prägnantes Gesicht. Etwas langweilig eher. Ein Glück nur, daß er nicht diese Sandra entführt hatte. Solches Geschwätz tagein, tagaus zu ertragen, hätte er nicht ausgehalten. Herzlichen Glückwunsch, Morris Duckworth!

Er kaufte Briefmarken und besorgte sich einen Eilboten-Aufkleber für den Brief und fragte sich dann zur örtlichen *S. I. P.* durch. Dort stellte er sich in eine schalldichte Telefonzelle und wählte die Nummer, die ihm Inspektor Marangoni genannt hatte. Keinerlei Risikofaktoren. Das hatte er sich genau überlegt. Er hatte Zeit für einen schönen langen Plausch, er war bereit, dem Inspektor mit Rat und Tat zur Seite zu stehen. Er würde sogar anbieten, zurück nach Verona zu kommen, wenn die Polizei der Ansicht war, er könnte bei den Ermittlungen helfen.

»Pronto, Questura di Verona.«

»Pronto, vorrei parlare con l'Ispettore Marangoni.«

Der Inspektor war in einer Besprechung; ob Morris eine Nachricht hinterlassen wollte?

Nein, das wollte Morris nicht. Er hatte keine Lust, sich mit Hilfe irgendeines subalternen Beamten verständlich machen zu müssen. Das konnte zu gefährlichen Mißverständnissen führen.

»Hören Sie, das ist ein Ferngespräch. Wegen des Falles Trevisan. Bitte sagen Sie dem Inspektor, daß Morris Duckworth am Apparat ist. Ich habe neue Informationen für ihn.« Das würde die Dinge sicher etwas in Gang bringen.

»Pronto.« Innerhalb weniger Sekunden war Inspektor Marangoni am Apparat. *»Ah, Signor Duckworth, come va?«*

»*Non c'è male.* Ich bin jetzt in Bari.«

»Großartig. Wie ist denn das Wetter?«

»Heiß«, sagte Morris, was wahrscheinlich kein großes Risiko war. »Hören Sie, ich habe heute morgen den Bericht über Massimina gelesen. Ich bin wirklich erschüttert. Sind Sie ganz sicher, daß es sich um eine Entführung handelt? Ist in dem Brief Geld verlangt worden? Ich meine...«

»Ich fürchte, ich kann Sie nicht über Einzelheiten informieren. Diese Dinge sind vertraulich. Aber der Mann hat sich offenbar große Mühe gegeben, seine Handschrift nicht zu verraten. Er hat Letraset genommen und aus Zeitungen herausgeschnipselte Wörter.«

»Aha. Ist das ungewöhnlich? Hat es was zu bedeuten?« fragte Morris.

»Ja und nein. Vielleicht hat der Absender einen besonderen Grund, seine Handschrift nicht zu verraten. Vielleicht steht er der Familie irgendwie nahe. Oder vielleicht ist er Linkshänder. Das kann man nämlich auch an Druckbuchstaben ohne weiteres erkennen. Vielleicht hat er deshalb Letraset verwendet, wo er keine Zeitungsausschnitte gefunden hat.«

»Ach.« Morris spürte, daß er nervös wurde. Marangoni sprach langsam und deutlich, und Morris erinnerte sich jetzt sehr deutlich an die professionelle Art des Mannes, der ihn im Garten in Quinzano verhört hatte. Der Inspektor hatte Erfahrung. Wie lange würde er wohl brauchen, bis er den wahren Grund für die ungeschickte Collage erkannte.

»In diesem Falle wäre die Geschichte mit dem Jogginganzug in Vicenza – Sie haben vielleicht von der Sache gehört? – also diese Geschichte war vielleicht eine bewußte Irreführung, die vom Umkreis der Familie ablenken sollte... Nun ja. Mein Assistent hat gesagt, Sie hätten neue Informationen?«

»Ja, ich weiß nicht, ob es Ihnen was nützt, aber mir ist da gestern etwas eingefallen... und als ich heute gehört habe, daß es sich um eine Entführung handeln könnte...« Verdammt! Wie hätte er in Bari etwas über die Entführung gehört haben können? Da gab es bestimmt keine *Arena*. In Rimini, knapp zweihundert Kilometer südlich von Verona, gab es Tausende von Touristen aus den oberitalienischen Städten, aber in Bari? Morris schob den Telefonhörer von einer klebrigen Hand in die andere. In der Telefonzelle war es so stickig. In Bari las bestimmt kein Mensch die *Arena*.

»Hallo? Sind Sie noch da?«

»Ja. Massimina hat mir mal erzählt, daß sie in den letzten Wochen ständig von so einem komischen Typen verfolgt worden ist, wenn sie nach der Schule im Bus fuhr. Er hat immer versucht, sich neben sie zu setzen oder zu stellen und hat sie beobachtet.«

»Hat sie den Mann genauer beschrieben?«

»Nein. Nur, daß er sehr haarig gewesen sei und geschielt hat. Ich hatte den Eindruck, daß er ungefähr vierzig gewesen sein muß, aber ich weiß nicht, ob sie das wirklich gesagt hat. Ich hab' ihr geraten, immer in der Nähe des Fahrers oder anderer Passagiere zu bleiben und sich nicht allzuviel Sorgen zu machen. Ich meine, die Welt ist voll von solchen Männern, und die meisten sind ganz harmlos. Aber jetzt...«

»Keine weiteren Einzelheiten? Hat sie gesagt, wo er eingestiegen und ausgestiegen ist? Welche Uhrzeit es war?«

Morris ließ sich Zeit zum Nachdenken. Jetzt war er wieder zufrieden mit sich. Der Inspektor hatte die Geschichte geschluckt.

»Nun ja. Sie geht in Stimate zur Schule und fährt direkt danach nach Hause, also um eins. Aber wo der Mann ein- und ausgestiegen ist, kann ich nicht sagen. Ich kann mir aber nicht vorstellen, daß er bis nach Quinzano mitgefahren ist, sonst hätte sie ihn wahrscheinlich gekannt. Da draußen kennen sich die Leute ja alle.«

»Stimmt.« Inspektor Marangoni machte sich offensichtlich Notizen, während er sprach, und das verschaffte Morris eine Atempause. »Gut. Ich werde mal jemand hinschicken und die Buslinie überprüfen. Vielleicht lasse ich einen Mann ein paar Tage lang um die Mittagszeit mitfahren.«

»Aber wenn es sich um einen der Täter handelt, wird er jetzt natürlich nicht mehr im Bus fahren«, sagte Morris. Er schaffte es sogar, ein bißchen Ärger und Sorge in seiner Stimme mitschwingen zu lassen. »Wenn ich mich nur genauer erkundigt hätte! Ich habe die Sache wohl nicht ernst genug genommen.«

»Wir können ja die Passagiere befragen, die regelmäßig mit dieser Buslinie fahren. Vielleicht kriegen wir auf diese Weise was raus.«

»Ich glaube, es ist am besten, wenn ich nach Verona zurückkomme«, sagte Morris entschlossen.

»Warum denn das, Signor Duckworth?«

»Ich weiß nicht. Ich mache mir solche Sorgen, und mein Urlaub macht mir überhaupt keinen Spaß. Wenn ich in Verona wäre, könnte ich Ihnen vielleicht irgendwie helfen. Ich könnte...«

»Hören Sie, Signor Duckworth, ich sehe keinerlei Anlaß, weshalb Sie zurückkommen sollten. Ich wüßte nicht, wie Sie uns noch mehr helfen könnten, als Sie es bisher schon getan haben. Bitte vergessen Sie nicht, daß sie Massimina volle vier Wochen lang nicht mehr gesehen hatten, als sie entführt worden ist. Und was die Familie angeht... Ich fürchte, die sind nicht besonders interessiert an Ihrer Gegenwart, Signor Duckworth. Die scheinen Ihnen gegenüber ein schlechtes Gewissen zu haben und sind daher etwas feindselig.« Der Inspektor unterdrückte ein väterliches Lachen. »Wie das Leben so spielt. Sie sind mit Freunden da unten in Bari?«

»Genau.«

»Na seh'n Sie! Dann haben Sie ja jemanden, der Sie ein bißchen ablenken kann.«

»Aber...« Wirklich nett, wie der Inspektor sich um seinen Gemütszustand sorgte.

»Die Entscheidung liegt natürlich ganz bei Ihnen, aber ich würde Ihnen raten: Bleiben sie ruhig in Bari. Sie brauchen wirklich keine Schuldgefühle zu haben, wenn Sie nicht nach Verona zurückkommen. Es gibt hier nichts für Sie zu tun.«

»Und wenn ich mit in die Türkei fahre?«

»Dagegen hätte ich keine Einwände. Wenn Sie etwas wissen wollen, rufen Sie diese Nummer an, so oft Sie wollen, Signor Duckworth, und mein Assistent wird Ihnen sagen, wie weit wir sind. Sie erinnern sich an Tolaini? Er war damals in Quinzano dabei.«

»Ich werd' es mir überlegen«, sagte Morris trübsinnig, und ein paar Sekunden später endete das Gespräch.

Einem plötzlichen Impuls folgend, blieb er noch in der Kabine. Er wählte die internationale Vorwahl für England, dann die Nummer in Acton und lauschte gespannt dem knackenden Echo, als der Anruf die Knotenpunkte im Telefonnetz passierte, bis schließlich das typische englische Rufzeichen ertönte. Das vertraute Geräusch schockierte ihn richtig, es war so nahe, so gewöhnlich, als stünde er auf der Victoria Station und wollte nur eben Bescheid sagen, daß er endgültig heimkehren und einen schönen Job bei der Zentrale für Milchwirtschaft annehmen würde. Vielleicht sollte er seinem Vater erzählen, er hätte einen Riesenschnitt an der Börse gemacht und würde sich eine Villa oberhalb von Florenz kaufen? Sollte er Daddy fragen, ob er nicht im September für ein, zwei Wochen herüberkommen und sich ein bißchen Sonnenbräune holen wollte? Da würde der Alte nicht schlecht staunen.

Es meldete sich aber niemand, und nach drei, vier Sekunden wurde Morris bewußt, daß es da drüben in London einfach ein gewöhnlicher Donnerstagmorgen war und sein Vater vermutlich im Park Royal vor einer heißen Stanzmaschine schwitzte. Eine Schande, wirklich. Aber jedem das Seine. *Unicuique faber est*... und so weiter. Morris ging in die Eingangshalle hinaus, bezahlte sein Gespräch mit Marangoni und ließ sich das Telefonbuch von Verona geben, um nach Luigis Adresse zu suchen.

Ach, er hätte wirklich selbst Detektiv werden sollen, dachte Morris, als er auf die Straße hinaustrat. *Er* hätte sich bestimmt gefragt, wie jemand in Bari von der Entführung gehört haben konnte. Vielleicht war es ja noch gar nicht zu spät? Er konnte doch ohne weiteres nach London zurückkehren, auf die Polizeischule gehen und noch vor seinem 35. Lebensjahr Detektiv sein. Oder nicht? Die Polizei würde ihn doch schwerlich zurückweisen. Der einzige Haken bei der Geschichte waren die zwei Jahre, die man als Streifenpolizist abdienen mußte, und dann natürlich das schlechte Image. Ein Polizist war nicht gerade das, was sich Morris unter einer kultivierten Persönlichkeit vorstellte... Oder war der Fall inzwischen auch im Fernsehen oder im Radio erwähnt worden? Das wäre eine Erklärung dafür, daß der Inspektor nicht überrascht gewesen war. Das Fernsehen hatte über die Entführung berichtet! Mit einem riesigen Foto von Massimina auf Millionen von Bildschirmen!

Morris blieb abrupt stehen und ging dann langsam weiter. Rings um ihn herum schlenderten Hunderte von enttäuschten Badegästen mißmutig über die verregnete Strandpromenade. Das war doch nicht möglich! So eine Meldung kam doch nicht im Fernsehen. Sie waren hier doch nicht in England, wo jede kleine Geschichte aufgebauscht werden mußte, damit die Zeitungen voll wurden. Hier gab es jeden Tag eine Regierungskrise oder eine Parlamentsauflösung, und die Mafia verschob mehr Waffen als der gesamte Warschauer Pakt. Wozu brauchten die Massiminas Geschichte? Morris beschleunigte seine Schritte. Er mußte schnell zurück in die Pension. Was ihn gerettet hatte, war Inspektor Marangonis gedankliche Trägheit gewesen. Er hatte das Gefühl, daß es besser war, Rimini bald zu verlassen. Es war nicht gut, sich zu lange am selben Ort sehen zu lassen. Die Leute erkannten einen irgendwann wieder und dachten darüber nach, wohin man gehörte.

»Ehi! Eh là!«

Morris hatte das Ende der Promenade erreicht und wollte eben in das Gewimmel der älteren Straßen einbiegen, wo die Pension lag, als er jemanden mit unregelmäßigen Schritten hinter sich herlaufen hörte.

»Morris!«

Noch ehe er sich ganz umdrehen konnte, packte der Mann ihn am Arm. Ausgerechnet Gianni. Der lahme Gianni. Voller Entsetzen bemerkte Morris, daß seine Hand zitterte. Ein bißchen zumindest.

»Ich wollte eigentlich zu euch in die Pension kommen, aber als ich dich jetzt gesehen habe...« Gianni war ganz außer Atem und mußte sich einen Augenblick lang festhalten, um das Gleichgewicht nicht zu verlieren. Morris betrachtete den Italiener mit Abscheu. Seine Gedanken rasten mit Lichtgeschwindigkeit hin und her. Was um Himmels willen konnte Gianni bewogen haben, unbedingt mit ihm reden zu wollen? Wollte er sich vielleicht für sein ekelhaftes Benehmen von gestern entschuldigen?

»Was gibt's?«

»Hast du nicht gesagt, Massimina wäre durchgebrannt, Morris?«

»*Sie* hat das gesagt.«

»Ja, gut. Wie heißt Massimina mit Nachnamen?«

Morris zögerte nur den Bruchteil einer Sekunde. Er starrte Gianni mit seinem kalten, blauen Blick direkt in die Augen, als läge in deren dunkler Tiefe sein Schicksal. »Trevisan«, sagte er. »Massimina Trevisan.«

»Aus Quinzano? In der Nähe von Verona?«

»Ja, genau.«

Gianni fing an zu lachen. »Weißt du was? Die denken, sie wäre entführt worden! Habt ihr nicht wenigstens mal bei ihr zu Hause angerufen, um der Familie zu sagen, daß es ihr gutgeht?«

»Was? Ich verstehe nicht...«

»Die Polizei denkt, das Mädchen wäre entführt worden«, sagte Gianni noch einmal. »Gekidnappt, verschleppt. Weißt du, ich habe heute morgen zufällig eine *Arena* beim Zeitungshändler erwischt. Das letzte Exemplar. Und da steht drin, daß Massimina entführt worden wäre.«

»Nein!« Morris fuhr sich mit der Hand durch die Haare

und bedeckte dabei für einen Augenblick sein Gesicht. Wenn er bloß beide Exemplare gekauft hätte!

»Aber sie hat doch angerufen. Und wir haben auch geschrieben. Ich hab' den Brief doch selbst in den Kasten gesteckt. Da muß ein Irrtum vorliegen.«

»Wer weiß, wer weiß.« Gianni fand die Sache offenbar höchst amüsant. »Komm doch mit mir ins Hotel und sieh dir die Zeitung selbst an. Vielleicht hat sie Angst gehabt, tatsächlich zu telefonieren, du weißt ja, wie Mädchen sein können, und die Briefe sind vielleicht noch nicht angekommen, trödelig wie unsere Post ist. Wann hast du sie denn in den Kasten gesteckt?«

Morris ging bereits im Gleichschritt mit Gianni zu dessen Hotel. Sein Gesicht war schweißnaß und seine Glieder wachsweich. Denken, denken, denken! Seine Zähne rutschten auf der Unterlippe vor und zurück.

»Gleich am Anfang. Samstagmorgen. Wir...«

Gianni brüllte vor Lachen. »Wie es scheint, ist die ganze Polizei des Veneto hinter euch her. In der Gegend von Vicenza wird jeder Stein umgedreht, weil sie da einen Jogginganzug gefunden haben, der angeblich ihr gehört hat.«

»O nein!« Morris ruderte planlos in einem Abgrund herum.

»Am besten rufst du so schnell wie möglich die Polizei oder die Familie an oder so was. Du kannst gleich vom Hotel aus telefonieren.« Gianni drehte sich einen Augenblick um und schlug ihm lachend auf die Schulter. »He, kein Grund zur Beunruhigung. Du bist ja ganz blaß, Mann. Ist doch ihr Problem, wenn sie gesagt hat, sie telefoniert und tut's dann nicht. Jedenfalls kannst du gleich alles richtigstellen, wenn du bei der Polizei anrufst.«

»Ja, natürlich.« Ein Glück, daß sein Name in dem Bericht nicht erwähnt worden war.

Gianni und Sandra wohnten im *Albergo degli Ulivi*. Der Name wurde allerdings weder von der breiten, langweiligen Straße noch von dem Hotel selbst gerechtfertigt. Die Straße war von Pinien gesäumt, und das Hotel war eines dieser modernen, zehnstöckigen Gebäude voller Mini-Apartments, wie alle Urlaubsabsteigen, die weniger als fünf Gehminuten vom Meer entfernt lagen.

»Sehr treffend«, sagte Morris grinsend und war schon fast wieder ein bißchen stolz auf sich. Er war noch lebendig. Er nahm die Dinge in seiner Umgebung noch wahr, er brachte eine spöttische Bemerkung zustande. Gianni bat das Mädchen am Empfang um den Schlüssel, und Morris registrierte ein wichtiges Faktum: Sandra war nicht im Hotel! Er wandte sich abrupt von der Empfangsdame ab. Es durfte keinen Blickkontakt geben!

»Wo ist denn Sandra?« fragte er unschuldig, als sie im Lift standen. Dabei schwitzte er Blut und Wasser.

»Einkaufen. Sie bildet sich ein, sie braucht einen neuen Bikini. Die Träger an dem alten gefallen ihr nicht. Als ob ihr neue Träger anständige Titten verschaffen könnten, du kennst ja die Frauen.«

Und dann vertiefte sich Gianni in einen unappetitlichen Exkurs über die »dämlichen Weiber«, insbesondere Sandra, die er verblüffenderweise sein »Betthäschen« nannte. Das sei auch das einzige, wozu Frauen gut seien. Wenn sie erst Babies hätten, wären sie nicht mehr zu gebrauchen. Dann ginge es den ganzen Tag nur um das Haus und um die Familie, sie störten einen bei der Arbeit, und sie versuchten einem ständig Schuldgefühle einzureden, wenn man ihnen nicht ständig hundertprozentige Aufmerksamkeit widmete. Oder sie fingen an, mit anderen Männern zu flirten, um einen eifersüchtig zu machen. Seine Frau war ein Miststück, ganz einfach, mehr war dazu nicht zu sagen. Man hatte einfach nie seine Ruhe. Und deshalb würde er sich von ihr trennen und allein leben und arbeiten. Den Sex würde er sich für ein paar scharfe Nummern wie Sandra aufheben. Das arme Mädchen habe zwar fast keine Titten, aber wenn man sie mal im Bett hätte, wäre sie richtig geil. Eine ganz heiße Möse!

Das war nun genau die Art Gerede, die Morris an Männern

so haßte. »Weiß sie denn«, fragte er höflich, »daß es Ihnen, äh, dir nicht so ernst ist mit eurer Beziehung?«

»Sandra? Nein, die denkt, ich hole sie nach Verona und sie kann eine große Schau als Künstlergeliebte abziehen.« Er lachte. (Der Mann war häßlich wie die Sünde, dachte Morris. Ein kleiner, haariger Hinkefuß mit einem verschrumpelten braunen Gesicht. Eine richtige Ratte.)

Was um Himmels willen sollte er tun?

»Das werd' ich ihr aber bald ausreden. Weißt du, man muß manchmal grausam sein, das ist mein Motto. Sonst leidet der Charme. Wie ist das denn bei Massimina und dir, Morris? Nettes Mädchen. Satte Möpse.« Ohne daß Morris auch nur eine Chance gehabt hätte, auf Giannis Frage zu antworten, fuhr der auch schon fort: »Du hast keine Lust, sie ein bißchen zu teilen?« Ein pubertäres Grinsen erschien auf seinem Gesicht. »Ich meine, wir könnten doch zusammen Urlaub machen und ab und zu tauschen, was hältst du davon? Sandra steht auf so was, und sie findet dich sehr attraktiv. Richtig süß, hat sie gesagt. Du wärst ganz anders als die großkotzigen Kerle, die sie von zu Hause her kennt. Eine echte Abwechslung. Wir könnten auch ein paar scharfe Fotos machen, was meinst du? Ohne falsche Scham. Damit kann man schön was verdienen. Und einen klasse Urlaub hätten wir außerdem.«

Morris war schockiert. Er schluckte. Solchen ekelhaften Mist las man nur in den schmierigsten Pornozeitschriften. (Jetzt, wo er darüber nachdachte, fiel ihm wieder ein, daß in Signor Cartuccios *Penthouse* so etwas gewesen war: drei nackte, ineinanderverschlungene Personen und eine vierte, die fotografierte. Widerlich.)

»Na, was meinst du?« fragte Gianni. »Es macht einen ganz schön an, wenn man's mit mehr als einer gleichzeitig treibt.« Er lachte. »Nuckeln und ficken, von hinten, oral und anal, ich sag dir...«

»Wir sind eigentlich auch so glücklich«, preßte Morris mühsam heraus. Er fühlte sich zum Kotzen. »Wir lieben uns.

Wirklich, wir…« Der Lift blieb abrupt stehen, und sein Magen hob sich bis unters Kinn. Er mußte sich große Mühe geben, um gerade stehen zu bleiben und seinen Körper und seine Stimme unter Kontrolle zu halten. »Wir wollen heiraten, sobald sie achtzehn ist. In sechs Wochen hat sie Geburtstag.«

Im Zimmer auf keinen Fall irgendwas anfassen! Nichts! Überhaupt nichts!

»Tja, wenn das so ist, dann herzlichen Glückwunsch.« Aus unerfindlichen Gründen machte Gianni eine absurde kleine Verbeugung und wechselte dann unvermittelt das Thema. »Ich hoffe, die Polizei macht dir keine Schwierigkeiten wegen dieser Entführungsgeschichte. Hier ist die Zeitung. Ich mixe uns schnell ein paar Drinks. Magst du einen Martini?« Er verschwand durch eine Tür, die wahrscheinlich ins Bad führte. Morris sah sich rasch um. Womit und wie? Wie und womit? Gleich hier oder…

Aber es mußte doch noch einen anderen Weg… Irgendeine andere Lösung…

»Irre, was? Richtig unglaublich!« rief Gianni von nebenan. Man hörte Eis ins Glas klirren. »Wir werden die Auskunft anrufen müssen, um die Nummer des Polizeipräsidiums in Verona herauszukriegen. Wenn du die hiesige Polizei anrufst, wissen die bestimmt nicht, wovon du überhaupt redest. Die sind bestenfalls in der Lage, mal einen Nackedei am Strand festzunehmen.«

Die Zeitung lag aufgeschlagen auf dem Bett wie eine Anklageschrift. Morris griff danach und raschelte demonstrativ mit den Seiten. Die Tischlampe? Nein. Der Stuhl? Nein. Das Radio? Quatsch. Der Raum war so spärlich möbliert. Ein Exemplar von *Il Fotografo* mit einem lasziven Aktfoto auf dem Umschlag. *Er hatte doch bloß ein paar Sekunden*… Gott im Himmel, irgendwas *mußte* doch da sein. Ein Briefbeschwerer! Ganz klassisch! War nur keiner da.

(Was wollte er eigentlich tun? Wozu brauchte er einen Briefbeschwerer? Morris!)

»Mit Wodka oder ohne?«

»Mit.« Seine Stimme war nur noch ein heiseres Krächzen. Dabei mußte er jetzt eigentlich den Zeitungsbericht kommentieren. Laute Ausrufe tätigen. Wie zum Beispiel: »Das ist ja Wahnsinn! Irgend so ein Verrückter hat ihnen eine Lösegeldforderung geschickt!« Der Blumentopf. Was anderes gab es nicht. So was Lächerliches! Eine Farce!

In der Ecke stand eine tropische Pflanze in einem dreißig Zentimeter hohen Topf aus schwerem italienischen Steingut. Behutsam hob er ihn hoch. Schwer genug war er bestimmt. Aber konnte er damit auch zuschlagen? Nein, das hatte er nicht gewollt. Er war doch immer ein Musterschüler gewesen, ein Muttersöhnchen. Morris Duckworth, der Waschlappen, hatte sein Vater immer gesagt...

Jetzt stand er hinter der Badezimmertür. Gianni stellte die Gläser auf ein Tablett. Absurde Situation. Wie in einer Fernsehkomödie. Geschmacklos. Morris hob den Blumentopf über den Kopf, fletschte die Zähne und versuchte, seine Arme ruhig zu halten. Aber statt der gestrigen Hitze war nur Eiseskälte in seinen zitternden Gliedern. Es schien, als wollten sich bei aller Anstrengung Muskeln und Sehnen nicht spannen. Sogar seine Schenkel waren wie Pudding.

Die obersten Blätter der Pflanze streiften raschelnd die Zimmerdecke und wurden geknickt. Und dann erschien Giannis gelockter Kopf in der Tür. Morris schlug zu. Mit aller Kraft. Ohne jede Zurückhaltung. Der Topf zerschellte, und Gianni ging in einem Chaos von zersplitterten Gläsern, Steingutscherben und Erde zu Boden. Er hatte nicht einmal geschrien. Zuckend lag er auf dem Teppich, drehte sich auf die Seite und stöhnte. Tot war er nicht. Verzweifelt sah sich Morris nach einem neuen Schlagwerkzeug um. Es hatte keinen Sinn, den Mann mit Sandalen zu treten. Als ob man eine lebendige, zappelnde Forelle in der Küche hätte und kein Nudelholz, um sie zu betäuben! Schließlich kam ihm der rettende Einfall (er war eben doch ein Genie!). Morris drehte sich zum Bett um und holte ein Kissen. Natürlich, ein Kissen!

Kaltblütig drehte er sein wimmerndes, keuchendes Opfer auf den Rücken, bedeckte sein Gesicht mit dem zitronengelben Kissen und drückte es mit seinem ganzen Gewicht herunter. Gianni leistete keinerlei Widerstand mehr. Er zuckte ein bißchen, und einmal hob er die Hand. Das war alles. Morris sah auf die Uhr und wartete zwei volle Minuten, ehe er losließ. Es war kaum Blut auf den Teppich getröpfelt. Morris griff nach Giannis Handgelenk und tastete nach dem Puls. Nichts. Zehn Sekunden, zwanzig. Immer noch nichts. Morris stand auf. Das Kissen würde er lieber nicht wegnehmen. Den Anblick konnte er sich ersparen. Morris fühlte sich plötzlich ganz schwach. Völlig erschöpft stolperte er zum Bett, legte sich mit geschlossenen Augen flach auf den Rükken und kämpfte gegen die Übelkeit, die in ihm aufstieg.

Weniger als fünf Minuten später war er schon wieder auf den Beinen. Er mußte hier weg, bevor Sandra zurückkam. Oder nicht? Sollte er auf sie warten? Es war völlig verrückt. Nur gut, daß diese Leute unsympathisch waren. Partnertausch! »Sandra steht auf so was ...« Dreck. »Richtig süß, hat sie gesagt. Eine echte Abwechslung.« Dreck, Dreck. Gehen oder dableiben? Seine Hände zitterten heftig. Und was war mit Massimina? Gott allein wußte, was die gerade anstellte. Also war es wohl besser zu gehen. Aber zuvor mußte er dieses Chaos noch ein bißchen plausibler gestalten.

Er kniete sich auf den Boden und untersuchte die Hosentaschen der Leiche. Auf Stoff ließen sich doch keine Fingerabdrücke abnehmen, oder? Als er in den vorderen Taschen nichts fand, schob er eine Hand unter den Toten. Das Geld steckte in der Gesäßtasche! Und die verdammten Jeans waren so eng! Morris hielt mit der einen Hand das Kissen auf dem Gesicht fest und versuchte mit der anderen, die Leiche auf den Bauch zu drehen. Es ging nicht. Erst als er beide Hände und sein ganzes Gewicht einsetzte, gelang das Manöver. Das Kissen verrutschte natürlich, aber dafür lag der Tote jetzt mit dem Gesicht nach unten. Morris riß die Brieftasche heraus und schob sie in die eigene Hose. Dann untersuchte er die

Kommode am Fenster. Er zerrte die oberste Schublade heraus und verstreute Kosmetika, Parfum und ein paar Münzen dabei. Nichts von Wert. Aber in der Schublade darunter waren die Kameras und weitere Teile von Giannis Fotoausrüstung. Ein Blick aus dem Fenster zeigte, daß der Himmel jetzt heller geworden war. Hier und da brach die Sonne schon wieder durch. Was er jetzt brauchte, war eine Plastiktüte. Er sah sich um. Nichts. Im Badezimmer vielleicht? Richtig, am Griff des kleinen Wandschränkchens dort hing eine Tüte für Hygieneabfälle. Natürlich lagen gebrauchte Gummis drin. Diese Schweine! Morris kippte sie auf den Fußboden. Plötzlich hatte er schrecklichen Durst. Wasser brauchte er, Wasser. Er trank direkt aus dem Hahn, und dabei fiel ihm plötzlich ein, daß er womöglich auf dem Tisch Fingerabdrücke zurückgelassen haben könnte. Verdammt. Er mußte alles mit einem Tuch abwischen. Vielleicht mit dem Bettuch? Er packte die Kameras und die Brieftasche in die Plastiktüte. Jetzt noch die Fingerabdrücke abwischen und dann...

Aber jetzt klopfte es an der Tür. »Gianni?«

Warum hatte er die Schritte bloß nicht gehört? O verdammt!

»Gianni, ich bin's!«

»*Vengo.*« Es blieb keine Zeit zur Vorbereitung oder zum Nachdenken. Morris nahm das lange Teleobjektiv aus der Tüte, ging mit zwei raschen Schritten zur Tür und machte ihr auf. Sandra trug einen weißen Faltenrock und ein T-Shirt ohne BH drunter. In der Hand hielt sie ein Päckchen. Sicher der neue Bikini.

»Ach, du bist es, Morris!« Sie konnte den Toten auf dem Fußboden nicht sehen, denn er lag hinter dem Bett. Aber sie spürte offenbar, daß etwas nicht stimmte.

»Morris, was machst du denn hier?«

Er trat zurück. Er wollte sie wenigstens ganz ins Zimmer hereinkriegen und die Tür hinter ihr zumachen.

»Gianni hat mich auf einen Drink hereingebeten.«

Sandra machte einen Schritt vorwärts, aber dann war ihr

Blick wohl auf das Chaos am Boden gefallen. Sie zuckte zurück und wandte sich zur Flucht. Sie hatte die Tür schon fast hinter sich zu, aber Morris war schneller. Er ließ das Teleobjektiv fallen, stellte einen Fuß in die Tür, packte Sandra am Arm und zerrte sie mit einer Kraft, die ihn selbst überraschte, ins Zimmer zurück.

»Was soll das?« kreischte sie wütend. Morris legte ihr seine Hände auf die Brüste und stieß sie zu Boden. Sandras Kopf schlug auf die Steinplatten. Sie schrie laut vor Schmerz. Das Teleobjektiv war zur Seite gerollt und lag jetzt neben Giannis Bein. Morris bückte sich danach und hob es auf.

»Nein!« schrie das Mädchen. »Tu's nicht!« Aus irgendeinem Grund machte sie gar keinen ernsthaften Versuch, sich zu verteidigen, sondern bemühte sich vielmehr, ihren Rock, der bis zum Schlüpfer heraufgerutscht war, wieder sittsam herunterzuziehen. Ihr schmales aristokratisches Gesicht mit den vorstehenden Zähnen war weiß vor Schreck und Verblüffung. Als ob er sie vergewaltigen wollte! Diese eitle Person!

Morris schlug ihr mit aller Kraft auf den blonden Kopf.

»Nein!« schrie sie noch einmal, und jetzt flogen ihre Hände nach oben.

Morris schlug noch einmal zu. Diesmal zielte er auf die Schläfe. Und dann schlug er zum dritten, vierten und fünften Mal zu, und dann immer weiter und weiter und weiter. Er legte sein ganzes Gewicht in die Schläge. Es war anstrengend. Und plötzlich fing das Blut an zu fließen, dunkel, fast schwarz. Er wollte nach dem Kissen greifen, merkte aber gleich, daß er damit nichts würde ausrichten können. Endlich war Sandra still. Ihr Gesicht war ganz ruhig, die Augen waren zur Seite verdreht und erstarrt, der Mund verzerrt, die Lippen aufgeplatzt, die Zähne gebrochen. Morris holte tief Luft und stand auf. Die Tür stand halb offen, um Himmels willen, da hätte jeder vorbeigegangen sein können. Morris hob die Plastiktüte auf, steckte das Teleobjektiv ein und ging. Die Tür machte er hinter sich zu.

Der Lift war noch da. Er war seit Sandras Ankunft nicht mehr benutzt worden. Morris stieg ein, fuhr ins Erdgeschoß und ging so selbstverständlich durch die Eingangshalle, daß man ihm keinerlei Aufmerksamkeit schenkte, soweit er das beurteilen konnte. Erst draußen auf der Straße fiel ihm ein, daß er die *Arena* vergessen hatte, die oben auf dem Bett lag. Gütiger Himmel! Er mußte sich direkt neben der großen Glastür an die Stuckfassade lehnen, um den Schreck zu verkraften. Wie konnte ihm das nur passieren? Das Blatt war genau auf der Seite aufgeschlagen, wo von der Entführung die Rede war. Gleich der erstbeste Polizist, der zur Tür hereinkam, würde wissen, was los war. Es half nichts, er mußte noch einmal rauf.

Warum nur hatte er so etwas Schreckliches getan? Warum? Es war genau der Augenblick gewesen, um abzuspringen und den ersten Flug nach London zu nehmen.

Oder hatte er es getan, um bei Massimina bleiben zu können? Nein.

Er sah auf die Uhr und wartete unendliche zehn Minuten lang, um ganz sicher zu sein, daß es keinen Alarm geben würde. Aber offenbar hatte niemand die Schreie beachtet. Vielleicht waren sie gar nicht so laut gewesen, wie er gedacht hatte. Schließlich ging er rasch zurück ins Hotel. Das Mädchen am Empfang kicherte ins Telefon und warf ihm nicht einmal einen Blick zu. Nur der Aufzug war gerade nicht da. Morris nahm die Treppe und zwang sich, die drei Stockwerke gemessenen Schrittes hochzugehen. Auf diese Weise geriet er wenigstens nicht außer Atem. Er würde einfach in das Zimmer hineingehen, die *Arena* vom Bett nehmen, in die Plastiktüte stecken, die Kommodenschubladen abwischen, wenn er schon mal dabei war (und den Wasserhahn, natürlich. Den *Wasserhahn!*), und dann wieder raus.

Aber die Zimmertür ließ sich nicht öffnen. Einen Augenblick lang geriet Morris in Panik. Er ließ die Tüte fallen, packte den Türknauf mit beiden Händen und zerrte daran. Wie hatte er nur vergessen können, daß es eine selbstverriegelnde Tür war? Warum hatte er den Schlüssel nicht mitgehen lassen? Er war eben doch bloß ein dämlicher Amateur, ein kleiner Junge, der etwas Schlimmes gemacht hatte, und wenn sie ihn jetzt erwischten, war er erledigt. Er hätte Gianni einfach alles erzählen, das Mädchen nach Hause bringen und sich so gut wie möglich aus der Sache herausmogeln sollen. Er hätte auch dem Viererurlaub zustimmen und Gianni die Hälfte des Lösegelds für sein Schweigen anbieten können. Gianni hätte sich bestimmt darauf eingelassen, dieses Schwein, diese Ratte. Man sah ihm doch schon am Gesicht an, daß er vor nichts haltgemacht hätte, um einem Mädchen zwischen die Beine zu kommen. Das wenigstens brauchte Morris sich nicht vorzuwerfen. Er hatte noch ein Gefühl für Anstand.

Während ihm diese Überlegungen durch den Kopf schossen und Morris immer noch an der Tür rüttelte, hörte er plötzlich den Lift heraufkommen. Er griff nach der Plastiktüte und war schon ein Stück weit die Treppe hinunter, als oben auf dem Gang die Lifttüren aufgingen und ein deutsches Ehepaar lachend und scherzend auf den Korridor trat. Morris wartete. Vielleicht konnte er ja das Schloß aufbrechen oder sonst irgendwie knacken. Das Ehepaar schien es aber gar nicht eilig zu haben. Sie standen vor der Tür neben Giannis Zimmer und schmusten. Dabei waren sie mindestens Mitte Vierzig!

In diesem Augenblick, während er darauf wartete, daß die beiden Deutschen endlich in ihrem Zimmer verschwanden, entdeckte Morris plötzlich die roten Blutflecken auf dem falschen weißen Marmorfußboden des Korridors. Ein paar Sekunden lang starrte er die verschmierten Fußspuren verständnislos an, dann hob er ganz langsam seinen linken Fuß und betrachtete die Unterseite seiner Sandalen. Die Sohle war getränkt von Sandras klebrigem Blut. Und während er so auf einem Bein stand, wurde ihm schwarz vor Augen und er wäre um Haaresbreite die Treppe hinuntergestürzt. Mit Mühe und Not gelang es ihm, sich am Geländer festzuhalten und sein Gleichgewicht wiederzugewinnen. Er atmete dreimal tief durch. Sein Blickfeld schien sich von allen Seiten stark zu verengen. Tiefe Dunkelheit war um ihn herum. Ein dumpfer Druck lastete auf seinem Gehirn, und nur ganz allmählich wurde es wieder heller um ihn. Wie kam es, daß die beiden Deutschen die Flecken nicht sahen? In der Eingangshalle hatte er bestimmt auch welche hinterlassen. Zitternd streifte er die Sandalen ab, erst die blutige, dann die andere, und steckte sie in die Plastiktüte, in der die Brieftasche, das blutige Teleobjektiv (an dem, wie er jetzt feststellte, auch ein paar blonde Haare klebten) und Giannis Kamera lagen. Er keuchte. Gott, wieviel Luft man so in seinen Lungen brauchte! Barfuß huschte er die Treppe hinunter. Niemand begegnete ihm, aber in der Eingangshalle war eine Menge los. Es war Mittagszeit und Dutzende von Leuten waren auf dem Weg ins Restaurant, das hinter einer gläsernen Schwingtür am Ende der Halle lag. Morris passierte eine größere Gruppe, die vor der Rezeption stand und verschwand hinaus auf die Straße.

Strahlender Sonnenschein hatte die Wolken ersetzt, und der neue schwarze Teerbelag auf der Straße schien schon wieder zu brodeln. Morris stellte sich in den dürftigen Schatten einer jungen Pinie und untersuchte rasch seine Kleider. Ein kleiner Blutfleck auf seiner weißen Leinenhose, unmittelbar unter dem Knie, ein Spritzer am Ärmel. *Jetzt einen Plan fassen.* Ordnung in die Dinge bringen. Wie spät war es überhaupt? Viertel nach zwölf. Er hatte Massimina jetzt anderthalb Stunden alleine gelassen. Weiß Gott, was das Mädchen sich wohl dachte. Er ging die Straße hinunter, merkte plötzlich, daß die Richtung nicht stimmte und kehrte wieder um. Das Pflaster brannte ihm unter den Füßen, und er fing an zu laufen, fiel aber immer wieder in eine langsamere Gangart zurück, um nicht zuviel Aufmerksamkeit zu erregen. Ein Hund an einer Leine bellte und wollte ihm nachlaufen.

Der Besitzer lachte selbstgefällig. »Er mag es nicht, wenn jemand barfuß ist«, sagte er. Morris versuchte zurückzulächeln, brachte aber nicht mal ein Grinsen zustande. Er hätte den Kerl und seinen Köter am liebsten erwürgt.

Der Kanal glitzerte in der Sonne. Das Wasser roch nach Dieselöl, toten Fischen und Meer. Morris ging rasch an der Stelle entlang, wo die bunten Fischerboote vertäut lagen. Hier und da ratterte eine Pumpe, zwei Fischer breiteten ihre Netze aus, und ein alter Mann strich die Reling. Ein friedliches Bild! Morris wanderte zweihundert Meter bis zum letzten der Boote. Jetzt war er endlich allein. Vorsichtig griff er in die Plastiktüte, um die blutige Sandale und das Teleobjektiv nicht zu berühren, und holte die Brieftasche heraus. Jetzt, wo das Verbrechen einmal geschehen war, konnte er sich genausogut den Profit sichern. Aber leider fand er nur zwanzigtausend Lire in bar. Ansonsten enthielt die Brieftasche nur Giannis Paß und Führerschein, zwei Tickets für die Fähre Brindisi-Igoumenitsa, ein Polaroid von einer netten, etwa vierzigjährigen Frau mit zwei kleinen Kindern und ein Hochglanzfoto von einer dunkelhaarigen Nackten, die mit übergeschlagenen Beinen auf einem französischen Bett saß und die Arme hinter dem Kopf verschränkt hielt, damit ihre Brüste recht spitz auf die Kamera zeigten. Das war weder Sandra noch die Mutter von Giannis Kindern, und Morris freute sich über diesen weiteren Beweis für die moralische Verkommenheit seines Opfers. Er konnte sich ohne weiteres einbilden, er hätte es für die verlassene Ehefrau Giannis getan *(Was Gott zusammengefügt hat ...)*. Ganz am Schluß entdeckte er in einer mit einem Druckknopf verschlossenen Seitentasche noch einen kleinen Christophorus an einer dünnen, um einen schmalen, abgeschabten Ehering gewickelten silbernen Kette.

Die Zwanzigtausend (besser als gar nichts) steckte Morris genauso ein wie die beiden Schiffskarten (man konnte nie wissen) und den Christophorus (das ließ sich nun überhaupt nicht begründen). Die übrigen Papiere und den Ehering schob er zurück in die Brieftasche. Dann steckte er die Brieftasche zurück in die Plastiktüte und knotete sie oben zu. Er sah sich noch einmal sorgfältig um, ging ein paar Schritte weiter und ließ die Tüte dann zwischen zwei Booten in den Kanal fallen. Das Gewicht der Kameras ließ sie sofort untergehen. Sie sank wie ein Stein.

»Für mich?« sagte Massimina entzückt. »Morriies!«

»Ja, deshalb hat es so lange gedauert.« Morris fühlte sich ganz schwach, völlig erschöpft. Er konnte sich nicht erinnern, jemals so müde gewesen zu sein. Es war alles aus. Mit der aufgeschlagenen Zeitung direkt neben den beiden Leichen mußte die Polizei sofort auf das Tatmotiv kommen. Dann brauchten sie nur noch zwei und zwei zusammenzuzählen. Morris sank aufs Bett.

»Ach ja, und dann ist bei einer von den verdammten Sandalen der Riemen gerissen. Ich bin an einer Bordsteinkante hängengeblieben. Eine halbe Stunde hab' ich damit verbracht, ein Paar neue zu suchen, und als ich endlich welche gefunden hatte, die mir gefielen, hab' ich plötzlich gemerkt, daß ich kein Geld mehr dabei hatte, weil ich schon den Christophorus gekauft hatte.«

»Ach, du Süßer!« lachte Massimina.

Es ist doch interessant, dachte Morris auf der Suche nach Normalität, was man alles in anderthalb Stunden getan haben könnte, um am Ende ohne Schuhe, aber mit einem Hl. Christophorus in der Tasche nach Hause zu kommen. Vielleicht waren die beiden Morde ja doch nur ein Alptraum gewesen?

»Der Heilige wird uns auf unserer Reise beschützen«, sagte Massimina feierlich und legte sich das Medaillon um den Hals. Daran hatte Morris noch gar nicht gedacht. Es paßte ja alles so schrecklich zusammen. Sie kam auf ihn zu und wollte ihm ein Danke-schön-Küßchen geben, aber da fiel ihm das Blut auf dem Ärmel und auf dem Hosenbein wieder ein und er schob sie beiseite.

»Ich hab' das Gefühl, ich schwitze fürchterlich«, sagte er und sprang auf. »Meine Kleider stinken.«

Sie bewohnten ein typisches, erstickend kleines Pensionszimmer, das außer dem Doppelbett, einem Kleiderschrank, einem winzigen Tischchen, einem Waschbecken und einem darüber angebrachten Spiegel keine weiteren Möbelstücke enthielt. Nicht mal ein Teppich lag auf dem Holzboden. Morris drehte den Wasserhahn auf, zog seine Hosen aus und knöpfte das Hemd auf. Dann tauchte er, ohne sich umzudrehen, beide Kleidungsstücke ins Wasser und rieb mit dem blauen Ärmel des Hemdes den Fleck aus der Hose. Das Blut verschwand fast sofort. Das Lady-Macbeth-Problem war also glänzend gelöst. Nichts einfacher, als ein bißchen Blut zu beseitigen, wenn man es richtig anstellte!

Als er sich umdrehte, um nach dem Handtuch zu greifen, stellte er fest, daß Massimina hinter ihm stand, splitternackt. Sie hatte sowohl das T-Shirt als auch den perlgrauen Rock abgestreift, und Unterwäsche hatte sie offenbar keine getragen. Ihr Schamhaar bildete einen dichten, lockigen Busch unter dem vollkommenen, unmerklich gerundeten Bauch. Morris erstarrte. Er fühlte sich viel zu müde, um schon wieder eine Krise bestehen zu können. Ganz langsam trocknete er seine Hände ab. Er starrte ihre Brüste und ihren Bauch an und spürte, wie sich jede Faser in seinem Körper spannte.

Es war nicht sehr hell im Zimmer. Das Fenster lag im Schatten einer gegenüberliegenden Mauer. Massimina stand im Dämmerlicht und legte mit einem halben Lächeln den Kopf schräg. Sie war schöner und schlanker, als er gedacht hatte.

»Es ist ja nichts Unrechtes, Morri. Das weißt du doch auch. Ich bin mir ganz sicher, daß ich dich liebe. Und du bist so großzügig und bringst mir so schöne Geschenke. Ich fühl' mich so sicher bei dir...«

Morris glaubte zu schwanken und schloß seine Augen.

»Morri?« Massimina reckte ihm die schlanken braunen Arme entgegen, als ob sie ihm ihren Körper als Opfer darbringen wolle. Wahrscheinlich hatte sie das aus irgendeinem ihrer Kitschromane. Und doch füllten sich seine Augen mit

Tränen. Ein starkes Gefühl der Zuneigung überflutete ihn und schwemmte seinen alten Abscheu vor dem, was jetzt kommen würde, davon. Vergessen waren die häßlichen Szenen in London. Er dachte nicht mehr daran, wie sein Vater und Eileen auf der Couch gelegen hatten, und hörte nicht mehr das viehische Grunzen und Stöhnen.

»Komm her, Morri. Komm zu mir. *Vieni, vieni.*« Sie trat aus dem Rock heraus, der sich um ihre Knöchel gelegt hatte. Ihr Körper schwankte. Ihr Bauch und ihre weichen Brüste schmiegten sich an ihn.

»Cara«, murmelte er und umfing sie mit seinen Armen. *»Cara Massimina.«*

Der Spätnachmittag umgab sie mit einem flüssigen, verträumten Gefühl. Selbst die Fliegen im Zimmer bewegten sich leiser und langsamer.

»Ach übrigens«, sagte Massimina vergnügt. Sie setzte sich auf und drückte sich den großen Strohhut schief aufs Haar. »Als du heute morgen weg warst, habe ich zu Hause angerufen...«

»*Was* hast du getan?«

»Ich habe zu Hause angerufen. Drei-, viermal. Die Vermieterin hat mir erlaubt, ihr Telefon zu benutzen. Aber es war niemand zu Hause.«

Langsam schloß Morris die Augen, während eine Welle der Erleichterung über ihm zusammenschlug. Das Begräbnis der Großmutter, wahrscheinlich. Aber er hätte das Mädchen trotzdem ohne weiteres kaltlächelnd *umbringen* können.

13

Am nächsten Morgen um Viertel nach acht saßen sie pünktlich im Zug. Morris hatte den *Rapido* nehmen wollen, aber Massimina war nicht bereit gewesen, den Zuschlag zu zahlen, und so klemmten sie in einem Abteil voller »Prolos«, wie die gute alte Sandra gesagt hätte. Massimina saß Morris schräg gegenüber und schenkte ihm jedesmal ein »zärtliches Lächeln«, wenn er sie ansah. Sehr lästig. Er wünschte sich dringend, die Zeitungen lesen zu können. Er versuchte sich vorzustellen, welche Worte die Journalisten gebrauchen würden. Eigenartig, daß man sich einen Mord – oder auch eine Entführung – ohne die Worte der Polizeireporter nicht richtig vorstellen konnte. Auch wenn man der Täter selbst war. Es war wie bei einem Fußballspiel, einer Parlamentsdebatte oder einer Theateraufführung – man mußte die Kritiken lesen, um zu wissen, was man gesehen hatte.

Immerhin hatte Morris wieder ein bißchen zu sich selbst gefunden an diesem Morgen. Er war merkwürdig sorglos. Wurde er womöglich verrückt? Was war schon dabei, daß er die *Arena* am Tatort zurückgelassen hatte? Jetzt im hellen Licht des Tages wurde ihm klar, daß es ein gewaltiger Gedankensprung war, von der bloßen Existenz der Zeitung darauf zu schließen, daß Massiminas Entführer der Täter sein könnte. Und dann bedurfte es eines weiteren Sprungs um drei Ecken, um Morris als Entführer zu identifizieren. Gianni wohnte in Verona, da war es doch ganz natürlich, daß er sich eine *Arena* gekauft hatte. Wen konnte es schon interessieren, an welcher Stelle sie aufgeschlagen war?

Was Morris noch mehr faszinierte, war die Tatsache, daß er keinerlei tiefgreifende Veränderung an sich bemerkte. Sorgfältig hatte er sein Gewissen erforscht und nach einem Trauma gesucht. Aber das Ereignis hatte nichts hinterlassen.

Keine geistige Lähmung oder Behinderung, ja nicht einmal einen nachhaltigen Schrecken. Es funktionierte alles ganz ausgezeichnet. Alles, was ihn störte, war die Tatsache, daß er nicht in Ruhe die Zeitungen lesen und vielleicht einen triumphierenden Brief an seinen Vater schreiben konnte, um seine Gefühle zu präzisieren.

Er hatte schließlich nicht töten wollen. Es hatte keinerlei Vorsatz gegeben, die Tat war völlig spontan gewesen. Dieser widerliche, geile Idiot hatte es gar nicht anders verdient, er hatte ihn ja förmlich dazu gezwungen, und Morris wollte verflucht sein, wenn er sich deswegen das Herz schwermachte. (Mord sollte nach dem Wert des Opfers beurteilt werden, nach seinem Recht auf Leben, fand Morris, und nicht nach irgendwelchen abstrakten juristischen Prinzipien. Wer es getan hatte, war dann vielleicht gar nicht mehr so wichtig.)

Andererseits war sein Erlebnis mit Massimina sehr vielversprechend gewesen. Er war offenbar gar nicht so schlecht im Bett, wie es schien. Seit er sie entjungfert hatte, fühlte er sich viel wohler in Massiminas Gesellschaft. Er war voller Zärtlichkeit, fühlte sich als ihr Beschützer. Es war, als hätte dieses Erlebnis das andere völlig gelöscht. Er hatte die ganze Nacht bei ihr gelegen. Massiminas warmer Geruch und ihre weichen Brüste hatten ihn lebhaft an seine Mutter erinnert. Er spürte eine starke Versuchung, ihr alles zu sagen. Vielleicht würde sie ja ohne weiteres mitspielen?

»Panino, Morri?« Der Zug hielt in Fano, und Massimina wollte, daß er dem Mann mit dem Imbißkarren ein Sandwich abkaufte. Das war wieder mal typisch für sie: Erst weigerte sie sich, den kleinen Zuschlag zu zahlen, der es ihnen erlaubt hätte, einigermaßen stilvoll zu reisen, und dann verlangte sie, daß er sich aus dem Abteilfenster hängte und diesem Gauner da draußen seine trockenen Wurstbrötchen abkaufte.

»Nein«, sagte Morris bestimmt.

Er würde warten, bis sie mal aufs Klo mußte. Dann würde er sich die Zeitung von seiner Nachbarin leihen. Das Wichtigste hatte er sicher in kürzester Zeit überflogen. Wenn Massimina nur endlich hinausginge! Waren ihr die Zugtoiletten womöglich zu schmutzig? Er mußte ihr was zu trinken einflößen!

»*Cara*, die Brötchen bei diesen Leuten sind schrecklich, aber wie wäre es mit einer Cola? Die kommt wenigstens aus der Büchse.«

»Nein danke«, sagte sie, lehnte sich zurück und lächelte zärtlich.

Morris mußte bis weit hinter Senigallia warten, ehe Massimina schließlich doch von der Natur übermannt wurde.

RIMINI: RÄTSELHAFTER DOPPELMORD IM HOTEL hieß die Schlagzeile, aber sie hatten den Bericht ins Innere des Blattes verbannt. Morris spürte, wie sich ein Adrenalinstoß in seine Adern ergoß.

»Eine schreckliche Geschichte«, sagte die zerbrechliche alte Dame, die ihm freundlicherweise ihre Zeitung geliehen hatte. Trotz der Hitze im Abteil war sie in eine dicke Stola gehüllt. Morris hob die linke Augenbraue und lächelte traurig.

Auch die Polizei mußte zugeben, daß sie bisher noch keinerlei Erklärung für den Doppelmord an einem 42jährigen Mann und einer jungen Engländerin hat, die gestern am späten Abend tot in ihrem Hotelzimmer in Rimini entdeckt wurden. Die Geschäftsleitung des Hotels hatte die Tür mit dem Hauptschlüssel öffnen lassen, nachdem ihr von einer Angestellten gemeldet worden war, Signor Gianni Pellegrini und Miss Sandra Delaforce, seine junge Begleiterin, seien mehrfach nicht ans Telefon gegangen, obwohl sie sich schon seit Stunden in ihrem Hotelzimmer aufhielten. Beide Leichen waren schrecklich zugerichtet. Wie die Polizei später mitteilte, wurden die beiden Opfer mit verschiedenen Waffen erschlagen, zu denen auch ein schwerer Blumentopf aus Terrakotta und eine noch nicht identifizierte Schlagwaffe aus Stahl zählen.

Merkwürdig, daß sie das Kissen nicht erwähnten, mit dem er Gianni erstickt hatte. Aber Morris hatte den Zeitungen noch nie viel Genauigkeit im Detail zugetraut. Es gab noch eine Unterüberschrift: RAUBMORD, EIFERSUCHT ODER RACHE?

Obwohl die Polizei bisher weder über die Zahl der Täter noch über das mögliche Motiv für das Massaker endgültige Angaben machte, wurde doch deutlich, daß sie Eifersucht oder Rache als Tatmotiv keineswegs ausschließt. (Sehr italienisch.) *Gianni Pellegrini hatte sich erst vor kurzem von seiner Frau und seinen zwei Kindern getrennt. »Es könnte schon sein, daß jemand ein Motiv hatte, sich an ihm zu rächen«, hieß es in Polizeikreisen, »die brutale, ungeschickte Art, in der die beiden Opfer abgeschlachtet wurden, scheint allerdings einen vorsätzlichen Mord auszuschließen.«*

Die Polizei hat sowohl im Lift des Hotels als auch auf der Treppe blutige Fußabdrücke gefunden, was darauf hindeutete, daß es entweder zwei Täter gegeben hat oder daß ein einzelner Täter das Zimmer zunächst verlassen hat und später noch einmal zurückgekehrt ist. Wenn es sich um einen Raubmord gehandelt haben sollte, könnte letzteres darauf hinweisen, daß der Täter zu spät bemerkte, daß er die Handtasche von Miss Delaforce zurückgelassen hatte, die 600000 Lire enthielt. Die Polizei ist der Ansicht, daß Signor Pellegrinis Brieftasche und seine Fotoausrüstung entwendet worden sind.

»Morri!«

Kaum zwei Minuten, und Massimina war schon wieder zurück! Sie konnte doch unmöglich...

»Morri, wir sind in Ancona. Wir müssen aussteigen.« Er hatte gar nicht bemerkt, daß sie schon wieder in einen Bahnhof einfuhren. »Es war besetzt«, flüsterte Massimina errötend, als sie die beiden Reisetaschen aus dem Gepäcknetz herausholten.

»*Veramente orrendo*«, sagte Morris, gab der alten Dame die Zeitung zurück (mehr denn je fühlte er sich heute als Schauspieler), hob ihr die Tasche aus dem Gepäcknetz und half ihr sogar noch auf den Bahnsteig hinunter. Alte Leute waren so förmlich und höflich. Man fühlte sich wunderbar sicher bei ihnen.

Sein ursprünglicher Plan war gewesen, sich einfach so rasch wie möglich aus Rimini zu entfernen und eine größere Strecke zwischen sich und den Tatort zu legen, ehe er den Brief mit der Lösegeldforderung abschickte. Aber als sich dann zeigte, daß sie beide noch nie in Rom gewesen waren, hatte er vorgeschlagen, die Ewige Stadt zu besuchen. Man konnte schließlich nie wissen, ob sie noch dazu kamen, wenn sie erst einmal verheiratet waren und einen Hausstand gründen mußten.

In Ancona mußten sie umsteigen, was eine halbe Stunde Aufenthalt bedeutete, bis der D-Zug nach Rom kam. Massimina flitzte sofort zur Damentoilette, während Morris ihre beiden Reisetaschen zu einer Bank schleppte, wo er sich zum Nachdenken hinsetzte. Er haßte diese Art, in billigen, rußigen Zügen zu reisen, wo man ständig unerklärlichen Schmutz an den Kleidern und unter den Fingernägeln entdeckte und stundenlang warten mußte, bis die überfüllten, verspäteten Züge eintrafen. Und dann das Gedrängel, bis man endlich irgendwo saß oder stand. Nein, wenn man schon reisen mußte, dann stilvoll, in eleganten, vollklimatisierten Expreßzügen, wo man Platz für seine Beine hatte und sich jederzeit einen Drink bestellen konnte. Wenn das Fegefeuer dieses schrecklichen Abenteuers vorbei war, würde er endlich anfangen zu leben. Dann konnte er auch in diesem Stil reisen.

Komisch, er wußte schon gar nicht mehr, wie das Leben gewesen war, bevor das alles angefangen hatte.

Und jetzt war er Morris, der Mörder.

Die vier überdachten, schattigen Bahnsteige waren voll von Touristen, die sich verzweifelt bemühten, die Lautsprecheransagen über Verspätungen zu verstehen. Wie weißglühende Schürhaken fielen die Sonnenstrahlen auf die blinkenden Gleise dazwischen. Ein Güterzug klirrte vorbei, und die unvermeidlichen Gleisbauarbeiter ein Stück weit außerhalb des Bahnhofs lehnten sich auf ihre Schaufeln, um ihn passieren zu lassen. Morris versuchte, seine Situation logisch zu analysieren. Er versuchte, sich seine nächsten Schritte zu überlegen. Aber sein Verstand rebellierte. Er wußte, daß es gefährlich war, aber er schien außerstande, sich richtig zu konzentrieren. Der Wunsch, die Sache von A bis Z zu durchdenken, schien verloren gegangen zu sein. Er wußte, daß er jetzt im Auge des Hurrikans saß, aber er war nicht in der Lage, sich vorzustellen, welche Bewegungen notwendig waren, um wieder hinauszugelangen. Was mußte alles geschehen, bis er, Morris Duckworth, wieder frei und auch wohlhabend genug war, um mit seinem häßlichen Namen ein teures Apartment in Rom, Neapel oder vielleicht auch Verona mieten und ein elegantes Leben des Müßiggangs und der Schönheit leben zu können? Er wußte es nicht. (Und warum sollte er darüber nachdenken, wenn doch vielleicht alles von selbst ging?)

Was ihn viel mehr interessierte, war das Leben danach: Er würde ein Buch schreiben, soviel war sicher, und wenn er sein Geld geschickt investierte, konnte er vielleicht sogar noch ein paar andere fördern, intelligente junge Männer, die genauso dachten wie er und aus ähnlich beengten Verhältnissen stammten – es war durchaus möglich. (Das Duckworth-Stipendium: ein Jahr in Italien für hoffnungsvolle junge Autoren. Das wäre eine amüsante Art, neue Leute kennenzulernen.) Wie einen kühlenden Balsam genoß Morris diese Gedanken – aber sein rastloser Geist weigerte sich, die nächsten Tage und Wochen ins Auge zu fassen, in denen dieser künftige Luxus verdient werden mußte. (Jetzt hingen schon die Karrieren wer-weiß-wie-vieler Duckworth-Stipendiaten von jedem seiner Schritte ab, also aufgepaßt, Morris!)

Er bückte sich, öffnete eine der beiden Reisetaschen und zog sein Diktaphon heraus.

»Lieber Vater, vielleicht ist jetzt der richtige Zeitpunkt gekommen, um einmal deine und meine Zukunft miteinander zu vergleichen. Deine, lieber Vater, erstreckt sich vor dir wie eine Eisenbahnstrecke, eine Ewigkeit von Arbeit, Bier, Fernsehen und Darts. Irgendwann wird der Tod dich dann zufällig antreffen, ein Schluckauf, eine Entgleisung, keine Bestimmung. Meine Zukunft dagegen gestaltet sich stündlich neu, genauso wie mein Charakter; für mich ist das Leben ein Dickicht, jeder Schritt ist entscheidend und prägend (das war hervorragend!). Dieser Gegensatz reflektiert auch unsere verschiedenen Haltungen gegenüber Freiheit und Mut. Ich werde womöglich zu Fall kommen, aber...«

»*Documenti, per favore.* Ausweiskontrolle.« Wie ein Springteufel riß Morris den Kopf hoch. Ein hochgewachsener, breitschultriger Carabiniere stand vor dem Hippiemädchen, das am anderen Ende der Bank saß. Er hatte einen dikken Komödienschnurrbart, sein weißes Hemd war schweißgetränkt. Hinter ihm kamen drei oder vier weitere Uniformierte den Bahnsteig herauf und machten Ausweiskontrollen (ausgerechnet jetzt, wo er gerade so gut in Form gewesen war, jammerschade).

Instinktiv wandte sich Morris nach links, mußte aber feststellen, daß der Bahnsteig nach ungefähr fünfzig Metern zwischen einem Knäuel von Gleisen aufhörte. Aber es wäre ohnehin Wahnsinn gewesen, in dieser Situation aufzustehen und sich zu entfernen. Er schob das Diktaphon zurück in die Tasche und suchte nach seinem Paß. Und wenn ihn nun jemand in der Hotelhalle gesehen und die Polizei eine genaue Beschreibung von ihm hatte? Oder wenn ihn jemand gesehen hatte, als er die Plastiktüte mit den Kameras in den Kanal warf? Oder wenn sich jemand auch nur daran erinnert hatte, daß sie gestern mit Sandra und Gianni zusammen in San Marino gewesen waren, was dann? (Natürlich, das war's: Sie hatten in Giannis Tasche die Rechnung aus dem Restaurant gefunden und hatten die Kellner befragt!) Die Polizei hatte sicher längst ein Phantombild von ihm, und jetzt durchkämmten sie alle Bahnhöfe und Züge in der Umgebung. Wie hatte er nur so töricht sein können, den Zug zu benutzen? Und wenn sie ihn jetzt erkannten? Was sollte er tun?

Er würde sich sofort ergeben. Es hatte keinen Sinn, ein Handgemenge anzufangen, wie ein Wilder zu kämpfen, sich loszureißen und womöglich erschossen zu werden. Morris spürte bereits die kalten Eisen der Handschellen und hörte sich vor Gericht sagen: »Sie waren noch schlimmer als ich, Euer Ehren. Signor Pellegrini hat meiner Verlobten eine Reihe von unzüchtigen Anträgen gemacht, die...« Aber seine Verlobte, das war Massimina, verdammt!

Immer noch drehte der Polizist die Plastikkarte in der Hand hin und her, die das Hippiemädchen ihm gegeben hatte. Er musterte sie von oben bis unten und forderte sie schließlich auf, ihm die Innenseiten ihrer Arme zu zeigen. Das Mädchen gehorchte, und als er nicht fand, was er suchte, grunzte der Polizist unzufrieden.

»Mio passaporto«, sagte Morris mit seinem ehrlichsten blonden Lächeln und starkem englischem Akzent. Das südländische Gesicht des Carabiniere entspannte sich beim Anblick des adretten, kurzhaarigen jungen Mannes zu einer Maske großzügiger Nonchalance.

»Niente bisogno, grazie«, sagte er und schob den blauen Paß beiseite.

Morris sah demonstrativ auf die Uhr, stand auf, wühlte in seiner Hosentasche nach Kleingeld und rannte dann eilig in Richtung Damentoilette. Er mußte Massimina unbedingt stoppen, ehe sie aus der Toilette herauskam und auf dem Bahnsteig...

Aber er war schon zu spät dran. Massimina kam ihm auf der Hälfte des Weges entgegen.

»Morri, die suchen nach Drogenabhängigen! Die Polizei...«

»Haben sie dich nach deinen Papieren gefragt? Hast du überhaupt welche bei dir?«

»Ich habe ihnen meinen Personalausweis gezeigt. Sie schauen allen Leuten auf die Arme, um zu sehen, ob sie...«

Morris legte ihr die Hand auf die Schulter und gab ihr einen herzhaften Schmatz auf ihre weiche Wange. Es war, als hätte sie etwas ganz außerordentlich Kluges getan: Sie hatte einem Carabiniere ihren Ausweis gezeigt und war nicht erkannt worden! Die Polizei in Ancona fahndete offensichtlich nicht nach dem Entführungsopfer aus Verona! Jedenfalls nicht, wenn es frei und ungehindert auf dem Bahnhof herumlief! Es war eine ganz einfache Sache, aber Morris empfand es doch als ein Wunder. Ein kleines Wunder zumindest!

»Unser Zug steht auf Gleis vier. Beleg doch schon mal ein paar Plätze! Ich muß rasch noch einen Anruf erledigen.« Es war sehr nützlich, eine Komplizin zu haben. Wenn er jemals verhaftet werden sollte, würde er schwören, Massimina habe von Anfang an alles gewußt. Wenn er fiel, würde sie auch fallen! Heutzutage ließ es sich nachweisen, daß man Geschlechtsverkehr miteinander gehabt hatte. Das würde der Signora endlich das Maul stopfen, mit ihrem ganzen dämlichen Meine-Tochter-tut-so-was-nicht.

»Aber...«

»Mir ist gerade eingefallen, daß wir vielleicht im Ferienhaus eines Freundes wohnen können. Ich will ihn gleich anrufen. Das könnte uns eine Menge Geld sparen.«

Das öffentliche Telefon war in der Schalterhalle. Morris zog sein Adressbuch heraus und wählte. Er handelte jetzt ganz instinktiv. Man mußte alles auf Anhieb entscheiden. Handeln, nicht lange nachdenken. Das war Leben.

»Signora Trevisan?«

»Si, chi parla?«

»Sono io, Signora. Morris.«

»Ah, dove sei?« Sie schien weder ärgerlich noch erfreut, sondern bloß resigniert.

»In... Bari«, fiel Morris gerade noch rechtzeitig ein. »Hören Sie, Signora, ich wollte mich nur erkundigen, ob Sie etwas von Massimina gehört haben. Ich meine...« Er tat, als ob ihm vor Rührung die Stimme versagte.

»Nein«, sagte Signora Trevisan. Sie hatte offensichtlich große Mühe, ihre Stimme unter Kontrolle zu halten, und Morris hatte fast Mitleid mit ihr. Wenn sie ihm gegenüber nicht so herzlos gewesen wäre, dachte er, wäre er bestimmt immer höflich und freundlich geblieben und nichts von alledem wäre geschehen. Er hätte Massimina geheiratet, und damit wäre die Sache erledigt gewesen. Er hätte ein bißchen Stil in die Familie gebracht. Frisches Blut. Neue Gene.

»Heißt das, es ist vielleicht doch keine Entführung?«

»Nein. Die Polizei sagt, so etwas kommt durchaus vor.« Sie war jetzt sehr kurz angebunden.

»Kann ich Ihnen irgendwie helfen? Ich meine, wenn ich jetzt sofort nach Verona zurückkäme, könnte ich...«

Signora Trevisan war nicht der Ansicht, daß seine Anwesenheit in Verona irgendwie notwendig sein könnte. Die Polizei verfolgte alle möglichen Spuren, und männliche Beratung und Unterstützung hatten sie in Gestalt Luigis und ihres Bruders genug, die für die Dauer der Krise draußen in Quinzano bei ihnen wohnten.

»Ich verstehe.«

»Aber wenn Sie wissen wollen, was los ist, können Sie gern jederzeit anrufen«, fügte die Signora einigermaßen mürrisch hinzu (fand Morris).

»Grazie infinite«, sagte er herzlich, erkundigte sich noch höflich nach den anderen Familienmitgliedern, hängte dann lächelnd ein.

Und rief Gregorio an. Wenn es wirklich hart auf hart ging, wenn er endgültig abtauchen mußte – was gab es dann für ein schöneres Versteck als einen goldenen Strand auf Sardinien?

Das Telefon klingelte eine Weile, dann hob jemand ab. Es war nicht Gregorio, sondern ein anderer junger Mann. Aber nach einer weiteren Minute kam Gregorio an den Apparat. Er kicherte herum und war offensichtlich betrunken. Morris war zornig über diese *jeunesse dorée*, diese jungen Schnösel, die sich am hellen Mittag auf einer Sonnenterrasse vollaufen ließen, und erklärte seine Lage mit knappen, keineswegs bittenden Worten. Er sei jetzt in Bari, habe sich aber aus Gründen, die zu kompliziert seien, als daß er sie ausführlich darlegen könne, mittlerweile entschlossen, auf die Fahrt in die

Türkei zu verzichten. Ob er sich vielleicht eine Weile in Gregorios Ferienhaus auf Sardinien aufhalten könne? Er werde in ungefähr einer Woche dort sein.

»Aber dann bin ich nicht mehr da«, sagte Gregorio.

Sein Vater mußte sich in den nächsten Tagen einer Gallenoperation unterziehen, und seine Mutter hatte darauf bestanden, daß Gregorio nach Verona zurückkam und ihr Gesellschaft leistete. Seit dem Einbruch, bei dem die kleine Bronzestatue gestohlen worden war, fühlte sie sich im Haus nicht mehr sicher, wenn sie allein war. Durchaus verständlich.

Aber auch sehr ärgerlich, dachte Morris.

»Ach so, na dann«, sagte er.

»Aber...«

»Nein, nein, schon gut. Das Problem ist nur... ich habe meine Wohnung den Sommer über vermietet. Dumm von mir, aber da kann man nichts machen.«

Morris warf einen Blick auf die Uhr. Noch drei Minuten bis zur Abfahrt des Zuges.

»Ah, du könntest jederzeit in Verona bei uns wohnen. Meine Mutter würde sich freuen, wenn du unser Gast wärst. Es würde sie ablenken. Sie mag es sehr, neue Leute kennenzulernen.«

»Gut. Vielen Dank. Ich werde darüber nachdenken.« Morris ließ seine Stimme ein klein wenig sinken, um seine Enttäuschung zu zeigen. »Das Dumme ist nur, ich habe einen guten Freund bei mir, und...«

Gregorio lachte hell auf und rief seinem Freund etwas zu. Morris beglückwünschte sich zu seinem Instinkt. Wie gut, daß er nicht *Freundin* gesagt hatte! Nach einigem Gelächter aus dem Hintergrund sagte Gregorio: »*Mein* Freund Roberto schlägt vor, daß ich die Schlüssel für das Ferienhaus bei ihm lasse. Du kannst sie dann bei ihm abholen, wenn du herkommst.«

»Tja... wenn du meinst, daß das geht. Ich meine, ich möchte nicht...«

Aber jetzt fand Gregorio die Sache plötzlich völlig in Ordnung. Sogar ganz fabelhaft. Ausführlich beschrieb er Morris Robertos Adresse und gab ihm dazu noch die Telefonnummer.

»Ist Roberto ein Freund aus Verona?« fragte Morris beiläufig.

»Nein, Roberto wohnt in Sardinien. Sie haben hier ein Hotel.«

Hervorragend. Morris verabschiedete sich. Er hätte natürlich fragen sollen, wie es mit dem Examen gegangen war, aber die Zeit wurde knapp. Diese Erkundigungen konnte er auch später noch einholen.

Der Zug war total überfüllt, und Morris mußte sich mühsam durch drei Waggons kämpfen, ehe er Massimina entdeckte. Aus irgendwelchen Gründen war der Zug voll Soldaten, die lachend an den offenen Gangfenstern standen und rauchten. Nichts haßte Morris mehr als Soldaten, besonders wenn sie undiszipliniert in der Gegend herumstanden, und er bahnte sich seinen Weg ziemlich rücksichtslos mit den Ellbogen. Als er Massimina schließlich gefunden hatte, ließ er sich atemlos und erhitzt auf den Sitz fallen, den sie ihm reserviert hatte. Er strahlte.

»Warum kommst du so spät?« maulte sie.

Erst jetzt bemerkte er, daß sie auf der Toilette ihr Make-up aufgefrischt hatte. Sie trug jetzt einen zartrosa Lippenstift und einen verträumten Lidschatten. Viel zu attraktiv für diese ganzen unbeschäftigten jungen Soldaten, fand Morris. Andererseits verschaffte es ihm einen gewissen Status, daß er mit ihr unterwegs war. Er mußte allerdings dafür sorgen, daß sie sich einen anderen BH kaufte. Etwas Dezenteres, das nicht ganz so unnatürlich und spitz war.

»Mein Freund war nicht da. Deshalb habe ich noch schnell mit Paola telefoniert.«

»Mit wem?«

»Mit deiner Schwester. Paola!«

»Ach so.« Massimina entspannte sich wieder. »Ich hab'

mir schon Sorgen gemacht. Als das Abfahrtssignal kam, wäre ich fast aus dem Zug ausgestiegen. Ich war mir nicht sicher, ob du es noch rechtzeitig schaffen würdest.«

Morris lächelte beruhigend und sah sich unter den Mitreisenden um. Geschäftsleute, Studenten, ein paar Bäuerinnen und ein Soldat. Niemand, der unbedingt ein gefährliches Gespräch mit ihnen anfangen würde.

»Und was hat Paola gesagt?«

»Ja, es sieht so aus, als wäre deine Mutter mit deiner Großmutter in die Berge gefahren, nach Selva di Valgardena. Das haben die Ärzte vorgeschlagen, damit sie sich ein bißchen erholt. Antonella und Luigi sind auch mitgefahren.«

»Ach? Dann ist Paola ganz allein im Haus?« fragte Massimina erstaunt.

»Nein, sie schläft wohl bei einer Freundin und sieht nur ab und zu nach dem Rechten. Deshalb hat sich gestern auch niemand gemeldet. Es war reiner Zufall, daß ich sie erreicht habe.«

»Das ist bestimmt Giuseppina, die Freundin.«

»Ja, genau«, sagte Morris. Beunruhigt stellte er fest, daß Massimina bedrückt wirkte. »Heimweh?« fragte er. »Vermißt du sie alle sehr?«

Der Zug verschwand abrupt im ersten der vielen Tunnel des Apennin. In der plötzlichen Dunkelheit beugte Massimina sich vor, schob ihm eine Hand zwischen die Beine und ließ sie an seinen Schenkeln hinaufgleiten.

»Nicht, solange ich bei dir bin«, sagte sie und mußte wegen des Donnergetöses, das der Widerhall der Tunnelwände verursachte, laut schreien. »Nicht nach letzter Nacht.«

»Paola hat mir die Adresse deiner Mutter gegeben«, sagte Morris nach einer Weile. »Wir sollten ihr bald einen langen, ausführlichen Brief schreiben. Vielleicht können wir sie überzeugen.«

Den Brief schrieben sie auf dem Bahnhof in Terni, wo der Zug aus unerfindlichen Gründen einen halbstündigen Halt einlegte. Das Briefpapier hatte Massimina schon in Rimini gekauft: Es war zitronengelb und zeigte am linken Rand eine aufsteigende Girlande von blauen Vergißmeinnichts. Massimina sagte ganz schlicht, was sie wollte. Die eleganten, tröstlichen Phrasen stammten hingegen von Morris, der sich in den kurzen Jahren seines Aufenthalts in Verona ein besonders stilvolles Italienisch angewöhnt hatte. Letzten Endes lief alles darauf hinaus, daß sie miteinander glücklich waren, an Massiminas achtzehntem Geburtstag heiraten würden und dafür den Segen ihrer Mutter erbaten. Alle Zweifel seien verflogen. Morris unterschrieb ebenfalls und setzte, in seiner eigenen Handschrift, noch eine persönliche Botschaft an die Signora hinzu. Er bedaure, schrieb er, daß es jemals zu Mißhelligkeiten zwischen ihnen gekommen sei, und er hoffe, daß ihre Beziehungen bald ganz freundschaftlich würden. Das Merkwürdigste war die absolute Selbstverständlichkeit, mit der Morris das alles diktierte und hinschrieb. Er meinte jedes Wort ernst und versuchte wirklich sein Bestes, um die künftige Schwiegermutter für sich zu gewinnen. Als wäre noch gar nichts entschieden...

Gegen halb drei rollte der Zug aus Terni hinaus, und für den Rest der Reise gelang es Morris, sich in einen Zustand künstlicher Ruhe hineinzuversetzen, indem er die leuchtend gelben, immer wieder von dunklen Weingärten unterbrochenen Kornfelder an sich vorbeigleiten ließ. Wenn man keinen Punkt in der Landschaft ins Auge zu fassen versuchte, wirkte der stete Wechsel von goldenen Feldern und grünen Weingärten außerordentlich einschläfernd, und als der Zug kurz nach vier in Rom einlief, hatte Morris seinen Geist völlig entleert. Sein Verstand war von allen Bedenken befreit und voll einsatzbereit.

Als sie das Ende des Bahnsteigs erreicht hatten, schickte er Massimina in eine der Bars. Sie möge schon mal ein paar Sandwichs und zwei Cappuccinos bestellen, sagte er, während er die Reisetaschen und den Brief an ihre Mutter wegbrachte. Einen Tabakhändler fand er gleich neben der Gepäckaufbewahrung, und als er die beiden schweren Taschen los war, kaufte er genügend Marken für einen Eilbrief, klebte sie auf den Umschlag mit der Lösegeldforderung, der inzwischen auch Luigis Adresse in Letraset trug, und steckte ihn in den Briefkasten. Den anderen Brief riß er in zahllose kleine Schnipsel und warf ihn in einen Papierkorb.

14

Es war der Abend des 17. Juni. Vor einer Woche – fast auf die Stunde genau – hatte Massimina die Villa in Quinzano verlassen. Und in sechs Tagen, am 24. Juni, würde die Familie Trevisan seiner Forderung entsprechend die bescheidene Summe von 400 Millionen Lire in eine Reisetasche packen und diese ins Gepäcknetz eines bestimmten Erster-Klasse-Abteils des Expreßzugs Mailand–Palermo stellen, der Mailand um 7 Uhr 52 verließ. Danach boten sich, was Morris anging, zwei Möglichkeiten: entweder nach Griechenland mit der Fähre oder nach Sardinien, wo es in Gregorios Ferienhaus wahrscheinlich erheblich gemütlicher war. Zu Beginn des Herbstes, wenn alle Spuren genügend verwischt waren, würde er dann nach Verona zurückkehren. Wer weiß, vielleicht würde er sogar weiterhin ein paar Stunden Unterricht an der Nelson School geben, damit sein plötzlicher Reichtum nicht auffiel.

Der halbe Weg zum Erfolg lag also am Abend des 17. Juni schon hinter ihm. Alles lief soweit ausgezeichnet. Aber am nächsten Morgen, dem Sonnabend, sah plötzlich alles ganz anders aus. Morris wachte mit Fieber um 39° und rasenden Kopfschmerzen auf. Sein ganzer Körper war schweißbedeckt, seine Augen waren trocken und rot, in seinen Ohren jaulte es wie in einem schlecht eingestellten Radio, und in seinen Eingeweiden rumorte es höchst alarmierend. Morris war krank.

Am Abend zuvor hatten sie ihre Ankunft gefeiert. Morris hatte darauf bestanden, daß sie ihre erste Nacht in der Ewigen Stadt festlich begehen müßten, und sie hatten sich in einer der Seitenstraßen hinter dem Quirinal eine etwas bessere Pension als sonst üblich gesucht. (Was machte es schon, daß er dabei seinen Paß vorzeigen mußte? Niemand schien sich für seinen

Aufenthaltsort zu interessieren, und am Montag würde er Inspektor Marangoni anrufen und ihm sagen, daß er seine Pläne geändert habe und sich momentan in Rom befinde. Noch vor sechs Uhr abends hatten sie ihre beiden Reisetaschen in der Pension und konnten unbeschwert zu einem Stadtbummel aufbrechen, der sie zu einem herzhaften Abendessen und einem Glas Wein führen sollte.

In der milden Abendluft schlenderten sie zur Piazza Venezia hinunter, warfen einen Blick auf das monströse Denkmal für Viktor Emanuel II. und folgten dann der Via dei Fori Imperiali. Die Sonne warf lange Schatten vor ihnen auf den warmen Asphalt und tönte die Mauern des Kolosseums blutrot. Vielleicht hätte er eine von Giannis Kameras behalten sollen, dachte Morris. Er hatte sich schon immer gewünscht, künstlerische Fotos zu machen. Er stellte sich vor, daß er dafür sehr begabt wäre.

(Was ihn am meisten erstaunte, war die Tatsache, daß die Morde so wenig real waren. Wahrscheinlich war die Welt voll von Mördern, Kriegsverbrechern und Kinderschändern, die selbst gar nicht glauben konnten, daß sie so etwas getan haben sollten. Aber jeder war dazu fähig, auch wenn er's nicht glaubte. Jedes beliebige Küchenmesser konnte zur Mordwaffe werden, und jeder hatte schon tausende Male getötet, wenn auch vielleicht nur im Kopf. Es war nur eine Frage, daß der Wunsch und die Gelegenheit zusammentrafen. »Vater, es erstaunt mich wirklich, daß du noch nie jemand umgebracht hast. Du bist doch so ein starker Charakter.« Oder hatte er vielleicht sogar doch? Skinny Binny war ziemlich abrupt aus seinem Leben verschwunden, oder nicht? Das war was zum Nachdenken, damit konnte Morris sein Diktaphon füttern.)

Morris kaufte einen Führer, und nachdem sie das Kolosseum besucht hatten, schlenderten sie noch über den Palatin und das Forum Romanum (soweit es zugänglich war), bis um neun alles abgesperrt wurde. Daß Massimina ununterbrochen plapperte, war zwar lästig, konnte Morris aber nicht daran hindern, seinen Besuch im antiken Rom zu genießen. Er hatte schon lange den Wunsch gehegt, die Stadt zu besuchen, die so unendlich viel eindrucksvoller war als die paar kümmerlichen, von der Witterung zermürbten römischen Ausgrabungen in England, die irgendwo zwischen Einkaufszentren und häßlichen Hochhäusern aus den sechziger Jahren herumstanden. Nein, der brausende Verkehr, die üppigen Kirchen und Ruinen, zwischen denen Oliven- und Orangenbäume wuchsen, bildeten hier eine erstaunliche Einheit. Sogar die Straßen trugen stolze Namen der Vergangenheit wie wehende Banner: Via San Teodoro, Via Botteghe Oscure.

Massimina plapperte, und Morris hörte nicht zu. Er lernte jetzt, was wohl jeder Ehemann in den ersten Tagen des Zusammenlebens lernt: daß es Zeiten gibt, in denen man zuhören muß, und andere, in denen man die Ohren verschließen muß gegen die Oberflächlichkeit der Frauen, gegen all das, was ihn nicht interessierte. Aber obwohl er sie ignorierte, genoß er doch ihre Gesellschaft und das Versprechen, das ihre körperliche Nähe enthielt. Vermutlich tat ihm das erzwungene Zusammensein mit Massimina sehr gut. Es machte ihn offener, aufnahmebereiter. Und dann gab es natürlich auch eine rein praktische Seite: Niemand fragte einen aus, wenn man mit jemandem zusammen war, niemand sprach einen an. Man wurde nicht ohne weiteres behelligt. (Dabei fühlte sich Morris auf bestimmte, selige Weise viel mehr allein als jemals zuvor. Und machte sich, eben weil jemand da war, keinerlei Sorgen deswegen.) Außerdem betrachtete ihn Massimina in jeder Hinsicht als Autorität und fragte ihn ständig um seine Meinung, ob es nun ein Kunstwerk von Michelangelo oder ein Hemd in einer Boutique war. Morris gefiel das. Endlich wurde er anerkannt. Es wäre ein richtiger Spaß, dachte er, das Mädchen mit nach England zu nehmen und seinem Vater vorzustellen. Er würde sie im arrogantesten ihrer arroganten Büstenhalter herumlaufen lassen, und dann würde sie seinem Alten in ihrem gebrochenen Englisch erzählen, was für ein Genie sein Herr Sohn war.

Zum Essen setzten sie sich schließlich in ein Restaurant an der Piazza Navona, wo sie Tortellini mit Schinken und Sahne, Kalbfleisch mit einem üppigen Salat und zum Nachtisch noch Eis aßen. Der Kellner war flink und adrett, der Platz war voller Leute, die in kleinen Gruppen herumstanden. Gierig oder verträumt sahen die jungen Männer den Mädchen auf ihren Fahrrädern nach und wurden ihrerseits von den jungen Mädchen beobachtet. Die Atmosphäre war südländisch, die Gerüche, die Wärme, es lag ein Hauch von Anarchie in der Luft, und Morris fühlte sich unendlich sicher und wohl. Wer sollte einen in dieser Stadt jemals finden?

»Vielleicht sollten wir in Rom leben«, sagte er und hätte fast hinzugefügt: wenn deine gute alte Mutter gezahlt hat.

»Mmmmmh«, sagte Massimina. »Vielleicht.«

Wahrscheinlich dachte sie gerade daran, wieviel Publikum sie hier hätte, um ihre Kleider und ihren Körper zu zeigen. Warum auch nicht? Er hatte nicht die Absicht, das Mädchen vor der Welt zu verstecken. Allerdings würde sie noch lernen müssen, nicht ganz so sorglos dazusitzen, wenn sie kurze Röcke anhatte.

Als sie durch den Corso del Rinascimento zurückkehrten, kamen sie an einer Gruppe von jungen Leuten vorbei, die zur Musik aus einem Kofferradio tanzten, das sie auf eine schwarze Vespa gestellt hatten. Massimina hatte ein Glas Wein zuviel gehabt und wollte unbedingt mitmachen, aber das war Morris denn doch zuviel.

»Dann laß uns eine Discothek suchen«, bettelte Massimina. »Ich war noch nie in einer richtigen Disco. Mamma hat mich nie gelassen, sie...«

Er tanze nicht gern, sagte Morris. Die Luft war immer noch warm, obwohl es schon spät war, und er fühlte sich köstlich weit weg von zu Haus. Er wollte sich entspannen, die Atmosphäre ganz in sich aufsaugen.

»Aber das ist ganz unmöglich. Jeder Mensch tanzt gern. Jeder bewegt gern seinen Körper. Es ist doch ein Riesenspaß! Komm, es muß dutzende Discos hier geben.«

Aber Morris blieb eisern.

»Wahrscheinlich hast du es noch nie versucht«, sagte sie spöttisch. »Du hast deine Jugend auf der Universität mit Studieren und Bücherlesen verbracht und in deinem ganzen Leben noch nicht getanzt.«

Und als Morris nicht antwortete, sagte sie: »Komm, ich werd' es dir zeigen. Es macht soviel Spaß!«

Als sie am Pantheon vorbeikamen und in die Via Seminario einbogen, sagte sie: »Morri?« Ihre Stimme war leiser als zuvor. »Morri, du bist noch nicht oft mit Mädchen ausgewesen, nicht wahr?«

Solche Fragen gingen ihm fürchterlich auf die Nerven, und wenn die Unterhaltung so weiterging, würde sie den Abend damit ruinieren. Morris schwieg. Man mußte es einfach ignorieren.

»Ich meine, als wir...« Sie versuchte sich an ihn zu schmiegen, aber er ging nur um so rascher. »Als du gestern... Als wir es getan haben, da hatte ich das Gefühl, daß es für dich auch das erste Mal war, und...«

»Und was?« knurrte er wütend.

»Ich war so glücklich, Morri. Sei doch nicht böse. Ich war so glücklich, daß du noch nie mit einer anderen zusammenwarst, Morri. Deshalb war es so schön und so rein...«

»Es war nicht das erste Mal«, sagte er scharf. »Bei mir nicht.« Massimina fing an zu weinen, und sie setzten sich in eine Bar an der Piazza Quirinale. Fast allein trank Morris zwei Karaffen Frascati.

»Manchmal bist du sehr grausam, Morriees«, sagte Massimina, als sie sich schließlich in ihrem Hotelzimmer auszogen. Das riesige Doppelbett war sehr alt, aber die Wände waren frisch gestrichen, die Möbel poliert und das Fenster war nicht nur sauber, sondern hatte auch moderne, funktionierende Jalousien. Über dem Bett hing ein Kruzifix, gegenüber ein Bild der Madonna. Insgesamt war das Zimmer ein Fortschritt.

»Es ist nicht immer leicht, mit dir zusammenzusein«, sagte sie.

»Tja, dann mußt du dich eben opfern«, spottete er. Der erste Tag in Rom, und sie mußte ihn mit diesen Sentimentalitäten verderben. »Oder zu deiner Mamma zurückkehren, wenn dir das lieber ist.«

»Vielleicht tu ich das«, sagte sie.

Was für ein Theater!

»Vielleicht tu ich das wirklich«, wiederholte sie leise.

Aber nur über jemandes sehr tote Leiche.

Und jetzt mußte er wie ein kranker Hund aufwachen! Zuerst dachte Morris, es wäre bloß, weil er gestern zuviel getrunken hatte. Zitternd kletterte er aus dem Bett und rannte über den Korridor zur Toilette. Durchfall. Sehr nett. Genau der richtige Augenblick. O Gott! Er warf einen Blick in den Spiegel. Sein Gesicht war aschfahl und auf seiner Stirn glänzten winzige Schweißperlen. Er wusch sich das Gesicht und rannte zurück ins Bett. Sein Kopf pendelte kraftlos von einer Seite zur anderen. Er vermochte das Gleichgewicht nicht zu halten, und denken konnte er auch nicht. Er durfte sich nicht erbrechen, das war alles. Jedenfalls nicht hier auf dem Korridor, wo es die Aufmerksamkeit auf ihn gelenkt hätte.

Als er wieder sicher in ihrem Hotelzimmer war, zog er die Jalousien hoch und sah, daß es hell war. Daraufhin versuchte er sich anzuziehen. Er mußte unbedingt auf die Beine kommen, wie sollte er sonst Massimina den ganzen Tag lang bewachen? Aber er schaffte es nicht. Als er sich bückte, um ein frisches Hemd aus seiner Reisetasche zu nehmen, wäre er fast ohnmächtig geworden und fiel rücklings aufs Bett.

Massimina ging einkaufen und holte Milch und Hörnchen zum Frühstück. Morris trank zwar ein paar Schluck Milch, aber als er etwas zu essen versuchte, kam alles wieder heraus. Er legte sich aufs Bett und stöhnte.

»Ich hab' dir gleich gesagt, du sollst nicht soviel Wein trinken.«

Peng! Man sollte sie wirklich erschießen. Er lag vermutlich im Sterben, zusammengekrümmt wie ein Säugling, und dieses Weib mußte von Wein reden!

Oder war es eine Strafe Gottes?

Oder eine Geschlechtskrankheit, irgendwie? Was, wenn...

Massimina schüttelte ihm das Kopfkissen auf. »Ich werde mal mit der Padrona reden«, sagte sie. »Wenn ich ihr die Situation erkläre, gibt sie mir bestimmt frische Bettwäsche. Du bist ja klatschnaß.«

»Nein«, sagte Morris. »Wirklich, nicht nötig, ich...«

»Du tust, was ich sage, solange du krank bist«, erklärte Massimina entschlossen. Ihre Stimme klang wie die ihrer Mutter. Und wie die seiner eigenen, fiel Morris dann ein. Ja, gelegentlich hatte sie mal Rache nehmen können für das ewige Herumkommandiertwerden, wenn sein Vater mit einer bösen Grippe auf der Schnauze lag. »Zu deinem eigenen Besten«, fuhr sie fort, Archetyp aller Krankenschwestern und Mütter. (»Mein Bestes wird noch mal mein Tod sein«, hatte sein Vater Mitte der sechziger Jahre einmal gesagt.)

Massimina verließ das Zimmer, und Morris war zu schwach, ihr zu folgen. Zu schwach, irgendwas zu tun. Seine Schultermuskeln zuckten. Mit einer Berufsunfähigkeitsversicherung für Kriminelle, dachte er, könnte man ein Vermögen verdienen. Man könnte allerdings nur in der Fachpresse werben.

Danach mußte er wieder eingeschlafen sein, denn als er das nächste Mal auf die Uhr sah, war es beinahe elf. Massimina war schon seit über einer Stunde weg und immer noch nicht wieder da. Erschrocken setzte Morris sich auf. Sie hatte etwas herausgefunden, mit irgend jemand gesprochen, die Zeitung gelesen. Sie war schon bei der Polizei. Er mußte aufstehen und abhauen. Aber er konnte nicht aufstehen. Statt dessen griff er unters Bett und zog seine Reisetasche hervor, an der dicke Staubflocken klebten. (Da wollte man elegant und künstlerisch leben, da wollte man sich stilvoll zwischen schönen Dingen bewegen und sich klaren, genauen Gedanken widmen, und was geschah? Am Ende verreckte man in einem billigen italienischen Hotel, wo seit Monaten niemand mehr unter den Betten saubergemacht hatte, an irgendeiner dreckigen italienischen Krankheit. Und er hatte noch gedacht, die Pension wäre irgendwie überdurchschnittlich!) Morris durchwühlte seine Reisetasche, bis er das Diktiergerät fand, dann sank er damit zurück in die Kissen.

»Lieber Vater, ich bin jetzt in Rom! Allerdings leide ich an irgendeiner sehr ernsten Krankheit.« Ein Fieberschauer schüttelte Morris. Schon das bloße An- und Abstellen des Mikrophons und das Sprechen waren so anstrengend! Sein blondes Haar war schweißnaß. »Im Rückblick auf die wesentlichen Ereignisse meines Lebens frage ich mich...« Ja, was? Da war doch eben noch etwas gewesen. Er hatte doch etwas sagen wollen. Es lag ihm doch auf der Zunge. Ganz tief unten gab es einen Gedanken, den er schon immer über das alles gedacht hatte, der ihn selbst betraf, Mutter und Vater, die Frauen, sein Leben, sein Ende. Wie hieß er nur, dieser Satz, der alles erklärte, was die Welt wissen mußte? Natürlich hatte er profunde, aufzeichnenswerte Gedanken. War er nicht mit den Besten seines Jahrgangs in Cambridge gewesen (das Abschlußexamen war doch bloß eine Formalität)? Und wenn er hier sterben mußte – denn er zweifelte nicht daran, daß es ernst wurde, und außerdem wollte er sowieso lieber sterben, als einfach verhaftet zu werden (ach wirklich?) – wenn er schon sterben mußte und sie alles herausfanden, dann sollten wenigstens diese Tonbänder veröffentlicht werden, als eine Art Rechtfertigung. Denn die anderen würden ihn natürlich in Grund und Boden verdammen, es gab ja nichts Schöneres für sie, als jemanden richtig fertigzumachen. Denen war es ja nur recht, wenn sie ihn zu einem Monster vom Mars machen konnten und nicht zu sehen brauchten, wie ähnlich er ihnen selbst war. Man brauchte sich ja nur anzusehen, welche Späße sie sich mit den Terroristen erlaubten. Als ob sie dem dreifach geschwänzten Gianni nicht genauso verpaßt hätten, was er verdiente!

Morris spulte das Band ein Stück weit zurück und spielte sich den letzten Satz noch einmal vor: »Im Rückblick auf die wesentlichen Ereignisse meines Lebens frage ich mich...« Die Batterien wurden wieder mal schwach, verdammt. Seine Stimme klang schleppend und viel zu tief. (Ein letzter kleiner Streich des Schicksals? Ihn mit leeren Batterien auf dem Totenbett liegenzulassen?) Er versuchte, möglichst rasch zum Ende zu kommen. Zum Teil auch, weil er so müde war. Eine Dissertation sollte es ja nicht werden, dazu hatte er gar nicht die Zeit. »...wieviel davon vorherbestimmt war, und wieviel ich selbst zu verantworten habe. Hätte ich zum Beispiel Gianni auch dann umgebracht, könnte ein Psychoanalytiker fragen, wenn er mich mit seiner sexuellen Promiskuität nicht an dich erinnert hätte, Vater? Oder habe ich es bloß getan, um meine eigenen Interessen zu wahren? Schicksal oder freier Wille? Oder sind die beiden miteinander verbunden? Bietet einem das Schicksal immer nur die Alternativen an, die man zu akzeptieren bereit ist, für die man geschaffen ist und deshalb trotz des freien Willens immer wieder akzeptieren wird?«

Draußen hörte er rasche Schritte, dann werkelte jemand mit dem Schlüssel im Schloß. Morris konnte eben noch das Diktaphon in die Reisetasche zurückschieben und sich wieder hinlegen, bevor Massimina hereinkam. Sie schleppte zwei schwere Einkaufstaschen und hatte ein Bündel Zeitungen unter dem Arm. Ihr sommersprossiges Gesicht war frisch und geschäftig.

»Steck dir das unter die Zunge und lies in Ruhe die Zeitungen«, sagte sie fröhlich. »Ich hole unterdessen frische Bettwäsche. Signora Ligozzi hat gesagt, um elf wäre sie fertig.«

Morris fand sich mit einem Thermometer im Mund wieder. Vor ihm lag ein druckfrisches Exemplar von *La Mattina*.

DIE RIMINI-MORDE, NEUE RÄTSEL. Der Artikel in der rechten unteren Ecke der Seite sprang ihm förmlich entgegen. Fast schmerzlich stachen ihm die Buchstaben in die Augen. Wie hatte Massimina sie bloß übersehen? Einerseits war er natürlich sehr dankbar dafür, daß sie so fürsorglich war (Sie hatte gesehen, daß er gern Zeitungen las, und hatte ihm welche besorgt. Wann war schon mal jemand so auf seine Wünsche eingegangen wie sie?), andererseits versetzte der Vorgang ihm einen Schock. Schreckliche Visionen von Blut und Dunkelheit hüllten ihn ein. Jeden Augenblick wurde ihm heißer, er glaubte ersticken zu müssen. Wenn er sie nicht ständig beobachten konnte, gab es nur einen einzigen logischen Ausweg... Übelkeit überkam ihn, das Zimmer schwamm ihm vor Augen. Seine Finger zitterten und raschelten laut mit den Seiten, und als Massimina wieder nach draußen verschwand, hätte er fast das Thermometer zerbissen. Er hatte doch nie jemand umbringen wollen.

Die Polizei hat jetzt endgültig herausgefunden, daß das Liebespaar, das am Donnerstag in Rimini ermordet aufgefunden wurde, einem Einzeltäter zum Opfer gefallen ist. Das Blutbad im Hotel war die Tat eines kaltblütigen Killers.

Blutbad war eine fürchterliche Übertreibung, und ein Liebespaar waren Gianni und Sandra bestimmt nicht gewesen. Ehebrecher wäre schon eher das richtige Wort. Er und Massimina waren viel eher ein Liebespaar als Gianni und Sandra.

So hat sich anhand zahlreicher Fingerabdrücke mittlerweile herausgestellt, daß der Mörder nach der Tat noch einmal an den Ort des Gemetzels zurückzukehren versuchte, ohne sich allerdings nochmals Zugang verschaffen zu können. Die Frage, die Inspektor Rodari und seine Sonderkommission jetzt klären müssen, ist daher...

Stimmen erklangen im Korridor. Morris faltete hastig die Zeitung auf Seite Zwei. Das Thermometer behielt er im Mund.

41° zeigte es, wie Massimina befriedigt erklärte. Malnehmen mit neun, dividieren durch fünf und dann 32 dazuzählen. Nein, das schaffte er jetzt nicht. Hoch war es auf jeden Fall. Höher, als es je gewesen war, seit er Mumps hatte. Die Padrona, Signora Ligozzi, eine grobknochige, energische Frau mit einem sorgfältig einstudierten Gut-geht-es-mir-nicht-aber-es-wird-schon-noch-werden-Gesicht und einem Stapel Bettwäsche unter dem Arm musterte ihre jungen Gäste mißtrauisch.

»Sie sollten besser zum Arzt gehen.«

»Genau«, sagte Massimina und fragte, ob Morris einen Krankenschein hätte.

Morris sank zurück in die Kissen und beobachtete aus glasigen Augen, wie die Fliegen im Zimmer herumsausten. Er brachte ein schwaches Lächeln für Signora Ligozzi zustande, was erstaunlicherweise ein warmes, mütterliches Lächeln auf ihren Zügen erzeugte. Offensichtlich hatte ihr Massimina irgendeine rührende Geschichte erzählt, um sie zu erweichen. (»Wir sind zusammen durchgebrannt. Nächsten Monat wollen wir heiraten.«) Wahrscheinlich war die Alte deshalb so nachsichtig. Nein, einen Krankenschein habe er nicht bei sich, sagte Morris, und er wolle auch nicht zum Arzt. Er habe sich bloß den Magen verdorben, und wenn ihm Massimina etwas aus der Apotheke hole, ginge es ihm bestimmt bald wieder besser.

Massimina wollte widersprechen, aber Signora Ligozzi hatte inzwischen ihre Meinung geändert und sagte, sie könne gut verstehen, daß er den Ärzten mißtraue. Wenn sie nur an die ganze Rennerei denke vor ein paar Jahren, als sie mal ein paar winzige Polypen gehabt habe. Von einem Arzt zum anderen sei sie geschickt worden, ständig habe sie irgendwelche Vollmachten unterschreiben müssen für neue Untersuchungen. Und dann die ewige Warterei im Krankenhaus und bei den Ärzten, alles mögliche könne man sich dabei holen, wenn man im Wartezimmer herumsitzen müsse und den ganzen Krankheiten ausgesetzt sei, mit denen die Leute da hinkämen. Und dann, nachdem sie sich einen ganzen Monat lang Sorgen gemacht hatte, war sie endlich zu einem der bekanntesten Spezialisten geschickt worden. Und was hatte der Herr Professor gesagt? Es sei überhaupt nichts. Er hatte ihr eine Salbe verschrieben, die sie sich auch selbst hätte aus der Apotheke holen können, und damit hatte es sich.

Morris versuchte, seine Zustimmung zum Ausdruck zu bringen, aber seine Stimme versagte. Wann war er das letzte Mal krank gewesen? Ewigkeiten mußte das her sein. Daß es ihm jetzt so schlecht ging, war bestimmt eine Strafe des Himmels. Aber war das nicht bloßer Aberglaube? Morris versuchte sich zu erinnern, wie albern er diese Vorstellung gefunden hatte, als er von Raskolnikows Delirium las. Nein, er würde den Verstand nicht verlieren. Aber in diesem Augenblick überfiel ihn ein Hustenanfall. Sofort legte ihm Signora Ligozzi die Hand auf die Stirn (so ein Unsinn, es stand ja dank des Thermometers längst fest, daß er Fieber hatte!).

»Sie brauchen frische Bettwäsche und viel Ruhe, mein Lieber«, erklärte die Padrona, und im nächsten Augenblick sah sich Morris mit einer Decke um die Schultern ins Badezimmer befördert. Da sollte er wohl mit seinem schweißnassen Pyjama auf der Toilette herumhocken. Den beiden Frauen machte es offenbar Spaß, ihn zu bemuttern. Der Rollentausch gefiel ihnen. Jetzt waren sie mal das starke Geschlecht und spielten die erste Geige. (Außerdem bedeutete es natürlich ein paar Tage regelmäßige Miete für Signora Ligozzi, wenn sie noch blieben.) Nun ja, sie sollten ihren Spaß haben. Seine einzige Chance, diese Tage zu überstehen, bestand allerdings darin, daß er sich so krank stellte, daß Massimina Tag und Nacht bei ihm ausharren mußte wie ein Schutzengel an der Schwelle zum Jenseits. Er nahm die Zeitungen mit ins Bad.

Außer *La Mattina* hatte Massimina ihm noch *La Stampa* gekauft. Über eine Entführung aus Verona würde vermutlich in beiden nichts drinstehen. *Panorama* und *l'Europeo*, die beiden Nachrichtenmagazine, waren rein politische Blätter. *Gente* war ein Klatschblatt mit Bildern von Prominenten, üppigen Mädchen und Fußballern (das hatte sie wahrscheinlich für sich selbst gekauft). Da konnte auch nichts passieren. Morris setzte sich auf die Toilette, las den Rimini-Artikel noch einmal, riß ihn dann in kleine Fetzen und spülte ihn weg. Morgen würde wahrscheinlich schon nichts mehr in den Zeitungen stehen. Die Polizei würde keine neuen Ermittlungsergebnisse mehr bekanntgeben können, und ohne neue Informationen war ein Mordfall nach drei Tagen tot.

Und das ganz zu recht. Er fand ihn ja selbst schon ein bißchen langweilig. Was geschehen war, war geschehen.

Morris blätterte noch ein wenig in *Gente* und erwartete, jeden Augenblick wieder zurück ins Bett gerufen zu werden. Er wollte das Blatt schon weglegen und sich entspannen (seine Eingeweide waren so schrecklich schwach), als sein Blick auf eine kleine Notiz in der Rubrik »Vermischtes« fiel.

ENTFÜHRUNGSOPFER SCHICKT GENESUNGSKARTE

Die Familie der 17jährigen Massimina Trevisan, die seit vergangenen Freitag verschwunden und wahrscheinlich entführt worden ist, erhielt am Mittwoch eine Postkarte von der Entführten mit einem Genesungswunsch für ihre Großmutter, die zum Zeitpunkt ihres Verschwindens im Krankenhaus war. Die Karte kam aus Rimini. »Ich hoffe, es geht Dir wieder besser, ich bin bald wieder da«, stand darauf. Die Behörden schließen daraus, daß die Kidnapper eine menschliche Beziehung zu der Entführten herzustellen versuchen und ihre Drohung, sie umzubringen, möglicherweise nicht wahrmachen werden. Es handelt sich um den ersten bekanntgewordenen Entführungsfall rein krimineller Natur, in dem Nachrichten dieser Art von Entführungsopfern geschickt worden sind. Bedauerlicherweise kam die Karte für die Adressatin zu spät, da Massiminas Großmutter schon wenige Tage nach dem Verschwinden des Mädchens verstarb.

Was für ein lahmes Geschreibsel, dachte Morris, als er über den Korridor in sein Zimmer zurückstolperte. (Er ging wie ein Schlafwandler. Es mußte alles ein Traum sein. Er konnte das einfach nicht ernstnehmen.) Wenn die Kidnapper das Mädchen wirklich eine Karte hätten schicken lassen, dachte er, hätte er als Journalist viel mehr daraus gemacht. GENESUNGSKARTE DES ENTFÜHRUNGSOPFERS KOMMT ZU SPÄT FÜR STERBENDE OMA. Oder so ähnlich. Aber sämtliche halbwegs honorigen Blätter in England hatten seine Bewerbung ja abgelehnt...

Konkret bedeutete die Geschichte mit der Karte natürlich, daß Massimina nach wie vor nichts ahnte. Sie hatte auch gar keinen Grund zum Verdacht, denn sie hatte diese Karte ja offenbar selbst abgeschickt.

Jetzt waren es nur noch sechs Tage.

Morris fröstelte auf dem schwach erleuchteten Korridor, die Hand bereits auf der Klinke. Halt. Hätte die Polizei nicht überrascht sein müssen, daß die Entführer nicht wußten, daß die Großmutter tot war? Sie mußten doch davon ausgehen, daß die Gangster jeden Tag die *Arena* lasen und sich auf dem laufenden hielten. Oder nicht? Und wenn die Entführer Bescheid wußten, dann konnte es ja kaum noch als besonders menschlich und nett gelten, das Mädchen eine Karte mit Genesungswünschen schicken zu lassen.

Und wenn sie nun ein Spiel mit ihm spielten? Vielleicht hatte ja noch mehr auf der Karte gestanden? »Schöne Grüße von Morris« oder dergleichen. Dann wußten sie jetzt Bescheid und warteten nur darauf, daß er wieder anrief, um ihn mit ihren elektronischen Tricks aufzuspüren und zu verhaften. Und dann der Poststempel aus Rimini! Bestimmt hatten sie längst eine Beziehung zu den Morden an Gianni und Sandra hergestellt, schließlich hatte die *Arena* ja aufgeschlagen am Tatort gelegen. Das war ja gar nicht zu übersehen.

Morris holte tief Luft und lehnte sich an die Wand. Sein Gesicht war schweißbedeckt, und sein Magen war hart wie ein Stein. Erschöpft schloß er die Augen. War es möglich, daß er halluziniert hatte? Womöglich immer noch phantasierte? Er mußte den Artikel noch einmal lesen. Aber den hatte er natürlich auch längst ins Klo geschmissen. Einen Augenblick lang stand in geisterhafter Klarheit das Bild eines weltberühmten Jongleurs vor ihm, der mitten in seiner schwierigsten Nummer plötzlich entdeckt, daß noch ein zusätzlicher Ball in der Luft ist, der gar nicht von ihm stammt. Ach, jetzt brauchte man eine dritte Hand, um den auch noch zu fangen!

15

Vor dem Fenster lag Rom. Und Morris hatte fast noch gar nichts davon gesehen. Jahrelang hatte er sich nach dieser Weltstadt gesehnt, dieser Wiege der abendländischen Kultur. Jahrelang hatte er gehofft, sich diese Stadt leisten zu können. Und jetzt lag alles da draußen, nur einen Steinwurf weit weg. Der Verkehr vibrierte in den Straßen, und irgendwo im Hof unter seinem Fenster schlug jemand einen Tennisball an die Wand. Kaum eine halbe Meile entfernt war Caesar umgebracht worden, und Paulus hatte sich vor dem kaiserlichen Gericht verteidigen müssen. Michelangelo hatte ein Stück weit die Straße hinunter gearbeitet. Und statt das alles genießen zu können, lag Morris bibbernd unter einem Berg von Decken und mußte Massimina auf Trab halten. Er mußte sich Sorgen machen, weil Signora Ligozzi immer noch seinen Paß hatte. Jeden Morgen mußte er mit roten, brennenden Augen die Zeitungen kontrollieren, um sich zu überzeugen, daß nichts darinstand, was Massimina nicht sehen durfte. Und obwohl er jede Spalte einzeln geprüft hatte, mußte er sich fast mit Gewalt daran hindern, aufgeregt auf den Nägeln zu kauen, wenn sie schließlich nach den Zeitungen griff, die Fingerspitzen unter den lackierten Nägeln (»Ich will doch hübsch für dich sein, Morri, auch wenn du krank bist«) mit ihrer spitzen Zunge befeuchtete und gelangweilt ein paar Seiten durchblätterte. All seine Kaltblütigkeit war verschwunden.

Am zweiten Tag brachte Signora Ligozzi ein altes Radio herauf und steckte es neben dem Bett ein. Damit er etwas Unterhaltung hätte, sagte sie, denn er würde ja ein paar Tage lang festsitzen. Was aber nur zur Folge hatte, daß Morris jetzt auch noch auf das Radio aufpassen mußte. Ständig hatte er Angst, daß Massimina etwas in den Nachrichten hören könnte, während er schlief. Deshalb versuchte er, die Programmauswahl auf Klassische Musik und Opernarien zu beschränken. Das Wählertelefon der Radikalen Partei und die Lesungen aus dem Schwarzen Buch des Imperialismus von Radio Moskau waren die einzigen gesprochenen Beiträge, die Morris anzuhören bereit war. Vielleicht wäre es gar nicht so schlecht, für Radio Moskau zu arbeiten, wenn es mal hart auf hart käme...

»Deine Mutter wählt bestimmt christdemokratisch, nicht wahr?« fragte er Massimina.

»Papa sollte gerade für die DC ins Parlament gewählt werden, als er starb.«

»Wirklich? Und du?«

Sie wisse noch nicht recht, was sie wählen solle, sagte Massimina. Sie interessiere sich nicht für Politik.

»Du hättest bestimmt auch die Christdemokraten gewählt«, sagte er. Massimina saß am Fenster und sah hinaus. Morris beneidete sie darum. Warum mußte er eigentlich immer das schlechtere Ende bei allem erwischen? Alles, was er sehen konnte, in seiner fiebernden Rückenlage, waren die Füße des gekreuzigten Christus über ihm an der Wand.

»Du wirst schon deshalb DC wählen, weil sich ohne die Christdemokraten euer gesamter Reichtum innerhalb weniger Jahre in Nichts auflösen würde. Ich meine, wenn die Leute in Italien mal richtig besteuert würden und die Steuern dann auch noch zahlen müßten, wie es den Gesetzen entspricht, dann...«

»Mamma bezahlt alle Steuern ganz pünktlich.«

»Sicher, sicher.« Am liebsten hätte Morris lauthals gelacht, aber er hatte Angst, sich zu erbrechen.

Massimina hatte keine Lust, sich zu streiten. »Was würdest du denn wählen?«

»Ich? Die Kommunisten natürlich. Um der Ehrlichkeit und der Gerechtigkeit willen, die bei der Schaffung des Neuen Menschen notwendig sind.« Das hatte er mal bei Radio Tirana gehört. »Wenn wir verheiratet sind, werde ich allerdings auch DC wählen. Dann habe ich ein ganz materielles Interesse daran, daß sich nichts ändert.«

»Nein, Morri. Wenn du es für richtig hältst, kommunistisch zu wählen, dann mußt du's auch tun! Mir ist das egal. Mir ist das Geld völlig egal. Solange wir zusammen glücklich sind, ist mir alles egal, was passiert.«

»Und warum knauserst du dann die ganze Zeit so, *cara*?«

»Oh, Morriees, warum sagst du immer solche schrecklichen Sachen? Ich verstehe doch nichts von Politik und Geld. Ich weiß nur, daß wir inzwischen schon ziemlich knapp dran sind. Wir haben nur noch knapp fünfhunderttausend, und...«

Damit begann sie zu weinen. Offenbar wußte sie gar nicht, dachte Morris, daß er als Engländer in Italien sowieso nicht wählen durfte.

Die *Pensione Quirinale* umfaßte drei etwas heruntergekommene, aber immer noch vornehme Stockwerke eines römischen Stadthauses. Sie wurde von Signora Ligozzi und ihrer geistig zurückgebliebenen Tochter geführt. Der Sohn der Familie war Koch und arbeitete in London, genauer gesagt in Clapham, in einem großen italienischen Restaurant, und kaum ging es Morris etwas besser, da kam die Signora auch schon alle paar Stunden herauf und fing unter irgendeinem Vorwand ein Gespräch über England im allgemeinen und Clapham im besonderen an. Franco hatte jetzt nämlich eine Verlobte, und Signora Ligozzi wollte sie unbedingt kennenlernen, ehe Franco sie heiratete. Wann denn die beste Reisezeit wäre, wollte sie wissen.

Nach Clapham, dachte Morris, fuhr man am besten sein Leben lang nicht. Aber um der guten Frau eine Freude zu machen, behauptete er, der September in Clapham sei wunderschön. In glühenden Farben schilderte er die sonnigen Herbsttage, das bunte Laub der Kastanien im Stadtpark, die Schwarzen auf ihren Fahrrädern, die Inder mit ihren Turbanen, die mit gesenktem Kopf dahin eilten, wo Inder mit Turbanen eben so hineilten, und so weiter. Und hinter dieser herrlichen grünen Oase voller Hundescheiße, dachte er, liegen Tausende dieser zauberhaften alten Reihenhäuser, die augenblicklich verrotten, sobald irgendein armer Idiot die Ersparnisse seines Lebens bezahlt hat, um sie zu erwerben. Aber das erzählte er natürlich nicht. Man mußte ja nett sein. Wenn die Signora sich Illusionen machte, war es nicht seine Aufgabe, sie zu zerstören. Er war ja nicht grausam.

»Clapham ist eine sehr schöne Gegend«, behauptete er.

Ja, das wisse sie, sagte die Signora. Das hätte Franco auch gesagt. Und auf den Postkarten sähe man das ja auch.

Postkarten? Mit Bildern von Clapham? Morris schwieg.

In den nächsten Tagen stellte Morris fest, daß Signora Ligozzi besonders stolz auf die Tatsache war, daß ihr Sohn *in England* solchen Erfolg hatte. Offenbar war sie der Ansicht, die Britischen Inseln gehörten zu einem höheren Kulturkreis. Morris jedenfalls, sagte sie, habe einen bedauerlichen Fehler gemacht, als er ins Land der Regierungskrisen und Mißwirtschaft kam. Die Infektion, die er sich zugezogen hatte, nahm sie als handfesten Beweis für die Richtigkeit ihrer Behauptung und fragte ihn ständig, wann er denn nach England zurückkehren werde und was er dort für einer Arbeit nachgehe. (Wohnte er in der Nähe von Clapham? Könnte er Franco vielleicht eine Büchse *Amaretti* mitnehmen?) Morris und Massimina, fand sie, sollten so rasch wie möglich heiraten und dann sofort nach England heimkehren. Morris atmete erleichtert auf, als die Signora endlich genug hatte und das Zimmer wieder verließ. Massimina lachte vergnügt. Sie sei natürlich gern bereit, mit Morris nach England zurückzugehen, wenn er das wolle, sagte sie.

Am zweiten Nachmittag seiner Krankheit war seine Temperatur auf 38.3° gefallen (und er konnte auch schon wieder hinreichend kopfrechnen, um zu ermitteln, daß das 101° Fahrenheit waren). Signora Ligozzi gab ihnen ein größeres Zimmer auf der anderen Seite des Hauses, wo ihnen nicht den ganzen Tag die Sonne ins Fenster schien und das Zimmer aufheizte. Morris sank auf dem großen Doppelbett zusammen und sah auf einen leeren blauen Himmel hinaus. Über ihm hing das traurige, goldgerahmte Foto eines jungen Mannes in Uniform. Hier hätten sie und ihr Mann früher geschlafen, sagte Signora Ligozzi mit einem kupplerischen Lächeln und eilte davon. Das Zimmer kostete fünftausend mehr als das andere.

Insgesamt gab es noch neun weitere Zimmer in der Pension, die glücklicherweise fast alle von ausländischen Touristen bewohnt wurden, so daß die Wahrscheinlichkeit, daß Massimina irgendwelche gefährlichen Unterhaltungen anfing, nicht allzu groß war. Das einzige echte Problem war, daß Signora Ligozzi darauf bestand, alle Amerikaner oder sonstigen englischsprechenden Gäste zu fragen, ob sie Morris vielleicht ein bißchen Gesellschaft leisten könnten. Am dritten Tag saß daraufhin ein Student aus Yale zwei Stunden lang an seinem Bett und langweilte ihn mit Fragen über das Englische Seminar in Cambridge zu Tode. Das Schlimmste allerdings war sein improvisiertes Referat über den Inhalt seiner geplanten Doktorarbeit, die sich offenbar um eine strukturalistische Interpretation von Geistererscheinungen in der Erzählkunst bemühte.

Massimina hatte das Zimmer unmittelbar nach dem Eintreffen des Studenten mit einem Vergnügt-euch-schön-miteinander-Lächeln verlassen (konnte man ihr bei Gott nicht verübeln!), so daß Morris über zweieinhalb Stunden lang Höllenqualen litt, weil er nicht wußte, wo sie sich herumtrieb. Jeden Augenblick konnten Polizeibeamte hereinstürzen und ihm Handschellen anlegen, und dieser Ronnie Gutenberg faselte die ganze Zeit von seinen Phonemen und Phantasmagorien. Gott sei Dank, daß Morris die Universität hinter sich hatte! Lieber ins Gefängnis als das. Wenigstens hatte er noch niemand zu Tode gelangweilt. Als Gutenberg schließlich auch die Funktion von Hamlets Vater noch triumphierend erklärt hatte, fiel Morris keine geistreichere Bemerkung ein als der Hinweis, ein echter Geist wäre sicher viel interessanter als ein Gespenst, das lediglich ein erzählerisches Signal des Autors sein solle. (Wenn zum Beispiel Gianni und Sandra blutbesudelt an seinem Bett stünden, ob er das dann auch bloß als »die Einführung eines objektivierenden Dritten in die szenische Darstellung« auffassen würde?) Aber Gutenberg ließ das Späßchen nicht durchgehen. Das sei so eine typisch anti-zeitgenössische Bemerkung, wie sie in Cambridge üblich sei, tadelte er (offenbar war das Wort »konservativ« auch aus der Mode). Morris lächelte schwach wie ein ertappter *advocatus diaboli*, der jeglichen Widerstand aufgibt, und sagte, er müsse jetzt schlafen.

Später stellte sich heraus, daß Massimina in einer Kirche in der Via Umiltà gewesen war, um für Morris zu beten. Anschließend hatte sie den Pfarrer gefragt, was für Dokumente sie brauchen würden, um zu heiraten. Romeo-und-Julia-Zeug.

»Du mußt zum Einwohnermeldeamt und dir eine Aufenthaltsbescheinigung und ein polizeiliches Führungszeugnis ausstellen lassen.«

»Sobald es mir besser geht«, versprach Morris. Polizeiliches Führungszeugnis!

Noch vier Tage!

Massimina fütterte Morris mit riesigen, in Signora Ligozzis Eisschrank gekühlten Wassermelonen (die Saison hatte gerade begonnen) und durfte zu diesem Zweck sogar die silbernen Löffel der Padrona benutzen. Massimina wechselte Morris die Laken, rieb ihm den Rücken mit Hautbalsam ein und die Kopfhaut mit Haarwasser. An den langen Abenden las sie ihm aus den *Promessi Sposi* von Manzoni vor. Daß sie sich dazu bereitfand und daß es gerade dieses Buch war, betrachtete Morris als gutes Omen.

Erstens hatte er die *Promessi Sposi* schon immer lesen wollen – waren sie nicht das *sine qua non* der italienischen Literatur und Kultur? Zweitens hatte er Massimina beim Vorlesen hervorragend unter Kontrolle, und sie war noch dazu glücklich dabei. Denn das Vorlesen befriedigte nicht nur die romantische Ader des guten Mädchens, sondern verschaffte ihr zugleich das Gefühl, endlich auch in jenes von ihr so bewunderte Reich des Geistes eintreten zu dürfen, das Morris ihrer Ansicht nach bewohnte. Drittens stellte sich überraschenderweise heraus, daß Massimina sehr schön vorlesen konnte. Ihre sonst etwas alberne, gelegentlich sogar kratzige Stimme paßte sich den langen Perioden von Manzonis Charakterdarstellungen geschickt an. Sie las so intelligent und mit soviel Sinn für Dramaturgie, daß man sich fragen mußte, warum sie eigentlich in der Schule versagt hatte. Dieses pädagogische Problem, sagte sich Morris, werden wir auch noch lösen, wenn wir erst genügend Geld und Zeit dazu haben. Insgesamt waren diese Vorleseabende also äußerst gemütlich und angenehm, wenn er sich nur nicht so krank und schwach gefühlt hätte und jedesmal so nervös geworden wäre, wenn unten in der Halle das Telefon klingelte oder jemand mit etwas festeren Schritten die Treppe heraufkam.

Morris' Krankheit hatte alle weiteren sexuellen Aktivitäten vorerst unterbunden. Andererseits bewegte sich Massimina wegen der Hitze fast den ganzen Tag über mit der größten Ungezwungenheit durch das Zimmer. Meist trug sie nur den grünen Rock, den sie in Vicenza gekauft hatten, und darüber eins seiner weißen Hemden, das sie oft noch völlig offenstehen ließ (erstaunlich, wie schnell sie jedes Schamgefühl in seiner Gegenwart eingebüßt hatte). Im selben Maße, wie das Fieber zurückging, konnte Morris auf diese Weise vom Bett aus mit zunehmendem Genuß die Formen und Bewegungen ihres Körpers studieren, das Vibrieren ihres Fleisches, wenn sie barfuß über die Dielen marschierte, die Veränderungen ihrer Brüste, wenn sie aufstand, wenn sie sich vorbeugte, wenn sie sich hinsetzte oder aufs Bett legte; er beobachtete, wie sie den Mund spitzte, wenn sie sich konzentrierte, und wie ihre Nippel zitterten, wenn sie das (gar nicht mehr vorhandene) lange Haar zurückschleuderte. (Ja, sobald er genug Geld hatte, würde er unbedingt eine Kamera kaufen. Er könnte vielleicht sogar malen, warum nicht? Wer konnte schon wissen, was für verborgene Talente die Berufsberatung bei ihm nicht entdeckt hatte.) Wenn Massimina mit gekreuzten Beinen auf dem Bett saß und über den Melonenstückchen, die sie ihm in den Mund schob, die Stirn kräuselte, richteten sich seine Blicke auf die sanften Linien ihrer Schenkel. Es war alles so neu für ihn. Wenn eine Frau wohlerzogen war und jung genug blieb, dachte Morris, dann war die Vorstellung, ein ganzes Leben mit ihr zu verbringen, vielleicht gar nicht so übel.

Am vierten Tag seiner Krankheit war Morris schon wieder recht munter und konnte meist aufrecht im Bett sitzen. Er überredete Massimina, sich die Haare unter den Achseln zu schneiden, die ihn irgendwie störten (wann sah man schon jemals eine Statue oder ein Gemälde mit Haaren unter den Achseln?), und als sie sich nicht traute, sich regelrecht zu rasieren, bot Morris ihr an, das für sie zu machen. Sie rieb sich eine Menge Schaum unter die Achseln, und er rasierte sie, ohne sie auch nur einmal zu schneiden. (Bei Kindern wäre es dann später genauso, dachte er. Für die würde man auch alles tun und sie zugleich damit formen. Kinder waren die einzige Gelegenheit für die Armen, etwas zu gestalten und Künstler zu sein. Wenn er sich nur aus alledem heil herauswinden konnte.)

Am fünften Morgen, einem glutheißen Donnerstag, mußte Morris die Spitze des Thermometers schon unauffällig in seinen Tee tauchen, um die Temperatur über normal hochzukriegen. Anschließend fühlte er sich aber schon stark genug, um das Radio einzuschalten und die Nachrichten eines örtlichen Senders zu hören. Warum auch nicht? Was sollte da jetzt noch Gefährliches kommen? Zwei Wochen nach der Entführung, sechs Tage nach Gianni und Sandra.

Neun Uhr: Die Russen hatten einen weiteren Vorschlag zur Abrüstung der Kernwaffen vorgelegt, die politischen Parteien Italiens machten ihre letzten Wahlaussagen vor den Parlamentswahlen am Sonntag. Der Sprecher verlas die

Nachrichten, und im Hintergrund waren klappernde Schreibmaschinen zu hören, damit alles noch authentischer und dringlicher klang. Die Metallarbeitergewerkschaft plante einen Streik zur Durchsetzung ihrer Tarifforderungen, in Palermo waren fünfzehn weitere Mafiamitglieder verhaftet worden. Morris nippte an seinem Tee, und plötzlich sagte der Sprecher: »Im Fall der Rimini-Morde gibt es ebenfalls eine neue Entwicklung. Die Polizei sucht jetzt einen blonden jungen Mann und seine Freundin, die in einer Pension in der Nähe des Tatorts gewohnt haben sollen. Der junge Mann ist kurz vor den Morden im Hotel der beiden Opfer gesehen worden und soll am Abend vorher...«

»Morri! Come mai? Was soll das? Was machst du?«

Er hatte sich mit einem Hechtsprung über das Bett geworfen und das Radio zum Schweigen gebracht.

»Was soll sein? Es geht mir ausgezeichnet! Ich werde jetzt aufstehen!«

»Du hast doch noch Fieber!«

Aber Morris war schon auf den Beinen und suchte nach einem Hemd. Nur heute den Tag und die Nacht mußte er jetzt noch durchstehen, morgen mittag würde der Zug in Roma Termini eintreffen. Er würde das Geld holen, nach Civitavecchia hinausfahren, auf die Fähre gehen und dann... aber das konnte er immer noch entscheiden, wenn sie mal in Sardinien waren. Darüber brauchte er jetzt noch nicht nachdenken. Entscheidend war, daß er der Alten da unten jetzt seinen Paß abnahm und hier rauskam, ehe in sämtlichen Zeitungen Phantombilder waren.

Morris zog sich an und betrachtete sich im Spiegel. Er war natürlich auffällig blaß, seine Stirn schien mehr Falten zu zeigen als früher, und er wirkte ein bißchen erschöpft, vor allem rund um die Augen. Aber sonst ging es ihm gut. Er würde es schaffen.

Massimina stellte sich hinter ihn, legte ihm das Kinn auf die Schulter und sah ebenfalls in den Spiegel. Ihre Gesichter standen direkt nebeneinander: seines mit schmalen, scharfen

Zügen, ihres breiter und runder, mit vollen Lippen und einem schmollenden Lächeln. Um den Hals trug sie Giannis Heiligen Christophorus. Morris nahm sie impulsiv in den Arm, spürte ihren weichen Körper und küßte sie auf die Lippen.

Was sollte er nur ohne sie anfangen?

»Findest du nicht, daß du dich noch einen Tag ausruhen solltest, *caro*?«

»Ich dachte, wir könnten vielleicht ans Meer fahren und uns ein bißchen erholen. Frische Luft schnappen. Außerdem wollte ich einen Freund von mir anrufen, der mich immer nach Sardinien einlädt. Vielleicht können wir da auch noch ein, zwei Wochen Ferien machen. Ehe wir heiraten«, fügte er hastig hinzu.

»Ach, Morri.« Sie küßte sein Ohrläppchen. »Ich dachte, du wolltest dir Rom ansehen.«

»Ich glaube, das wird mir heute zuviel; in der Stadt rumzuziehen. Dazu bin ich noch zu schwach.«

Das war nicht mal gelogen. Er fühlte sich wirklich schwach. Er hatte weiche Knie, und seine Eingeweide waren auch sehr sensibel. Er fühlte sich zum Beispiel viel zu schwach, um in die Halle hinunterzugehen und von Angesicht zu Angesicht mit Signora Ligozzi die Rechnung zu regeln. Wer konnte schon wissen, was sie im Radio gehört oder in der Zeitung gelesen und was sie beim Morgenkaffee für Fahndungsfotos studiert hatte? Morris schickte Massimina hinunter, er selbst würde packen. Er stellte das Radio an und legte rasch seine Kleider zusammen, ehe er sie in den beiden Reisetaschen verstaute. Es wurde wirklich höchste Zeit, ein paar schicke neue Sachen zu kaufen, in denen man eine gute Figur machte, statt ewig zwischen denselben zwei Paar Hosen und denselben sechs T-Shirts zu wechseln. Für Massimina natürlich auch. Aber an der Costa Smeralda würde es sicher genügend Boutiquen geben. Und wenn sie am Ende heirateten und das Geld auf diese Weise in die Familie zurückkehrte, wo war dann überhaupt das Verbrechen?

Während er darauf wartete, daß sie zurückkam, fing Morris an, Massiminas Kleider ebenfalls einzupacken. T-Shirts, zwei Röcke, Büstenhalter und Höschen. Wie zum Teufel sollte man einen BH falten? Es war merkwürdig, mit jemandem zusammenzusein, der solche Dinge trug. Der innen ganz anders war als man selbst. Konnte man sich überhaupt vorstellen, in so ein dünnes Höschen zu schlüpfen? Müßte sich nicht alles ganz anders anfühlen da unten? Eines Tages müßten sie sich echt mal den Spaß machen und die Kleider tauschen, bloß um zu sehen... Verdammt, wo blieb das Mädchen denn bloß? Morris zog den Reißverschluß zu und sah sich ungeduldig im Zimmer um. Er mußte sich beeilen. Er mußte hier raus. Er hatte keine Zeit zu verschwenden.

So, alles fertig. Er trug die beiden Reisetaschen hinunter, erstaunt darüber, wie schwach er immer noch war. Schon auf dem zweiten Treppenabsatz mußte er anhalten, um wieder Atem zu schöpfen. Verdammt, er war wirklich noch krank. Das rechtfertigte alles.

»Buon giorno, Signor Duckworth, buon giorno, come va?«

Bitte nicht so laut den Namen, dachte Morris. Immerhin lungerten zwei, drei Gäste in der wohnzimmerähnlichen Halle herum, wo Signora Ligozzi ihre Portiersloge hatte. Morris lächelte ein schwaches Rekonvaleszentenlächeln und sagte *buon giorno*. Wo war denn bloß Massimina? Ja, sagte er, vielleicht sollte er tatsächlich noch einen Tag länger bleiben, aber er wollte nun mal gern ans Meer und frische Luft schnappen. Er küßte die Alte auf beide Wangen und dankte ihr herzlich für ihre Fürsorge.

»Ihre Verlobte schreibt mir bloß noch schnell ihre Adresse auf, damit wir uns nicht aus den Augen verlieren«, sagte Signora Ligozzi.

»Gut«, stöhnte Morris, drehte sich um und entdeckte Massimina an der improvisierten Empfangstheke, wo sie ihren Namen in ein rotes Buch kritzelte.

»Es steht unter T wie Trevisan«, sagte sie. »Die Telefonnummer hab ich auch hingeschrieben.«

Signora Ligozzi sah die Adresse kaum an und schob das kleine Buch auf ein Regal hinter der Theke. »Vielen Dank. Wenn ich nach England fahre, sag' ich Ihnen Bescheid, falls Sie etwas brauchen.«

»Bene, bene. Grazie infinite.«

Er mußte sich dieses Buch schnappen! Unbedingt. Daß er bei der Anmeldung seinen eigenen Namen hatte angeben müssen, war nicht so schlimm. Aber daß Massiminas Name jetzt in dem roten Adressbuch stand, war gefährlich. Denn wenn ein Name in der Zeitung auftauchte, dann war es mit Sicherheit ihrer.(Wieso machten die beiden Weiber überhaupt diesen Quatsch? Rom war schließlich vierhundert Meilen von Verona entfernt. Sie würden sich sowieso nie wieder sehen! Sie hatten nicht mal die Absicht, es zu versuchen!)

Als sie endlich draußen auf der Straße waren, sagte Morris: »Komm, Mimi, wir kaufen ihr ein paar Blumen. Sie war so nett!«

Das fand Massimina eine gute Idee. Der *Rapido*-Zuschlag war ihr zu teuer gewesen, aber jetzt war sie bereit, das Geld einfach zum Fenster hinauszuwerfen, solange sie dabei ein tolles Gefühl hatte. Einen Blumenhändler fanden sie in der Via 24 Maggio, aber als sie davor standen, erklärte Morris plötzlich, er verstünde nichts von Blumen, die solle Massimina doch bitte allein aussuchen, während er rasch eine Zeitung besorgte.

Der nächste Zeitungshändler hatte zwar keine *Arena*, aber auf der Nachrichtenseite von *La Mattina* stand ein Bericht über die Rimini-Morde. Morris hielt den Atem an. Das Phantombild des Täters sah ihm so ähnlich, als wäre es wirklich ein Foto von ihm. Er mußte sich an einen Laternenpfahl lehnen, und trotzdem zitterte die Zeitung heftig in seiner Hand.

... Signor Alfredo Todeschini, der Besitzer einer Pension in der Via Fama, hat zugegeben, dem Paar ein Zimmer vermietet zu haben, ohne sich irgendwelche Papiere zeigen zu lassen oder auch nur

einen Namen ins Gästebuch einzutragen. Die beiden hätten sehr glücklich gewirkt, sagte er, so als wären sie irgendwo durchgebrannt, und wollten vor allem für sich sein. Der junge Mann habe einen starken ausländischen Akzent gehabt, aus welchem Land er gewesen sei, konnte der Pensionsbesitzer aber nicht sagen.

Im Zimmer des Pärchens hat die Polizei mehrere Fingerabdrücke gefunden, die mit denen vom Tatort übereinstimmen. Das Motiv des brutalen Überfalls bleibt nach wie vor unklar. Die Polizei ist aber offenbar überzeugt, daß sie es mit einem geisteskranken oder zumindest mit einem psychisch gestörten Täter zu tun hat. Da die Wahrscheinlichkeit besteht, daß es sich um einen ausländischen Touristen handelt, sind alle Grenzstationen in erhöhte Alarmbereitschaft versetzt worden. Bei Interpol läuft eine Anfrage nach ähnlichen ungelösten Mordfällen im Ausland. Die Polizei hat mitgeteilt, sie lasse derzeit prüfen, welche rechtlichen Schritte gegen Signor Todeschini und andere Hoteliers ergriffen werden könnten, die mit ihrem Verhalten die amtliche Meldepflicht unterlaufen.

Starker Akzent! So eine Frechheit! Dabei hatte der Kerl nicht mal das Herkunftsland angeben können. »Brutaler Überfall« war auch so ein blödes Klischee. Was für eine Art Überfall wollten sie denn? Ein besonders zartfühlender Mord wurde heute am Bahnhof begangen...

Morris studierte das Phantombild noch einmal genauer. Die Augen waren nicht richtig getroffen, und der Nasenrükken war etwas zu schmal. Aber insgesamt war es recht gut. Er konnte natürlich aufhören, sich zu rasieren, aber darauf warteten seine Gegenspieler bestimmt nur. Ein kümmerlicher Drei-Tage-Bart würde ihn mit Sicherheit verraten. (Und was war, wenn Signor Amintore Cartuccio, der Gucci-Mann, das Bild sah. Ein blonder junger Mann mit *englischem* Akzent. Allmählich wurde es eng!)

Massimina tauchte mit einem Rosenstrauß auf, was Morris als ziemlich unangemessen empfand, aber er äußerte dazu keine Meinung. Sie setzten sich in eine Bar in der Via Mazzarino und bestellten zwei Cappuccinos, und Massimina sagte, vielleicht sollten sie einfach nach Verona zurückfahren, wenn er sich so schlecht fühlte. Da hätte er seine eigene Wohnung und könnte zum Arzt gehen und so weiter...

Er habe sich doch gar nicht beklagt, erwiderte Morris. Er habe doch gar nicht gesagt, daß er sich krank fühle. Aber er sehe so blaß aus, sagte sie, und wirke so lustlos und niedergeschlagen...

Er werde nicht nach Verona zurückkehren, ehe sie nicht verheiratet wären, erklärte er mit Bestimmtheit, sonst würde ihre Mutter womöglich noch eine Methode finden, um alles zu ruinieren. Massimina machte ein ernstes Gesicht. Jetzt, wo sie die Rechnung in der Pension bezahlt hätte, sagte sie, blieben ihnen nur noch zweihunderttausend Lire, und das bedeute...

Sobald sie in Sardinien wären, sagte Morris, würden sie nicht mehr viel ausgeben müssen. Er versuchte geduldig zu bleiben. Warum mußte sie ihn jetzt bloß mit diesen Bagatellen langweilen?

Warum sie dann nicht sofort nach Sardinien führen? Gleich heute?

Weil sich Morris für eine solche Reise denn doch noch zu schwach fühle.

(Nur einen Tag lang mußte er sie noch hinhalten, dann hatte er den Hauptgewinn in der Tasche!)

Morris sorgte dafür, daß sich der Aufenthalt in der Bar bis kurz vor elf hinzog. Auf diese Weise war Signora Ligozzi mit Sicherheit schon in den oberen Stockwerken mit Bettenmachen und Putzen beschäftigt, wenn sie in die Pension zurückkehrten. Und so war es auch. Morris schickte Massimina mit den Blumen hinauf und blieb selbst in der Eingangshalle, angeblich um das Gepäck zu bewachen. Als sie verschwunden war, sah er sich kurz in den dunklen Ecken um, wo tatsächlich ein oder zwei Touristen mit ihren Reiseführern oder ausländischen Zeitungen auf dem Schoß vor sich hindösten, und griff dann beiläufig nach dem roten Adreßbuch. Er schlug den Buchstaben T auf, riß die Seite mit Massiminas Namen heraus und stellte das Buch wieder an seinen Platz. Dann überlegte er es sich noch einmal anders. Er holte das Buch wieder herunter, öffnete den Federmechanismus, nahm aus dem hinteren Teil eine leere Seite heraus und heftete sie unter T ein. »Massimina T...« schrieb er, aber dann fiel ihm in der Eile kein italienischer Name mit T ein. Tibaldo, Tramonto, Toloncino... Verdammt! Waren das nun richtige Namen oder nicht? O Gott. Aber dann erinnerte er sich an den Bericht in der Zeitung. Todeschini. Der Besitzer der Pension. Massimina Todeschini. Und dazu eine falsche Adresse und Telefonnummer.

»Signora Ligozzi ist unterwegs, Morri.« Massimina war wieder da. Sie stand am Fuß der Treppe mit der schwachsinnigen Tochter, die offenbar etwas zu sagen versuchte und den Mund dabei schrecklich schiefzog.

»Unterwegs?« (Um die Polizei anzurufen womöglich?)

»Ja.«

Quatsch, ein Telefon gab es hier auch. Deswegen brauchte die Signora nicht wegzugehen.

»Was machst du denn da, Morri?«

»Ach, ich hab' nur geschaut, ob du bei deiner Telefonnummer auch die Vorwahl angegeben hast. Du weißt ja, wie lästig das ist, wenn man erst alles nachsehen muß.« Damit stellte er das Buch zurück ins Regal. Sie hinterließen die Rosen mit einem Zettel auf der Empfangstheke und machten sich auf den Weg zum Bahnhof.

Statt an den Strand zu fahren, schlug Massimina vor, könnte Morris doch zur *Questura* gehen und die Papiere beantragen, die er zum Heiraten brauchte. Nein, sagte Morris, in Rom würde alles ewig dauern. Ein paar Tage müßte man immer warten, wenn man von den italienischen Behörden etwas wollte, und sie wollten doch morgen schon abreisen. Das stimmte natürlich.

»Bist du eigentlich sicher, daß du mich heiraten willst, Morri?« Sie war aber nicht wirklich mißtrauisch. Sie wollte nur ein bißchen Liebesgeturtel wie am Morgen, als sie zusammen in den Spiegel geschaut hatten.

Aber ja, sagte er und küßte sie auf die Stirn. Er wollte es wirklich, er brauchte gar nicht zu lügen.

Wenn alles nur etwas einfacher wäre.

»Du bist ja richtig verrückt nach Zeitungen«, sagte Massimina, als Morris in der S-Bahn zum Lido die *Arena* studierte, die er beim Zeitungshändler am Bahnhof gekauft hatte. Über seine Lösegeldforderung stand nichts drin, und so sollte es ja auch sein.

»Ich weiß gern Bescheid, was in der Welt vorgeht«, sagte er und las Massimina einen Bericht über Pläne des Stadtrats vor, ein Plastikdach über das Amphitheater von Verona zu bauen. Massimina war verständlicherweise entsetzt.

Der Strand am Lido di Ostia ist lang, und an diesem Tag schien die Sonne und der Himmel war blau. Morris und Massimina mieteten einen Sonnenschirm in der dritten Reihe. Er legte sich in seinen Liegestuhl und schloß genüßlich die Augen, während Massimina aus den *Promessi Sposi* vorlas.

Morris hörte nur mit halbem Ohr zu und überlegte sich, daß er leicht ein viel besseres Buch mit dem gleichen Titel schreiben könnte, wenn er nur genug Zeit dazu hätte. Der Held müßte aus Verzweiflung und Armut ein junges Mädchen entführen, um Lösegeld zu erpressen. Aber dann müßte er sich in sie verlieben und sie sich in ihn. Dann müßte er sich der Polizei stellen, damit sie heiraten können. Aber die Behörden bestehen natürlich darauf, daß er ins Gefängnis muß, die beiden können sich ihr halbes Leben lang nur durch Gitterstäbe sehen, und während er langsam dahinsiecht, stirbt die junge Frau an gebrochenem Herzen.

Was für eine subtile Fabel! Morris war so begeistert von seiner Erfindung, daß er laut lachte. Und als Massimina fragte, was los sei, erzählte er ihr die Geschichte (warum nicht?). Ja, sagte sie, daß sei eine fabelhafte Idee. Daraus könne man bestimmt ein prima Buch machen oder vielleicht sogar einen Film. Und sie habe ja schon immer gewußt, daß Morris ein Schriftsteller sei. Das merke man schon an der

Art, wie er spreche, und an seinen Briefen. Sie saßen unter dem Sonnenschirm und lachten vergnügt. Allerdings wäre es vielleicht noch besser, sagte sie, wenn am Anfang, bei der Entführung, irgendwas schiefginge und der junge Mann jemanden umbringen müsse. Das Mädchen würde sich dann, wenn es sich in den Entführer verliebt habe, die größte Mühe geben, ihn zu verstehen, sagte sie, aber das Verbrechen würde jede Hoffnung zerstören, die sie gehabt hätten.

Zitternd fuhr Morris hoch. *Sie wußte doch nichts, oder? Sie konnte doch unmöglich was wissen!*

»Gute Idee«, sagte er und räusperte sich, damit sie nicht merkte, wie belegt seine Stimme war. »Und was passiert dann?«

»Am Ende?« Massimina räkelte sich in ihrem Liegestuhl. Sie sah neuerdings viel erwachsener aus. Morris betrachtete gedankenverloren die Stelle, wo sich der Gummizug ihres grün-weißen Badeanzugs an den Schenkeln ins Fleisch preßte.

»Ja...« Massimina schürzte die Lippen, um besser nachdenken zu können. Alle Sommersprossen strahlten. »Das Mädchen sagt, der Entführer soll das Lösegeld abholen und flüchten, und sie meldet sich dann bei der Polizei und sagt, sie wäre gerade freigelassen worden. Wie die Entführer ausgesehen hätten, könne sie aber leider nicht sagen, denn sie hätte die ganze Zeit eine Augenbinde getragen. Und dann, wenn alles vorbei wäre, könnten sie sich ja auf normale Art kennenlernen und heiraten... Aber der junge Mann ist voller Reue. Er sagt, er sei ihrer nicht wert, weigert sich, diesen Ausweg zu akzeptieren und vertraut sich der Polizei an. Daraufhin wird er zum Tode verurteilt und hingerichtet.«

»Aber hier gibt es die Todesstrafe doch gar nicht«, sagte Morris. Oder doch? Nein. Er war sich ganz sicher. Sonst hätte man doch ab und zu von Hinrichtungen gehört. Und die Terroristen waren doch auch noch alle am Leben in den Gefängnissen, oder?

»Zu schade«, lachte Massimina. O Gott, das Mädchen

amüsierte sich richtig. »Aber du kannst die Geschichte ja immer noch in einem Land spielen lassen, wo es sie gibt.«

»Du kleine Sadistin«, sagte Morris und ließ sich wieder zurücksinken. Die Sonne brannte sich rot und blau durch seine geschlossenen Lider.

»Es wäre schön, wenn du ein Schriftsteller wärst, Morri. Ich wäre so stolz auf dich.«

»Damit verdient man nichts«, sagte er.

Den ganzen Nachmittag betrachtete Morris die Flut aus menschlichen Leibern, die sich über den Strand wälzte, Eiskrem schleckte, zum Schwimmen aufbrach oder zum Klo watschelte. Es gab schlanke junge Mädchen und mächtige Mammas, und überall rannten kleine Jungs mit runden Hintern herum, daß der Sand nur so spritzte. Daß menschliches Leben kostbar sei, konnte man bei diesem Anblick wirklich nicht glauben. Wenn jetzt eine Hand vom Himmel herabkäme und sich jemanden schnappte? Diesen Burschen zum Beispiel, der sich seinen Mückenstich kratzte. Konnte das irgend jemanden interessieren? (Hatte denn, außer ihm selbst, irgend jemand wirklich ehrlich um seine Mutter getrauert? Erinnerte sich noch irgend jemand an sie? Erinnerte er sich denn selbst noch an sie? Oder war sie einfach ein Teil seines Lebens geworden? Ein vages Gefühl, eine Aura, an die nur er sich noch zu erinnern vermochte?) Und wenn man erst an Asien dachte! Diese Dokumentarfilme über Kalkutta, Straßen, die mit braunem Fleisch gefüllt waren wie eine Mauer, menschliche Körper, die durcheinanderwimmelten wie Maden. Wie die Würmer in der rostigen Konservenbüchse eines Anglers. Das Leben, dachte Morris, war wie der Aufenthalt in einem brennenden Kino. Man mußte so schnell wie möglich raus aus der Menge und aus dem Gedränge, sonst war man geliefert.

»Wenn du wirklich ein bißchen Geld sparen willst«, sagte er gegen Abend, »dann sollten wir heute einfach am Strand schlafen.«

Und das taten sie dann auch. Sie aßen eine Pizza mit Schinken und Pilzen im Restaurant, dann schlenderten sie noch lange durch die Stadt (und waren ehrlich glücklich dabei). Es war schon fast Mitternacht, als sie schließlich ihre Handtücher zwischen den verlassenen Sonnenschirmen im Sand ausbreiteten und zu schlafen versuchten. Zumindest ersparten sie es sich auf diese Weise, in irgendeinem Hotel ihre Pässe zeigen und Anmeldeformulare ausfüllen zu müssen.

»Ich würde ja zu gern wissen, was Mamma und Großmutter jetzt machen?« flüsterte Massimina. Sie umklammerte Morris' Hand und drückte sie ab und zu. Trockenes Wetterleuchten zuckte über dem Meer. »Heute habe ich mal gedacht, wir sollten einfach zurückfahren und sie vor vollendete Tatsachen stellen. Zurück nach Verona. Jetzt können sie nicht mehr viel machen, glaube ich. Nicht, wenn sie gesehen haben, wie lieb wir uns haben und wie glücklich wir sind.«

»Wenn du das wirklich willst«, sagte Morris.

»Ich will ihnen einfach nicht zuviel Angst machen.«

Morris lachte nachsichtig. »Warum sollten sie sich Sorgen machen nach all den Briefen und Postkarten, die wir geschickt haben. Deine Mutter hat wahrscheinlich seit Jahren nicht mehr so viel Post gekriegt wie von uns.«

»Ich weiß«, sagte sie. »Wahrscheinlich sehr albern von mir.« Sie kicherte nervös in der heißen Luft.

»Wenn wir in Sardinien sind, kannst du sie ja anrufen. In der Villa gibt es bestimmt Telefon.«

16

Morris war sehr zufrieden mit sich. Wie gut, daß er sich Zeit gelassen hatte mit der Rückkehr nach Rom. Wenn sie zu früh an der Stazione Termini gewesen wären, hätte er Massimina stundenlang erklären müssen, warum sie nicht gleich den erstbesten Zug nach Civitavecchia nehmen konnten. Nein, er hatte es fabelhaft koordiniert. Der Vorortzug aus Ostia traf um Viertel vor eins am Hauptbahnhof ein. Damit verblieben ihnen genau fünfzehn Minuten, um die Abfahrtszeiten der Fähren noch einmal zu überprüfen und die Fahrkarten nach Civitavecchia zu kaufen, ehe der Expreßzug aus Mailand ankam. Dann blieben noch einmal zehn Minuten bis zu ihrem eigenen Zug. Morris verspürte eine unverhoffte Dankbarkeit gegenüber den italienischen Eisenbahnen, die ihn bisher noch nie im Stich gelassen hatten. Vor lauter Aufregung über die bevorstehende Schiffsreise hatte Massimina alle Pläne vergessen, nach Hause zurückzukehren, und als sie in der großen, pulsierenden Schalterhalle nach den Fahrkarten anstanden, waren sie so vergnügt und aufgeregt wie richtige Hochzeitsreisende. Massimina sah bildhübsch aus mit ihrem Strohhut, und nach dem gestrigen Sonnenbad hatte auch Morris etwas mehr Farbe im Gesicht.

Um noch ein bißchen Zeit zu vertrödeln, fragte er Massimina, ob sie sich nicht eine Sonnenbrille kaufen wolle. (Warum hatte er daran nicht schon früher gedacht?) Er suchte die größte und dunkelste für sie aus, und nachdem Massimina sich noch ein bißchen über den Preis aufgeregt hatte (sie hatte ganz recht, aber es war ein Designer-Modell, wie die Verkäuferin geduldig erklärte), wurde die Brille gekauft. Kaum waren sie aus dem Laden zurück in der Bahnhofshalle, da verkündete der Lautsprecher auch schon, der Mailand-Palermo-Expreß werde jeden Augenblick auf Bahnsteig 6 eintreffen. Genau auf den Punkt. Morris sah auf die Uhr und sagte, er wolle rasch noch einmal seinen Freund in Sardinien anrufen und ihm Bescheid sagen, mit welcher Fähre sie kämen. Massimina solle bitte auf Bahnsteig 15 warten, wo der Zug nach Civitavecchia bereitgestellt werden sollte.

Morris spürte, daß sie ihm nachsah, deshalb ging er tatsächlich in Richtung der Telefonzellen. Und dann hatte er wieder einen seiner genialen Einfälle. Es blieben ihm noch vier oder fünf Minuten, bis der Expreß aus Mailand tatsächlich eintreffen würde. Eine glänzende Idee. Morris schlüpfte in eine Telefonzelle und wählte die Nummer der Polizei in Verona. Inspektor Marangoni war gerade beim Essen, aber sein Assistent, Tolaini, war da.

»Gibt es irgendwelche neue Entwicklungen?« fragte Morris mit tonloser Stimme, als hätte er die Hoffnung von vornherein aufgegeben.

»Nein, Signor Duckworth. Nichts von Bedeutung.«

»Den Mann im Autobus haben Sie nicht gefunden?«

»Nein, es gab keinerlei weitere Hinweise.«

»Aber das verstehe ich nicht. Ich meine, wenn sie jemand entführt hätte, müßte doch jetzt eine Lösegeldforderung da sein, oder?«

»Naja«, der junge Detektiv zögerte, aber dann siegte sein Mitteilungsbedürfnis. Es war ja auch eine langweilige Sache, in der Mittagspause, wenn alle anderen beim Essen waren, in der Abteilung die Stellung zu halten. »Wir erwarten natürlich jeden Augenblick eine Lösegeldforderung, aber bisher ist noch keine eingetroffen. Ich persönlich habe allerdings den Verdacht, daß es die Entführer geschafft haben, hinter unserem Rücken mit der Familie Kontakt aufzunehmen und bereits an einer Vereinbarung arbeiten.«

»Ich verstehe. Ist das normal?«

»Soweit diese Dinge überhaupt normal genannt werden können. Ja, so etwas kommt häufiger vor. Die Mutter ist natürlich völlig verzweifelt, und die Familie des Opfers denkt bestimmt, die Polizei tut nicht genug, es wäre uns alles egal und so weiter. Psychologisch ist das alles verständlich, und das Phänomen ist in der kriminalwissenschaftlichen Literatur ausführlich dokumentiert.«

»Ich kann es mir vorstellen«, sagte Morris. Er hatte es jetzt schrecklich eilig. Die Polizei wußte offenbar gar nichts. Der Zug mit dem Geld mußte jeden Augenblick einrollen. Nichts wie rein und den Zaster geschnappt! Aber Morris beherrschte sich. Er plauderte noch volle (auf der Armbanduhr gestoppte) zwei Minuten lang mit Tolaini und zeigte höfliches Interesse für dessen kriminalistischen Scharfsinn.

Auf Bahnsteig 6 herrschte völliges Chaos. Um so besser. Auf der rechten Seite rutschte der Expreßzug aus Mailand gerade noch klirrend und zischend die letzten ölverschmierten Meter über die Schienen, links wurde ein *Rapido* aus Venedig erwartet. Soldaten, Rucksacktouristen, alte Frauen... die ganze übliche anonyme, undefinierbare Menge von Reisenden und Begleitpersonen drängte sich lachend, rauchend und schwatzend auf dem Bahnsteig. Jeder versuchte, so günstig wie möglich zu stehen, die einen wünschten, sie hätten einen Platz reserviert, die anderen, sie hätten den reservierten Platz schon gefunden. (Oder würden sie bis Neapel stundenlang auf dem Gang stehen müssen? Die Klos waren sicher auch nicht sehr sauber.) Kinder plärrten und strampelten aufgeregt herum, eine ganze Gruppe von uniformierten Kleinkindern mit Luftballons stand unter Aufsicht einer einzigen steinalten Nonne. Morris wurde plötzlich ganz ruhig. Es war alles so einfach.

Endlich stand der Zug still. Ein letzter Ruck, dann flogen die Türen auf und Dutzende von Menschen stürzten auf den Bahnsteig, wo ebensoviele ihrerseits in den Zug drängten. Jeder umklammerte seine Koffer so gut es ging und knallte sie den anderen gegen die Beine. Morris, von keinerlei Gepäck belastet, glitt mühelos durch die Menge. Er suchte nach den Erster-Klasse-Abteilen und fand das erste im dritten Waggon. Er ging zunächst weiter, stieg in den vierten Waggon und ging dann im Inneren des Zuges zurück in den dritten. Sobald er die Erster-Klasse-Abteile erreicht hatte, ließ das Gedränge nach. Die Abteile waren halbleer, und auf dem Gang standen nur noch ein, zwei Leute und rauchten. Was natürlich auch bedeutete, daß es keine Deckung mehr gab. Aber Morris erwartete keine Probleme.

Vor dem ersten Abteil stand ein älterer Mann in einem silbergrauen Anzug am offenen Fenster und beobachtete die draußen wogende Menge. Sein straff zurückgekämmtes Haar war am Hinterkopf deutlich gelichtet. Ein Kripomann in Zivil? Hatten sie ihn womöglich doch an der Nase herumgeführt? Natürlich, wenn sie ihm eine Falle stellen wollten, dann mußten sie ja am Telefon ihre Ahnungslosigkeit demonstrieren. (Verdammt, wenn er sich das Geld in Rom holen wollte, hätte er den Brief nicht hier abschicken dürfen!)

Nein, sie konnten nichts wissen! Sie durften nichts wissen!

Die Tür des Abteils und sämtliche Vorhänge waren geschlossen. Im Inneren war nichts zu erkennen. Also doch eine Falle? Morris biß sich auf die Lippe, sein ganzer Körper war sprungbereit. Aber seine Muskeln waren immer noch schrecklich schwach. Er hatte Gewicht verloren während der Krankheit. Er fühlte sich gar nicht wohl. Und ein Handgemenge würde ihm auch nichts nützen. Wenn die Bullen Bescheid wußten, dann waren sie auch bewaffnet. Wenn sie Bescheid wußten, dann war es jetzt schon zu spät.

Um die Abteiltür zu öffnen, mußte sich Morris am Rücken des silbergrauen Herrn vorbeiquetschen. (Ein Anzug bei der Hitze? Der Kerl konnte nicht echt sein!)

»Permesso?«

»Prego, prego.« Mit angehaltenem Atem zog Morris die Tür auf. Er spürte schon, wie sie ihm Handschellen anlegten. Jetzt, jetzt, jeden Moment! Das Abteil lag in tiefer Dunkelheit, nur ein schmaler Lichtstreifen drang unter den Vorhängen herein. Bis auf eine ältere Dame, die mit zurückgelehntem Kopf und beunruhigend geöffnetem Mund vor sich hin schnarchte, war das Abteil leer. Die Luft war abgestanden und schal.

Morris' Augen wanderten zu den Gepäcknetzen. Zwei große, farblich abgestimmte Koffer aus Saffianleder mit glänzenden Schnallen lagen sich gegenüber. Die gehörten wahrscheinlich dem Mann und der Frau. Ein Ehepaar also. Und eine kleine, braune Reisetasche über dem Kopf der Frau! Genau, wie er sich's geträumt hatte!

Morris sah sich um. Der Mann am Fenster hatte sich nicht gerührt, er schien sich gerade eine Zigarre anzünden zu wollen. Morris machte zwei Schritte nach vorn, nahm die Reisetasche aus dem Gepäcknetz, wobei er sich Mühe gab, die Beine der schlafenden Frau nicht zu streifen, machte zwei Schritte wieder zurück und war, ohne sie zu wecken, schon wieder draußen vor dem Abteil.

»Permesso?« Er zog die Tür zu. Der Mann im silbergrauen Anzug stieß eine Rauchwolke aus und warf ihm einen neugierigen Blick zu.

»Ach, meine Frau! Hat bei der Abfahrt in Mailand ihre Tasche im Abteil liegen lassen.« Morris lächelte ein Sie-wissen-ja-wie-Frauen-sind-Lächeln. Der Mann zog an seiner Zigarre und schwieg.

Morris lief eilig in die Richtung zurück, aus der er gekommen war. Zu seiner Überraschung stellte er fest, daß er leise vor sich hinmurmelte: »Danke, lieber Gott, vielen Dank, lieber Gott.« Genau wie früher, wenn er vor der Tür des Direktors stand und die Prüfungsergebnisse las. Er lachte. Aber jetzt hatte er's endlich geschafft! Ein für allemal! Wenn das Geld wirklich da drin war, natürlich. Es mußte einfach da drin sein, es...

Immer noch im Inneren des Zuges blieb Morris abrupt stehen, balancierte die Reisetasche auf einem Knie und zog den Reißverschluß auf. Kleider! T-Shirts, Blusen, Röcke...? Ach ja, er hatte ja verlangt, daß obendrauf Kleider gepackt würden. Und darunter? Ein großer Mann in einem blauen Overall kam aus einer Abteiltür, zwängte sich an Morris vorbei und stieß ihm dabei die Tasche vom Knie. Die ordentlich gefalteten Kleider fielen zu Boden.

»Asino!« knurrte Morris unwillkürlich, während er verzweifelt die Tasche festhielt, damit sie nicht völlig umkippte. Hier vor den Zweiter-Klasse-Abteilen drängten sich dutzende Menschen, und der Zusammenstoß weckte sofort Aufmerksamkeit. Auch der stämmige Italiener, der Morris angerempelt hatte, drehte sich um. Er hatte ein breites, aggressives Gesicht, eine niedrige Stirn und wütend vorstehende Augen.

»Dillo di nuovo e ti spacco la testa. Den Schädel werd' ich dir einschlagen.« Der Mann sah aus, als wollte er ihm gleich ins Gesicht spucken. *»Nessuno mi chiama asino!«*

Beim ersten Anzeichen einer ernsthaften Auseinandersetzung fiel eine auffällige Stille über die Szene. Und jetzt, als Morris versuchte, die Kleider zurück in die Tasche zu stopfen, sah er plötzlich die dicken Bündel von Fünfzigtausend-Lire-Scheinen. Jeder konnte sie sehen! O Gott, wenn er doch nur die Kleider schon zurück in der Tasche hätte!

»Mi scusi, mi scusi, colpa mia«, krächzte er eilig. »Mein Fehler. Aber so geht es einem nun mal im Gedränge.«

Er stand jetzt wieder auf den Füßen. Unglaublich, niemand hatte etwas gemerkt! Die Leute auf dem Korridor setzten sich wieder in Bewegung. Nur ein kleiner Junge starrte ihn mit offenem Maul an. Der bullige Mann grunzte und schob sich zum Ausgang. Morris folgte ihm ängstlich, erreichte die Tür und war mit einem großen Satz auf dem Bahnsteig. Geschafft! Frei! Die Luft war herrlich frisch nach dem schalen Geruch, der Angst und dem Schweiß im Inneren des Zuges. Frei. Frei und reich! Er hätte allerdings eine der beiden Reisetaschen mitnehmen sollen, dann hätte er das Geld jetzt umpacken und diesen Mist hier wegschmeißen können. Jetzt würde ihn Massimina bestimmt fragen...

»He, Mann, das ist ja unglaublich! Morris, alter Kumpel! Wo kommst du denn her?«

Erschrocken blickte er hoch. War das ein Alptraum, oder was? Halluzinierte er? Hörte er Stimmen? Der Bahnsteig wimmelte von Leuten, eine gewaltige Welle von Reisenden quoll aus dem Zug und schwappte dem Ausgang entgegen, aber es gab eine ebenso hartnäckige Querströmung von Leuten, die sich um die Waggontüren drängten und nach einem Abteil suchten, das noch nicht überfüllt war. Auf der anderen Seite des Bahnsteigs kündigte eine regelmäßig läutende Glocke an, daß die Einfahrt des *Rapido* aus Venedig bevorstand. Unmittelbar vor ihm zerrte jemand einen bunten Karren herum und versuchte kalte Getränke und Eis zu verkaufen. Erst als der Karren endlich nach rechts außer Sicht glitt, tauchte dahinter Dannys grinsendes, bärtiges Gesicht auf.

»He, Morris, ist das nicht ein rasender Zufall! Eins zu einer Million, daß ich dich hier treffe!«

Und er hatte alles so gut organisiert. Ganz lässig und professionell hatte er die Sache durchziehen wollen! Ein Narr des Schicksals war man, alles andere war Illusion. Diese Situation hier hatte schon bei seiner Geburt in den Sternen gestanden.

»Hallo«, sagte Morris schwach. Sein Lächeln war wie Wachs und Asche. »Und Simonetta ist auch da! Was für eine Überraschung.«

Erst jetzt sah er, daß sich Danny schwer auf die Schulter des Mädchens stützte und daß sein rechtes Bein bis zur Hüfte in Gips steckte.

»Hübsch, was? Marion hat den Campingbus an eine Mauer gedonnert, als wir von der Autobahn runterkamen. Totalschaden. Ich hab' eine Woche lang im Krankenhaus gelegen, und jetzt bringt mich Simonetta nach Hause.«

Das unscheinbare Mädchen lächelte strahlend. Strahlender als je zuvor, dachte Morris. Jetzt hatte sie ihren verwundeten Helden ganz für sich allein und war hochzufrieden.

»So ein Pech«, sagte Morris. Das konnte man wirklich sagen. Verzweifelt suchte er einen Ausweg. Wenn er sich jetzt verabschieden konnte, war die Sache vielleicht doch nur ein halbes Desaster.

»Was machst du hier eigentlich?« fragte Danny. »Komisch, daß du hier rumläufst, ich meine...«

»Ich bin auf dem Weg nach Sardinien«, sagte Morris. Die Wahrheit, warum nicht? »Genauer gesagt, ich...«

»Morriies! Morriies, Morriiieees!« Die Glocke hatte jäh aufgehört, und eine schrille Stimme durchdrang die nachfolgende Halb-Stille. Über zwei Bahnsteige hinweg, die gerade leer waren, schrie Massimina herüber und fuchtelte wild mit den Armen. Warum war der verdammte *Rapido* nicht schon ein paar Sekunden früher gekommen?

»Sie haben den Bahnsteig geändert, Morriies. Der Zug fährt jetzt von Nummer zehn. Komm schnell, sonst kriegen wir keinen Platz mehr!«

»Okay«, rief er. Jetzt hatte Massimina doch noch die Reisetasche gesehen. Und zu Danny: »Muß mich beeilen!«

»Wer ist denn das Mädchen?« grinste Danny. »He, Mann, ich würde gern mit euch fahren. Dieser blöde Unfall hat mir den ganzen Sommer versaut. Ist das nicht dieselbe, mit der du neulich an der Bushaltestelle gestanden hast?«

Was der Kerl für Augen hatte! Massimina stand mindestens zwanzig Meter weit weg, trug eine Sonnenbrille und hatte sich auch sonst völlig verändert. Wahrscheinlich schaute Danny bei allen Frauen immer nur auf die Brüste.

»Stimmt genau, ja.«

»Was ist eigentlich mit der anderen passiert?« fragte Simonetta dazwischen. »Ich meine die, die angeblich entführt worden ist?«

Morris zuckte die Achseln. »Keine Ahnung«, sagte er und fügte lahm hinzu: »Ich bin ja auch schon nicht mehr mit ihr gegangen, als es passiert ist.« Es klang ziemlich schrecklich.

»Ihr Männer seid doch alle Schweine«, schmollte Simonetta mit ihrem strahlend glücklichen Gesicht. »Danny würde sich bestimmt auch nicht lange Sorgen machen, wenn ich plötzlich verschwinden würde.« Aber ihr Blick war ebenfalls auf Massimina gerichtet, die jetzt wieder herüberbrüllte: »Morriiees, nun komm schon!«

»Hübsches Mädchen«, sagte Danny, um Simonetta zu ärgern. »Schade, daß du uns nicht bekannt machen kannst.«

Morris überlegte verzweifelt, wie gefährlich die Situation eigentlich war. Sein Körper, der eben noch so locker gewesen war, triefte vor Schweiß. Sämtliche Muskeln waren gespannt, und heiße Schauer liefen ihm den Rücken hinauf und hinunter. Würden sie Massimina wiedererkennen, wenn ihr Foto noch einmal in der Zeitung auftauchte? Es sah ganz so aus, als würden sie den Rest des Sommers in Verona verbringen, und mit seinem Gipsbein würde Danny viel Zeit haben, Zeitung zu lesen. Wenn sie doch wenigstens nicht noch zu zweit wären! Wenn es sich nur um Danny gehandelt hätte, dann wäre es einfach gewesen: Er hätte ihm in den Zug geholfen, hätte ihn in eine Toilette geschoben und kaltblütig erdrosselt. Es hätte ihm sogar Spaß gemacht, diesem dämlichen Pseudo-Hippie das Lebenslicht auszublasen. (»Vom Geld ganz zu schweigen.« Dieser elende Heuchler!) Dasselbe galt für Simonetta. Die hätte er mit einer Hand kaltgemacht, so dünn und mickrig wie die aussah! Aber da sie nun einmal zu zweit waren...

»Ich muß wirklich los! Tut mir leid.«

»Schick uns 'ne Postkarte«, lachte Danny. »Und stell mich dem Mädchen vor, wenn ihr zurück nach VR kommt!«

Morris lief schon den Bahnsteig hinunter.

»*Arrivederci!*«

Morris wollte sich noch zu Massimina umdrehen und ihr etwas Aufmunterndes zurufen, aber jetzt endlich kam mit Zischen und Krachen der Expreß aus Venedig in die Halle gedonnert und versperrte den Blick. Mitten in der Menge, die angesichts der Ankunft des einen und der unmittelbar bevorstehenden Abfahrt des anderen Zuges endgültig in Panik geriet, blieb Morris vor einem Abfallkorb stehen, in dem er eine Plastiktüte entdeckt hatte. Er zog sie heraus, kippte die Orangenschalen und die schmutzigen Papiertaschentücher weg, die sich darin befunden hatten, hockte sich auf den Bahnsteig und packte so unauffällig wie möglich das Geld um. Es war soviel davon da, daß die Plastiktüte beinahe platzte. Nur ein dünnes gelbes T-Shirt paßte noch darüber

(Morris konnte jederzeit behaupten, daß ihm das gehörte). Er deckte die Geldscheine sorgfältig ab und schob den gelben Stoff auch an den Seiten so weit wie möglich hinunter. Dann überprüfte er den Beutel noch einmal. Konnte man von außen sehen, was drin war? Nein. Gut. Die Reisetasche mit den restlichen Kleidern ließ er unter dem Abfallkorb stehen und eilte davon.

Er habe zufällig Freunde getroffen, erzählte er Massimina. Wirklich ein irrsinniger Zufall. Einer seiner Bekannten habe sich ein Bein gebrochen, sagte er, und er habe ihnen mit dem Gepäck helfen müssen. Sie seien auf dem Weg nach Venedig.

»Bloß gut, daß ich dich noch rechtzeitig entdeckt habe«, erwiderte sie.

17

Das Meer, das die Fähre durchpflügte, war so blau wie der Himmel in Reiseprospekten. Spiegelglatt lag es da, kein Wölkchen am Horizont. Das genaue Gegenteil des heroischen Seegangs, den Angelsachsen so lieben. Sein Vater zum Beispiel, der immer so unerbittlich darauf bestand, daß sie die Stellung am Strand hielten, auch wenn der Sturm schon die Sandkörner vor dem gemieteten Windschutz auftürmte. Man hätte denken können, sie wären die Nachhut bei der Schlacht um Dünkirchen. Das ganze Selbstwertgefühl des Mannes schien darauf zu beruhen, daß er der letzte war, der kapitulierte. Dabei hatte er doch kaum eine Chance, denn die anderen Briten waren mindestens genauso entschlossen, nicht aufzugeben. Ein junges Mädchen reckte dem Wind sogar seinen nackten Busen entgegen, was damals noch sensationell war, und Mutter paßte auf wie ein Schießhund, daß Daddy nicht zuviel hinschaute. Dann hatte Morris angefangen zu jammern, denn ihm war kalt und seine Badehose war naß (ja, man mußte unbedingt *Schwimmübungen* machen, ganz egal wie eisig es war), daraufhin konnte sein Vater endlich losbrüllen und ihn als »Wickelkind« und »Jammerlappen« beschimpfen (»als nächstes verlangst du noch, daß ich dir den Arsch wische«). Seine Mutter holte eine der zahllosen Thermosflaschen aus ihrem Picknickkorb, teilte Ochsenschwanzsuppe aus, legte Morris noch ein weiteres halbfeuchtes Badetuch um die Schultern und ermahnte Daddy, keine unanständigen Wörter zu benutzen. Morris sei noch viel zu jung, um so etwas zu hören... Heute wußte Morris, daß es nicht nur sein Vater gewesen war, der ihn als »Schwächling« stigmatisiert hatte. Auch seine Mutter hatte kräftig an diesem Bild mitgewirkt. Immer hatte sie ihn als »zartes Kind« dargestellt (sowohl körperlich als auch moralisch), damit sie einen

Grund hatte, ihn zu beschützen. Gleichzeitig weckte sie damit natürlich (bewußt?) Vaters Spott und entfremdete ihn seinem Sohn. Die früheren (jetzt glücklicherweise überwundenen) Minderwertigkeitskomplexe, unter denen Morris gelitten hatte, waren letztlich bloß Nebenwirkungen dieser gestörten Beziehung gewesen. Mit ihm selbst hatten sie gar nichts zu tun. Er selbst war völlig in Ordnung.

Natürlich war ihm seine Mutter viel lieber gewesen. Aber dadurch, daß sie ihm wegstarb, hatte sie ihn ganz der ignoranten, spartanischen Männlichkeit seines Vaters ausgesetzt. Gewiß, Ausflüge ans Meer gab es zwar nicht mehr, aber das Haus in Acton war auch nicht ohne: Die Türen schlossen nicht richtig, und das Fenster im Bad mußte immer offenstehen, weil der Gaswasserheizer keinen richtigen Abzug besaß. Außerdem gab es fast jeden Sonntagmorgen diese schrecklichen heroischen Angeltouren am Grand Canal (natürlich mußte er *Grand* Canal heißen! Genauso wie *Groß*britannien, das großartige Großbritannien). Wenn die Sonne wie ein gewaltiger Bluterguß über dem Ödland von Park Royal aufging (er war genausowenig »königlich« wie die »Sunbeam Road« sonnig!), pflegte sein Vater voller Befriedigung von den »guten alten Wetterregeln« zu sprechen, und eine halbe Stunde später hockten sie dann auch prompt unter dem einzigen Schirm der Familie irgendwo am Ufer und ließen den kalten Londoner Nieselregen über sich ergehen, während die Würmer in der alten Margarinendose ertranken und Morris mit hochgezogenen Schultern an den steifgefrorenen Fingern nuckelte, die in nassen Wollhandschuhen steckten.

O ja, die Engländer liebten Strapazen. (Man mußte nur mal beobachten, wie peinlich es ihnen war, wenn sie sich in einem schönen, sonnigen Land wiederfanden, wie zum Beispiel Italien. Gebückt und hungrig schlichen sie durch die Gegend, wahre Dickens-Figuren, blinzelten schwach in die Sonne und erklärten sich gegenseitig, sie könnten sich das alles nicht leisten – »wir sollten lieber ein paar Tage früher heimfahren, Doris«. Wenn es ihnen mal gutging, fühlten sie sich gleich schuldig.) Sie liebten ihre Strapazen, ihr Elend, ihre Hypothekenschulden, ihre verregneten, stürmischen Sonntage. Wenn sie in den Illustrierten so gierig die Geschichten über die Reichen und Prominenten studierten und Abend für Abend die Fernsehstars anglotzten (»Ich führ' nur rasch noch den Hund aus. Nein, ich brauch' keinen Schirm für das bißchen Regen. Für ›Parkinson‹ bin ich pünktlich zurück«), wenn sie sich an *Titbits* aufgeilten und ein Jahr ihrer freudlosen Leben gegeben hätten, nur um zu wissen, ob es Prinz Charles und Di schon vor der Fernseh-Hochzeit getrieben hatten, dann lag das nicht daran, daß sie selbst gern reich gewesen wären. Um Himmels willen, nein. Sie wollten nur ihre Armut und ihre Entbehrungen noch intensiver genießen: »Sieh zu, daß du einen ehrlichen Beruf lernst, mein Junge, und vergiß diesen hochgestochenen Universitätskram!« Sein Vater war genau so ein Typ, der sein ganzes Leben lang Labour wählte und dann plötzlich zu Maggie Thatcher umschwenkte, weil sie der Menschheit gezeigt hatte, daß die Briten auch im schlimmsten antarktischen Sturm noch Flagge zeigen und schneidiger über einen gefrorenen Sumpf marschieren konnten als jede andere Nation. »Und das alles 7000 Meilen weg von zu Hause, mein Junge!« Sein Vater hatte förmlich am Bildschirm geklebt, während Morris seine Bewerbungsschreiben an die Zentrale für Milchwirtschaft schrieb.

»Woran denkst du, Morri?«

Die Fähre fuhr über das blaue Meer der Reiseprospekte. Morris hatte zwei Liegestühle auf dem Sonnendeck Erster Klasse gebucht, und sie rösteten mit müde herabhängenden Armen in der Sonne. Sie hatten sich reichlich mit Sonnenöl eingecremt, *Noon Soon* hieß das Zeug (die Drogisten nannten es wahrscheinlich insgeheim *Gloom Soon*). Um sie herum saßen lauter elegante Erster-Klasse-Passagiere in modischen Bikinis und Badeanzügen. Die meisten Frauen trugen diese feinen weißen Ledersandalen mit goldenen Schnallen und zeigten ihre lackierten Zehennägel herum. Lackierte Zehennägel hatten angefangen, Morris ziemlich zu interessieren. Er mußte Mimi dazu bringen, daß sie das auch machte.

»Denken? Ich denke an nichts weiter.«

»An gar nichts?«

»*Niente di niente di niente.*«

»Bist du glücklich, Morri?«

»Sehr«, sagte er und wartete auf den zarten Kuß unterhalb des Ohrläppchens. Heute nacht würden sie sich wieder lieben. Er freute sich schon darauf.

»Du solltest mal zur Pediküre gehen, Mimi.«

»Wohin?«

»Zur Pediküre. Du hast deine Fußnägel völlig verstümmelt. Schau dir mal an, was die Dame da drüben für elegante Zehen hat. Ja, die mit dem Strohhut.«

»Aber eine Pediküre ist teuer, Morri. Und...«

»Ach, das schaffen wir schon«, sagte er selbstbewußt.

Denn Morris Duckworth war ein reicher Mann. Ein ungewöhnlich reicher Mann. Morris Duckworth hatte 400 Millionen Lire in einer Plastiktüte. Die Plastiktüte steckte in seiner Reisetasche, und die wiederum stand im Gepäckraum der Fähre am anderen Ende des Schiffes. Er hatte noch keine Zeit gehabt, seinen Reichtum zu zählen, aber er war sicher, es war alles da. Warum sollten sie weniger als die verlangte Summe gezahlt haben? Sie wollten ja ihre kostbare Tochter zurück. Vierhundert Millionen. Bloß schade, daß es Lire waren. Bei der hohen Inflationsrate und den betrüblichen Wechselkursen (die Briten schnallten natürlich brav den Gürtel enger, um das Pfund stark zu machen) würde es sicher bald weniger werden. Aber auf einen Schlag konnte er eine solche Summe nicht in Pfund oder Dollar umtauschen.

Er mußte sie irgendwie investieren. Staatsanleihen waren wahrscheinlich das beste. Sie sicherten einen gegen die Inflation ab, und man kriegte sie in jeder beliebigen Bank in Italien. Oder vielleicht sollte er Immobilien kaufen und von der Miete leben? Das Problem waren die Mieter. Was sollte er machen, wenn sie nicht zahlten? Oder wenn er verkaufen wollte, und sie zogen nicht aus? Außerdem ließen sie alles verlottern. Nein, schlichte, festverzinsliche Papiere waren das beste. Für den Lebensunterhalt würden die Zinseinkünfte genügen. Dann würde er sich eine elegante Eigentumswohnung im besten Viertel von Verona kaufen, sich mit schönen Möbeln umgeben und endlich tun und lassen, was er wollte. Ein bißchen Schreiben vielleicht. Ein paar kluge Essays. Über Kunst und Politik. Die italienische Politik war höchst interessant. Und natürlich Fotografieren. *Veroneser Frauen*, ein Studienbuch mit Fotos und Texten. Das würde sich bestimmt verkaufen. »Werter Verleger, ich bin ein freiberuflicher Fotograf und lebe seit vielen Jahren in Italien (und zwar recht opulent). Ich möchte sie heute mit meinem künstlerischen Werk der letzten Jahre vertraut machen...« Ja, das klang eigentlich alles sehr nett.

Das einzige Problem war Massimina. Aber Morris war entschlossen, sich deswegen jetzt mal keine Sorgen zu machen und sich die Überfahrt nicht damit zu verderben. Er brauchte ein bißchen geistige Erholung. Er wollte sich amüsieren. Und Massimina war mit das Beste an der Situation. Er spürte richtig, wieviel Prestige sie ihm einbrachte, vor allem natürlich bei anderen Männern (sein Vater war auch so einer gewesen). Von der schmetterlingshaften Zärtlichkeit, mit der sie ihn umgab, ganz zu schweigen.

Und im Gepäck vierhundert Millionen.

Morris bestellte ihnen ihr Lieblingsgetränk, eine eisgekühlte *Granita*. Er trank sogar zwei. Aus Sparsamkeit beschränkte sich Massimina auf eine. Gar nicht so schlecht, daß er jetzt das Geld hatte und sie so knapp dran war. Und dabei sah sie so glücklich aus. Glücklich, daß sie nach Sardinien fuhren. Morris war wieder gesund, und jetzt würden sie richtig Ferien machen – ohne irgendwelche Hotelrechnungen. (Warum waren sie eigentlich nicht von Anfang an nach Sardinien gefahren?) Sie lächelte ihr strahlendes Lächeln mit ihren perlweißen Zähnen. Zwischen ihren runden Brüsten pendelte der Hl. Christophorus hin und her und blinkte hell in der Sonne. (Das Titelbild für sein Buch? Hommage für Gianni Pellegrini. Dieser Idiot hatte es wirklich nicht besser verdient. Freundinnen tauschen, ehe man sich überhaupt richtig kannte! Hatte wahrscheinlich sowieso Aids oder sonst irgendwas. Bei dem Leben, das der Kerl führte. Sollte froh sein, daß jemand kurzen Prozeß mit ihm gemacht und ihm ein langes Leiden erspart hatte.)

Gegen Abend erschien die Küste Sardiniens am Horizont. Ein blauer, zerklüfteter Schatten im Zwielicht. Die Passagiere waren erschöpft nach der langen Faulenzerei in der Hitze des Tages, und die Stimmung bei der Gepäckausgabe war angenehm locker. Endlich waren sie alle dem Gedränge der Städte entkommen. Jetzt konnten sie sich entspannen. Nächstenliebe war angesagt. Man brauchte sich bloß noch sein Gepäck geben zu lassen und ein paar Meilen durch eine malerische Landschaft zu fahren, bis man in seiner Villa oder seinem Hotel war, dann konnten die Ferien anfangen. Sogar die Hippies und Rucksacktouristen störten hier kaum noch. Es waren nur wenige. Sie wirkten zwar fehl am Platz, aber nicht weiter bedrohlich. Sie entschuldigten sich sogar, wenn sie jemanden anrempelten. Alles sehr nett.

Morris wechselte ein paar Worte mit einem älteren Herrn, der, wie sich herausstellte, irgendein venezianischer Graf war und sogar ein Jagdrevier im schottischen Hochland besaß. Fabelhafte Leute, die Schotten. Erstaunlich, wie sie das Wetter aushielten, da oben. Und das seit Jahrhunderten! Er sei schon immer ein Bewunderer der Schotten gewesen, behauptete Morris, seine Großeltern stammten sogar aus der Gegend. Ob der Graf Renfrewshire kenne? Nein? Zu schade. (Erinnerungen an Mittelstufen-Geographie. Wo zum Teufel lag Renfrewshire eigentlich wirklich? Überhaupt, was für ein Name! Aber wenigstens war es nicht Great Renfrewshire oder Renfrewshire Royal.)

»Darf ich Ihnen meine Verlobte vorstellen, Graf Verzi? Massimina.« Keinen Familiennamen, das war zu riskant.

Die Frau des Grafen war ungefähr fünfzehn Jahre jünger als

er, eine sehr attraktive, liebenswürdige Person Mitte Vierzig. Nein, sie waren erst das zweite Mal in Sardinien. Sie hatten ihre Villa erst im Vorjahr gekauft.

»Wollen wir die jungen Leute nicht mitnehmen, wenn sie keinen Wagen dahaben«, fragte sie. »Wie weit müssen Sie denn?«

Morris sagte es ihr.

Das treffe sich gut, sagte der Graf. Sie müßten in dieselbe Richtung und könnten sie unterwegs absetzen. Nein, es würde ihnen wirklich keine Mühe machen. Es sei höchst erfreulich, heutzutage auf junge Leute zu treffen, mit denen man vernünftig reden könne. (Massimina hatte noch kein Wort gesagt.) Und Morris spreche wirklich sehr gut italienisch. Wie lange er schon im Land sei? Erst zwei Jahre? Das sei ja phantastisch.

Und so erreichten Morris und Massimina das vierzig Kilometer entfernte Küstenstädtchen Palau in einem vollklimatisierten, silbergrauen Mercedes.

»Sind Sie sicher, daß ich Sie nicht direkt vor die Tür bringen kann?« fragte der Graf, als sie ihre Taschen ausluden.

»Nein, vielen Dank. Wir werden uns einfach hier irgendwo in einem Hotel einquartieren und morgen früh unsere Freunde anrufen.«

»Na, dann. *Arrivederci*. Kommen Sie doch mal vorbei!«

Morris versprach es.

»Warum erfindest du eigentlich dauernd irgendwelche Geschichten?« fragte Massimina ärgerlich, als sie nach einer Bar suchten. »Wir gehen doch gar nicht in ein Hotel.«

»Ich wollte doch nicht, daß mein Freund uns in einem Mercedes ankommen sieht. Sonst denkt er, wir hätten genug Geld und brauchten seine Gastfreundschaft nicht in Anspruch zu nehmen.«

»Darf ich dir mal was sagen, Morriies? Du mußt aber versprechen, nicht gleich beleidigt zu sein.« Sie machte einen zum Äußersten entschlossenen Schmollmund.

»Sicher. Was ist denn?« fragte er überrascht. Er hatte gerade darüber nachgedacht, wie er mit diesem Freund von Gregorio umgehen sollte, der offensichtlich ein homosexuelles Pärchen erwartete. Das beste war sicher, ihm einfach sehr kühl zu begegnen. Sich den Schlüssel geben und allenfalls noch hinausfahren lassen und dann sehr deutlich machen, daß man keinen weiteren Kontakt wünschte. Vielleicht noch ein bißchen mit Massimina herumturteln. Letzteres war sicher nicht allzu schwierig.

»Ich finde, du übertreibst das Schöntun mit diesen Leuten«, sagte Massimina.

»Wie meinst du das?«

»Du hast ja geradezu auf dem Bauch gelegen vor diesem Burschen, bloß weil er ein Graf war und einen Mercedes fuhr. Du hast ihm so offensichtlich geschmeichelt, daß es...«

Morris kochte plötzlich vor Wut. Gleichzeitig war ihm die Sache peinlich.

»Ich habe mit Graf Verzi und seiner Gemahlin geplaudert, weil ich sie sehr höflich und zivilisiert fand«, sagte er schneidend. »Bei gewissen anderen Leuten vermisse ich solche Höflichkeit allerdings manchmal.«

Plötzlich fiel ihm Massiminas Brief wieder ein: »...er tut es, weil er Minderwertigkeitskomplexe hat...« Dieses Miststück!

»Hast du denn gar nicht gemerkt, daß du dich zum Narren gemacht hast? Ich wußte schon gar nicht mehr, wo ich hinschauen sollte, ich meine...«

»Ist es vielleicht besonders vornehm, in Gesellschaft stumm dazusitzen und Daumen zu lutschen?«

»Morri, sei doch nicht böse. Ich dachte bloß...«

»Halt den Mund! Ich muß jetzt diesen Typen anrufen, der uns zu unserem Ferienhaus fahren soll. Okay? Und von diesem ganzen Unsinn will ich kein Wort mehr hören, verstanden?«

Wenn sie wüßte, an was für einem Pulverfaß sie da herumspielte, würde sie bestimmt nicht mehr solchen Scheißdreck daherreden wie eben.

Roberto kam eine halbe Stunde vor Mitternacht und war ganz anders, als Morris gedacht hatte. Er war groß, athletisch und breitschultrig. Er hatte einen energischen Schritt, straff zurückgekämmtes rotes Haar, eine stolze, leicht gebogene Nase und tiefliegende, flinke Augen. Er warf einen kurzen Blick in die Runde, als er die Bar betrat, und machte sie sofort ausfindig. Daß sich Massimina in Begleitung von Morris befand, nahm er ohne großes Erstaunen zur Kenntnis. Nur einen winzigen Augenblick lang wirkte er überrascht, aber nicht etwa irritiert. Er setzte sich zu ihnen, breitete seine Arme locker über den Tisch und trommelte zweimal kurz mit den Fingern. Er musterte Morris mit einem lässigen Blick, zwinkerte und rief dem Barmann zu: »Enrico, bring uns drei Grappa!«

Dann drehte er sich mit einem fröhlichen Grinsen zu ihnen um. Sein Mund, stellte Morris fest, war ungewöhnlich breit, und seine Lippen saßen irgendwie locker. Sein Lächeln war sinnlich, freundlich und spöttisch zugleich.

Massimina sagte: »Ich bin Massimina.«

Roberto nahm ihre schlanke kleine Hand vom Tisch, führte sie an die Lippen und lachte. Wieder zwinkerte er, diesmal in ihre Richtung, und sagte: *»Piacere, Signorina.«* Dann machte er eine kleine, spöttische Verbeugung.

Ursprünglich hatte sich Morris vorgenommen, Roberto die kalte Schulter zu zeigen und heftig mit Massimina zu turteln. Er hatte zu verlangen gedacht, daß Roberto sie ohne jede Verzögerung zu Gregorios Villa hinausfahren sollte. Aber nach dem Streit mit Massimina fand er sich außerstande, ihr Zärtlichkeiten entgegenzubringen und hatte auch keine Lust, allein mit ihr zu bleiben. Andererseits fühlte er sich zu Roberto stark hingezogen, dessen offenes Wesen so einladend war und der ihre Bekanntschaft so spontan zu vertiefen bereit schien. Morris wehrte sich also nicht gegen den Grappa, weder gegen die erste Runde noch gegen die zweite, und nach einiger Zeit merkte er plötzlich, daß er sich gut amüsierte und sich auch Mühe gab, die anderen zu amüsieren und dem jungen Mann zu gefallen. Massimina kicherte schon und hielt sich die Nase zu, um den Grappa zu schlucken. Morris hatte sie noch nie so bereitwillig trinken sehen und noch nie so lebendig. Vielleicht war das ja eine Reaktion auf die kleine Auseinandersetzung, die sie gehabt hatten. Roberto hatte angefangen, das Mädchen zu necken. Er zog einen Schmollmund und imitierte ihr Stirnrunzeln. Massimina schien sich bewußt, daß er sich lustig über sie machte, aber es störte sie offenbar nicht. Morris beteiligte sich an dem Spielchen und stellte fest, daß es ihn besänftigte und das Bedürfnis bei ihm weckte, sie zu beschützen. Woher kam diese Milde? Vom Schnaps?

Nicht, daß nicht ab und zu die Alarmglocken geschrillt hätten. Was war, wenn die Trevisans inzwischen erkannt hatten, daß sie das Mädchen nun doch nicht zurückkriegen würden? Wenn sie Inspektor Marangoni Bescheid sagten? Was dann? Würde die Polizei anhand der Reservierungen feststellen können, wer die beiden alten Leute gewesen waren, die in dem Lösegeld-Abteil gereist waren? Würden sie die Reisetasche auf dem Bahnsteig in Rom finden? Dann würden sie wissen, wo er das Geld abgeholt hatte. Und wenn der alte Herr nun eine Personenbeschreibung von ihm gab? Dann gab es bald ein zweites Phantombild, das dem aus Rimini auffallend glich. Ganz zu schweigen davon, daß ihn Marangoni ja kannte. (Wurden eigentlich alle Telefonanrufe bei der Polizei automatisch aufgezeichnet? Hatten die da eine Fangschaltung? Dann wußten sie jetzt, daß er aus Rom angerufen hatte, und es paßte alles zusammen. Was für eine Idiotie war doch dieser Anruf gewesen.) Und dann ganz grundsätzlich: War es nicht unglaublich leichtsinnig, mit Massimina so lange in Gesellschaft von irgend jemand zu bleiben? Würde sich Roberto nicht ihre Gesichtszüge ganz genau einprägen? Ja, Morris hörte die verschiedensten Alarmglocken läuten, aber er zog es vor, nicht auf sie zu hören. Er war die dauernden Sorgen und Ängste leid. Was nutzten einem schon 400 Millionen, wenn man sich nie zurücklehnen und sein Leben genießen konnte? Warum sollte er sich nicht mal einen Spaß gönnen? Der junge Mann war einfach nett.

Jetzt hatte er seine Holzsandalen ausgezogen und ließ sie einen kleinen Tanz auf der Tischplatte aufführen. Danach erzählte er Massimina den Witz von der jungen Frau, die einem Gorilla ihre Brust zeigte. Daraufhin erzählte Morris den von der jungen Frau, die in der Samenspenderschlange partout nicht den Mund aufmachen wollte (das war einer von Daddys schlimmsten). Massimina prustete vor Lachen, spritzte ihren Grappa über den Tisch und sagte, wenn sie gewußt hätte, daß er solche widerlichen Geschichten kenne, wäre sie nie mit ihm gegangen. Aber es gefiel ihr ganz offensichtlich.

Es war schon fast zwei, als sie nach einer halsbrecherischen Fahrt entlang der Steilküste endlich in Gregorios Villa anlangten. Und beinahe vier, als sich Roberto verabschiedete.

Als sie im Bett lagen, sagte Morris versuchsweise: »Es tut mir leid, Mimi, daß ich so wütend gewesen bin.«

Sie küßte ihn und sagte, nein, nein, es sei ihre Schuld gewesen.

(Ach, er war ja so anpassungsfähig!)

18

Daß die Kinder so niedlich angezogen waren, gefiel Morris. Mit ihrem sorgfältig frisierten Haar, ihren knielangen Hosen und bunten Hemden boten sie einen erfreulichen Anblick, der sich deutlich von seinen eigenen Kindheitserinnerungen unterschied, in denen es immer nur zerrissene T-Shirts und schmutzige Shorts gab. Natürlich waren das die Kinder wohlhabender Leute, sonst würden sie nicht in Sardinien Ferien machen. Aber andererseits mußte man zugeben, daß die Italiener ein Talent für so etwas hatten.

»Wenn ich mal Kinder habe«, sagte Morris, »dann möchte ich, daß sie auch so hübsch aussehen.«

Massimina saß mit feierlich gekreuzten Beinen im Sand und schnitt sich eine Tomate aufs Brot. Vorsichtig hob sie das Messer und kratzte sich unter dem Kinn.

»Das könnte früher sein, als du denkst.«

»Wie meinst du das?«

Massimina lächelte und errötete dann unter der Sonnenbräune der letzten Tage.

»Komm, spiel nicht den Unschuldigen, Morri.«

»Wieso?« fragte er.

»Nun, wir haben uns doch nicht vorgesehen, oder?«

Morris sah abrupt auf und entdeckte ein Lächeln wie geschmolzene Butter auf Massiminas Gesicht. Wie hatte er das nur vergessen können? Er war so verblüfft gewesen, daß er überhaupt mit ihr schlief, daß er an die vieldiskutierten Verhütungsmethoden gar nicht gedacht hatte. Er hob einen runden Kieselstein auf und schleuderte ihn in das postkartenblaue Tyrrhenische Meer. Sie saßen in einer engen, teils sandigen, teils steinigen Bucht unterhalb von Gregorios Villa. Nur zwei italienische Familien aus einer anderen Luxusvilla in der Nähe teilten mit ihnen den Strand. Die wohlerzogenen, niedlich gekleideten Kinder saßen am Ufer und spielten. Morris gab sich Mühe, sie nicht mit dem Stein zu treffen.

»Du kannst doch noch gar nicht wissen, ob du zu spät dran bist«, sagte er trocken und merkte erst beim Sprechen, daß er das italienische Wort für Periode nicht kannte. »Es war doch erst vor einer Woche.«

»Ja, aber ich weiß einfach, daß es so ist.« Massimina lächelte entrückt. Sie fand das alles offenbar schrecklich romantisch. Viel aufregender als *I Promessi Sposi*. Man spürte richtig, wie gern sie schwanger sein wollte, wie es sie drängte, in der nächsten Apotheke den Test-Set zu kaufen, sobald ihre Tage zehn Minuten überfällig waren. Dann konnte sie endlich die Mamma anrufen und mit dem *fait accompli* konfrontieren. Ihre prüden Schwestern würden gelb vor Neid werden. Und Morris mußte eiligst zum Standesamt laufen, um das Aufgebot zu bestellen.

Andererseits: Was konnte er schon dagegen haben? Eine reiche Frau, ein hübsches Kind, am Nachmittag konnte man bei der *passeggiata* auf der Piazza seine Kleider zur Schau stellen und am Abend dann im Theater. Noch dazu, wo er jetzt eigenes Geld hatte und niemand ihn unter Druck setzen oder ihm vorwerfen konnte, er sei ein Schmarotzer.

Der einzige Haken war, daß er das Mädchen nicht zurückbringen konnte, ohne sich die Schlinge selbst um den Hals zu legen.

(Nimm das Geld und verschwinde, Morris! Hau ab!)

Auch heute mittag beschränkten sie sich auf ein Picknick am Strand – Morris wollte verhindern, daß Massimina womöglich die Ein-Uhr-Nachrichten hörte. Erst gegen halb zwei kletterten sie den steinigen Pfad zu Gregorios Villa hinauf, um auf dem großen Doppelbett im Elternschlafzimmer Siesta zu machen. Um drei würde Roberto vorbeikommen und nach Porto Torres mit ihnen fahren, wo Morris hoffte, endlich mal wieder eine Zeitung in die Finger zu kriegen. Er hatte schon seit drei Tagen nichts Aktuelles mehr gehört und gelesen.

Er lag bei geschlossenen Jalousien im Halbdunkel, neben sich die nackte, schlafende Massimina, und versuchte, die Situation endlich konkret zu durchdenken. Eigentlich brauchte er gar keine Zeitungen. Was in der Zeitung stand, konnte ihm jetzt nichts mehr helfen. Er hatte das Geld ja. Je länger er seine Rückkehr nach Verona hinauszögerte, desto schlimmer. Und Massimina war äußerst gefährlich. Jeden Augenblick konnte sie etwas im Radio hören, ihr Bild in den Fernsehnachrichten sehen oder einfach zum Telefonhörer greifen und ihre Mutter anrufen. Morris hatte ihr gesagt, Gregorio habe ihm ausdrücklich verboten, auf dem Festland anzurufen, weil die Gespräche alle registriert würden und seine Eltern auf diese Weise herausfinden könnten, daß jemand in seiner Abwesenheit in der Villa gewesen sei. In Wirklichkeit hatte in dem Brief, den Gregorio ihm dagelassen hatte, natürlich etwas ganz anderes gestanden. Gregorio hatte geschrieben, er werde ungefähr am ersten Juli zurückkommen, und das waren nur noch sechs Tage. Morris hatte das Gefühl, in der Falle zu sitzen.

Das Problem mit Massimina hatte er wirklich nicht vorhergesehen. Ehrlich nicht. Er hatte es nicht so geplant.

Er konnte sie natürlich zu überreden versuchen, mit ihm nach Südamerika zu gehen. Aber sie würde wissen wollen, warum und mit welchem Geld. Mit etwas Druck konnte er sie vielleicht dazu bringen, mit ihm nach England zu kommen, aber sie würde unweigerlich vorher bei Mamma und ihren Schwestern vorbeischauen wollen. Schon weil sie ordentlich angeben wollte. Und wenn er nun einen Brief fälschte? Wenn ihre Mamma ihr ganz böse Sachen schrieb? Du bist enterbt, wir wollen dich nie wieder sehen? Nein, das war zu weit hergeholt, und außerdem kannte Massimina die Handschrift ihrer Mutter bestimmt bis aufs letzte Pünktchen und Häkchen.

Er konnte natürlich auch allein nach Südamerika abhauen. Das war eine ernsthafte Möglichkeit. Bloß, daß Morris nicht nach Südamerika wollte. Oder in sonst eine entfernte, halbzivilisierte Weltgegend. (Australien zum Beispiel, Australien interessierte ihn überhaupt nicht.) Damit würde das ganze Unternehmen vollkommen sinnlos. Ziel seiner Anstrengungen war doch, daß er sich in einem kulturellen Zentrum niederlassen und ein zivilisiertes, künstlerisches Leben führen konnte. Wenn er am Ende weglaufen und sich mit einem Haufen ehemaliger Nazis und Mafiabonzen in den Dschungeln Boliviens oder in den Sümpfen Paraguays verstecken mußte, dann war alles umsonst.

Außerdem wollte er Massimina. Verdammt, er wollte sie doch gar nicht zurücklassen.

Wenn er doch einfach bloß mit ihr durchgebrannt wäre, ohne Erpressung und sonst irgendwas. Dann hätte er sie jetzt heiraten können und wäre so auch an das Geld gekommen.

Morris nahm ihren schlanken Arm von seiner Brust, legte ihn dahin, wo ihr Busen sich ins Laken drückte, und glitt aus dem Bett. Der weiße Marmorfußboden war angenehm kühl. Er schlüpfte in seine Shorts und patschte auf bloßen Füßen durch die geräumigen Zimmer. Unglaublich, daß diese Leute so nett waren, ihn bei sich wohnen zu lassen. Er mußte ihnen unbedingt einen Brief schreiben und sich bedanken. Alles war großzügig und üppig, bis ins kleinste Detail von erlesener Qualität. Das Fernsehgerät auf einer kleinen Empore, das weiße Drucktastentelefon, die Ornamente, die Gemälde, ein Wandteppich in tiefen Rot- und Blautönen, die Ruhe, die das ganze Haus ausstrahlte. Nichts bewegte sich, alle Geräusche waren gedämpft. Warum konnte es nicht immer so bleiben?

Vom Schreibtisch in Gregorios Zimmer hob Morris einen Briefbeschwerer auf und wog ihn nachdenklich in der Hand. Eine große, massive Glaskugel, so groß wie ein Cricketball und sehr schwer. In der Mitte war eine unregelmäßige farbige Luftblase, die sich zu drehen schien, wenn man die Kugel bewegte. Seine Augen füllten sich mit Tränen. Er legte den Briefbeschwerer zurück auf den Tisch und trat eilig ans Fenster. Dies war die meerabgewandte Seite des Hauses.

Man blickte auf eine felsige Landschaft mit Stechginster und anderen Dornensträuchern hinaus. Gab es hier Höhlen? Das mußte er mal überprüfen.

Hinter Bergen von Pullovern in Gregorios Kleiderschrank (aus dem sich Morris mit einem Paar ungewöhnlich elegant geschnittener Leinenhosen bedient hatte) lag der Plastiksack mit dem Geld. Morris knotete die Henkel auf (das Ding roch immer noch nach Apfelsinenschalen), streifte das Gummiband von einem Stapel Geldscheine und nahm sich für den unmittelbaren Bedarf ein paar Fünfzigtausender heraus. Bei einer Inflationsrate von sechzehn Prozent, dachte er, verliert das Zeug jeden Tag sechzehn Dreihundertfünfundsechzigstel Prozent seines Wertes. Und das war – er mußte sich mal einen Taschenrechner kaufen – ungefähr ein fünfundzwanzigstel Prozent jeden Tag. Ein Prozent von 400 Millionen waren vier Millionen, und davon ein Fünfundzwanzigstel waren hundertfünfzig- oder hundertsechzigtausend. Und das wiederum bedeutete, daß er, solange er das Geld nicht irgendwie anlegte, jeden Tag durch die Inflation genausoviel einbüßte, wie er letztes Jahr in der Woche verdient hatte. Wenn er wartete, bis Gregorio zurückkam, bzw. kurz vorher abreiste, dann war er bis dahin schon wieder um über eine Million ärmer – das war das Monatsgehalt eines Lehrers. Nein, er mußte investieren, und zwar schnell. Es hatte überhaupt keinen Sinn, einen Haufen Geld in einer Plastiktüte verrotten zu lassen. Er mußte nach Mailand, ein Tag genügte wahrscheinlich. Er brauchte einen Börsenmakler, bei dem er mindestens dreihundert Millionen abladen konnte. Das war mal ein Anfang. Gleich heute nachmittag würde er einen Taschenrechner und neue Batterien für das Diktiergerät kaufen, und heute abend würde er so lange auf Band sprechen, bis er die Sache geklärt hatte und zu einer festen, unwiderruflichen Entscheidung gelangt war.

»Morri, wo bist du? Morri?«

Massimina stand auf dem Flur. Man hörte einfach nichts, wenn jemand barfuß auf dem Marmorfußboden herumschlich. Hastig schob Morris die Plastiktüte wieder hinter die Pullover, stand auf und stieß sich dabei den Kopf an der Schranktür.

»Morriies.« Jetzt stand sie auch schon in der Tür. »Du solltest wirklich nicht so in seinen Sachen herumschnüffeln, weißt du?«

Sie lächelte und runzelte zugleich die Stirn, als wollte sie sagen: Ich liebe dich zwar, aber diese Seite deines Charakters müssen wir ändern, genauso wie deine Liebedienerei gegenüber Grafen und reichen Leuten. Sie trug nur ein weißes T-Shirt und darunter sah man ihr weißes Höschen. Sie fingerte nervös an der Kette mit dem Hl. Christophorus herum. Und dann sagte sie plötzlich: »Wo um alles in der Welt kommt denn das viele Geld her?« Denn er hatte immer noch fünf leuchtendrote Fünfzigtausender in der Hand.

Der Briefbeschwerer lag nur auf Armeslänge entfernt, griffbereit; und selbst wenn es keine Höhlen da draußen gab, war die Gegend doch menschenleer, kilometerweit nichts als Felsen und Stechginster. Aber Morris blieb ruhig. Er liebte Massimina doch, oder? Wenn er jemals jemand geliebt hatte, dann Massimina. Vielleicht fand er ja noch einen Ausweg. Auf jeden Fall kam gleich Roberto.

»Ich habe gerade ein Paar Hosen von Gregorio probiert und das Geld in der Tasche gefunden«, sagte er lässig.

»Aber Morri, das kannst du nicht machen«, sagte sie heftig. »Ich meine, das ist doch ziemlich intim, seine Sachen anzuprobieren ...«

»Gregorio ist ein sehr guter Freund von mir«, sagte er schroff. »Er würde sich freuen, wenn er wüßte, daß ich mir seine Sachen ausleihe. Und das Geld sowieso, wenn ich es brauche.« Er wünschte sich fast, daß sie ihn in Wut brachte.

»Tut mir leid«, sagte sie und biß sich auf die Lippen. Jetzt war sie gekränkt. »Warum redest du in diesem Ton mit mir, Morries?« Sie unterbrach sich und starrte ihn hilflos an. Er versuchte ihren Blick mit normalem Gesichtsausdruck zu erwidern. Damit seine Augen nicht glasig wurden, mußte er zweimal blinzeln. »Und heute morgen, als ich dir gesagt habe, daß ich vielleicht schwanger bin ... Ich hab' ja nicht erwartet, daß du einen Freudentanz aufführst. Ich weiß, es ist ein Problem. Aber ein bißchen zärtlicher hättest du schon sein können. Du hast nicht mal darüber reden wollen. Du behandelst mich, als ob ... Morri, was ist bloß los? Mal bist du so zärtlich und lieb, und im nächsten Augenblick bist du so merkwürdig, weit weg, ich ...« Jetzt liefen ihr die Tränen übers Gesicht.

Morris zögerte, trat auf sie zu, hob zögernd die Hand, um ihr warmes Fleisch zu berühren. Ihre Schultern, den Hals ...

»Aber Massimina«, sagte er, »Mimi, ich wollte doch nicht ...« Ihr Hals und ihre Schultern waren so schön und stolz. Aus einem Winkel von 45 Grad mußte man sie fotografieren, leicht von oben (sie könnte sich ja hinknien zum Beispiel), damit man die Eleganz und Festigkeit besser sah. »Ehrlich, ich wollte dich doch nicht ...«

Vielleicht war das bei allen Liebespaaren so: die Zärtlichkeit, die Wärme, der Sex und dann diese unaussprechlichen Dinge darunter, das Grauen neben der Zuneigung, der Wunsch zu verletzen, Schmerzen zuzufügen, zu ...

»Mimi, ich ...«

Und in diesem Augenblick ertönte eine Hupe von draußen. Roberto war da.

Robertos Vater hatte drei Hotels an der Nordküste. Roberto half in der Hochsaison gelegentlich im Büro und manchmal, sehr selten, sogar in einem der Restaurants, aber ansonsten trug er nichts zum Familienunternehmen bei. Es wurde auch nichts weiter von ihm erwartet. Sein Medizinstudium in Rom, wo er den weitaus größten Teil des Jahres verbrachte, ging durchaus gemächlich voran, und er schien auch keine große Eile zu haben. Er habe hervorragende Beziehungen zum Chefarzt des Krankenhauses in Sassari, sagte er, und würde dort auf jeden Fall einen Job kriegen. Wozu also sollte er sich beeilen? Er rauchte einen schlanken Zigarillo, während er sein schneeweißes Golf-Kabrio auf der Küstenstraße entlangsteuerte, die sich in zahllosen Kurven zwischen den balsamisch duftenden, macchia-bewachsenen Felsen zur Linken und einem steilen Abhang zur Rechten dahinschlängelte. Genau so einen Wagen würde er sich auch kaufen, dachte Morris. Er hatte Golf-Kabrios immer bewundert. Unauffällige Eleganz, das war das Geheimnis.

Massimina wirkte ein bißchen bedrückt. Sie habe beim Schwimmen so aufgepaßt, daß ihre Haare nicht naß wurden, sagte sie, aber der Fahrtwind werde wohl von ihrer Dauerwelle nicht mehr viel übriglassen. Sie saß vorne neben Roberto und drehte sich ab und zu mit besorgtem Gesicht um. Sicher dachte sie daran, wie peinlich es sein würde, in der Apotheke einen Schwangerschaftstest zu verlangen. Morris beugte sich vor und flüsterte ihr ins Ohr, er werde das für sie erledigen. Sie lächelte, küßte ihn und war offensichtlich erleichtert.

»O verdammt«, sagte Morris, als sie zwanzig Kilometer gefahren waren und keine Gefahr mehr bestand, daß sie noch umkehren würden. »Jetzt hab ich meinen Paß liegenlassen. Da hat es gar keinen Sinn, daß ich auf die *Questura* gehe.«

»Aber Morriies, ich hab' dich doch extra noch daran erinnert...«

»Naja, ich werde wenigstens die Formulare mitnehmen, dann kann ich sie in Ruhe zu Hause ausfüllen, und das nächste Mal geht es schneller.«

»Um was für Formulare geht es denn?« fragte Roberto und Morris erkannte seinen Fehler sofort. Er hätte das natürlich nicht laut sagen dürfen!

»Wir werden heiraten!« sagte Massimina voll Stolz. Ach, sie genoß es so, das zu sagen! Roberto lächelte, er fand die Situation offenbar höchst amüsant. Jetzt wird er den ganzen Nachmittag damit ruinieren, indem er uns deswegen aufzieht, dachte Morris.

»Den würde ich aber nicht heiraten«, sagte Roberto auch prompt.

»Ach, und warum nicht, mein Herr?« fragte Massimina, auf Robertos Spiel eingehend.

»Ich finde, er ist ein sehr verdächtiger Typ!«

»Nein, Morriies ist...«

»Und obendrein *Engländer!* Man weiß doch, wie die Engländer sind. Außerdem ist er natürlich zu alt.« Roberto drehte sich um und zwinkerte Morris zu. »Schau dich ein bißchen um. Begrab dich doch nicht gleich mit dem ersten Mann, in den du dich verliebt hast.«

»Aber nein«, sagte sie kichernd. »So ist es ja gar nicht. Morriies ist derjenige, der sich gleich mit der ersten...«

»Halt den Mund!« sagte Morris.

Porto Torres erwies sich als geschäftige Hafenstadt voller Touristen, die zwischen den modernen Hotels am Strand und den Läden und Restaurants in der Altstadt hin- und herpendelten, Morris fand Porto Torres ein bißchen vulgär, es gab zuviel knallige Reklame für billige Kamerafilme, zu viele bunte Plüschtiere, Gummiboote und Luftballons, zu viele Scherzartikel und zuviel Plastikspielzeug.

Morris ging direkt zu einem Zeitungshändler und beschaffte sich einen *Corriere della Sera* und *La Mattina*, ehe er die Briefmarken und Postkarten besorgte, um die Massimina gebeten hatte. Solange sie ihre Postkarten oder Briefe an die mythische Adresse in den Bergen schickte, die ihr Morris als angeblichen Aufenthaltsort ihrer Mutter genannt hatte, konnte er es riskieren, daß sie ihre Post selbst expedierte, aber er mußte flexibel bleiben und auf der Hut sein.

»Bitte laß mich auch noch einen Gruß drunterschreiben«, bat er deshalb, ehe er zur Apotheke entschwand. Roberto begleitete ihn. Er suchte irgendwelche orthopädischen Sandalen, und ohne besonderen Grund beschloß Morris, den jungen Mann ruhig sehen zu lassen, was er für das Mädchen besorgte. Massimina war auf den Stufen zu Füßen des Kriegerdenkmals sitzen geblieben, um ihre Postkarten an Mamma und Großmutter zu schreiben.

»Du wirst sie doch nicht etwa bloß deshalb heiraten, weil sie trächtig ist?« fragte Roberto, als sie die Apotheke verließen. Er legte Morris den Arm um die Schultern und zwinkerte mit dunklen, blitzenden Augen.

»Ich heirate sie, weil sie reich ist«, erwiderte Morris.

»Mach Witze.«

»Um genau zu sein, ich will gar nicht heiraten. Aber sie will unbedingt. Und jetzt hat sie diesen Schwangerschaftsterror in Szene gesetzt, um die Dinge zu beschleunigen. Ich bin sicher, sie ist gar nicht schwanger.« Wie könnte sie denn? Sie schliefen doch erst seit zehn Tagen miteinander.

»Du brauchst dich nicht zu entschuldigen«, sagte Roberto. Immer noch glimmte ein Fünkchen Spott in seinen Augen. »Sie ist ein sehr nettes Mädchen. Wenn du sie heiraten willst, ist das völlig in Ordnung. Ich würde es vielleicht sogar selbst tun, wenn ich solche Neigungen hätte.«

Und jetzt wußte Morris plötzlich, warum er Roberto hatte zusehen lassen, als er den Schwangerschaftstest kaufte. Jetzt sah er den Ausweg!

»Genau. Ich sag' auch gar nicht, daß ich sie nicht heiraten werde. Aber es eilt mir nicht so. Deshalb hab' ich den Paß auch ›vergessen‹. Deswegen krieg' ich heute abend bestimmt einen riesigen Krach. Das weiß ich jetzt schon. Sie droht mir ständig damit, zu ihrer Mamma zurückzukehren, wenn ich sie nicht sofort heirate. Und damit sie gleich weiß, wer der Boß ist, schick' ich sie vielleicht tatsächlich erst mal nach Hause.«

»Wenn du jemanden brauchst, der sie aufs Schiff bringt, sag mir Bescheid«, sagte Roberto und zog Morris noch ein bißchen näher an sich heran, was diesem erstaunlicherweise weniger unangenehm war, als er gedacht hätte.

»Vielen Dank, ich werde dran denken«, sagte er kühl.

Dann saßen sie zusammen am Strand. An einem kilometerlangen weißen Strand. Die Sonne brannte herunter. Und plötzlich hatte Morris die Schnauze voll. Es war so heiß, und es ging nichts voran. Er wollte die Dinge in Schwung bringen und seine Zeit nicht mit der Bewachung von Massimina vertrödeln. Er konnte doch nicht ein Leben lang den Babysitter für sie spielen und aufpassen, daß sie keine Briefe nach Hause schickte oder telefonierte. Er wollte jetzt sein Geld investieren und für sich arbeiten lassen. Es juckte ihn geradezu in den Fingern, sein Glück zu versuchen. Mein Gott, wenn er solche Chancen im Leben gehabt hätte wie Roberto zum Beispiel! Er würde jede Woche ein neues Hotel kaufen und einen Konzern aufbauen, so schnell er nur konnte, statt auf seinem Arsch zu sitzen und ein Medizinstudium vorzutäuschen.

»Nein, ich hab' keine Lust, noch mal schwimmen zu gehen«, sagte er. »Geh nur mit Roberto.« (Aus unerfindlichen Gründen hatten Massimina und Roberto ausgerechnet einen großen roten Wasserball aus Plastik zum Spielen gekauft – dabei hatte Morris gehofft, der junge Mann würde ihnen die kulturhistorischen Sehenswürdigkeiten der Stadt zeigen, ein paar Ruinen oder dergleichen. Hatte er nicht davon gesprochen, Porto Torres sei eine »faszinierende Stadt«?) »Ich geh' noch ein bißchen spazieren, solange die Läden noch auf sind.«

Er mußte auch mal etwas riskieren, fand Morris. Wenn Massimina was merkte, dann würde er abhauen. Wenn nicht, dann würde er bleiben. Vielleicht war es das beste, alles dem Schicksal zu überlassen.

Als nächstes riß Morris Massiminas Postkarten in kleine Fetzen und warf sie in den Papierkorb. Bei genauerer Überlegung war es vielleicht doch keine so gute Idee, wenn sich irgendwo in der Provinz Trento-Alto-Adige zu viele Postkarten von einer gewissen Massimina und ihrem Freund Morris ansammelten. Noch dazu mit einer fiktiven Adresse. Nach der Entdeckung des roten Jogginganzugs mußte man einfach auf alles gefaßt sein.

Die Zeitungsberichte waren allerdings völlig harmlos gewesen. Im *Corriere della Sera* stand eine ziemlich unauffällige Meldung, wonach ein Lösegeld gezahlt, das entführte Mädchen aber bislang nicht zurückgekehrt sei. Wie das Geld bezahlt worden war, wurde nicht im einzelnen beschrieben (was Morris als Kompliment empfand: Offenbar wollte man keinem Nachahmungstäter seine geniale Methode verraten). Dafür wurde mitgeteilt, Inspektor Marangoni sei jetzt äußerst besorgt um das Leben des Mädchens. Es bestand der Verdacht, Massimina könnte schon lange tot sein. Die rätselhafte Karte an die Großmutter, so wurde vermutet, könnte gleich am ersten Tag der Entführung geschrieben, aber erst viel später abgeschickt worden sein, um auf diese Weise den Eindruck zu erwecken, das Mädchen sei noch am Leben. Im letzten Absatz wiederum stand, die Schriftexperten und Psychologen der Polizei hätten ermittelt, daß die Karte offenbar nicht unter Zwang geschrieben worden sei, was den Verdacht nahelege, Massimina sei selbst in die Sache verwickelt und wolle ihrer Familie irgendwie einen Streich spielen. Nachforschungen der Polizei im Bekanntenkreis der Familie hatten diese Möglichkeit aber ausgeschlossen. Über die Rimini-Morde stand nichts in den Zeitungen, die Sache wurde offenbar nur als lokale Angelegenheit behandelt.

Der Taschenrechner, den Morris kaufte, stammte von Texas Instruments. Der Verkäufer versicherte ihm, das Gerät sei für jemanden, der viel mit Finanzen zu tun habe, ausgezeichnet geeignet, und zeigte ihm insbesondere die einfachste Methode zur Zinseszinsrechnung. Die Batterien für sein Diktaphon, die er im selben Laden erstand, waren extrem überteuert, fand Morris. Sollte er vielleicht im elektronischen Bereich investieren? Die Branche schien zu florieren.

Als er am S. I. P. vorbeikam, dachte Morris an die verschiedenen Möglichkeiten zu telefonieren. Vielleicht erwartete man ja sogar im Polizeipräsidium in Verona einen Anruf von ihm. Aber dazu war er jetzt zu nervös. Womöglich wurde ja doch alles automatisch registriert. Jetzt, wo er die 400 Millionen im Sack hatte, wollte er mit irgendwelchen Spielchen nichts mehr riskieren.

Sollte er vielleicht Massimina alles erzählen? Womöglich

spielte sie mit? Sie war ja schließlich ein liebes Mädchen, und sonst würde er sie am Ende vermissen. Vielleicht hielt sie es ja alles für einen Riesenspaß. Wenn er die Dinge entsprechend darstellte.

Morris schlenderte die geschäftige Hauptstraße von Porto Torres hinunter und wäre am liebsten gerannt. Es kribbelte ihm in den Fingern, endlich wieder etwas zu unternehmen, und zugleich saß er im Käfig seiner Probleme. Die Sonne brannte herunter, aber seine Haut war mittlerweile gebräunt. Vom Hafen klang eine Sirene herüber. Das mußte die Fähre nach Genua sein. (Warum war er nicht an Bord?) Morris spiegelte sich im Schaufenster einer Keramikboutique mit bunten Tellern und Krügen. Er sah besser aus als jemals zuvor, fand er. Und das gab ihm wieder Auftrieb.

Roberto hatte es irgendwie geschafft, drei junge Männer am Strand aufzugabeln (alte Freunde, behauptete er), und sie gingen alle zusammen zum Essen. Morris hatte wieder einmal das Gefühl, daß er die Dinge nicht richtig im Griff hatte. Die Zahl der Zeugen, die ihn und Massimina zusammen gesehen hatten, stieg ständig. Hunger hatte er überhaupt keinen und bestellte sich bloß einen gegrillten Fisch ohne Beilagen. In einer Woche mußte alles vorbei sein. So oder so.

Die jungen Italiener unterhielten sich über die Wahlen vom vergangenen Sonntag (Morris hatte sie schon völlig vergessen). Zu seiner Bestürzung hörte er, daß die Christdemokraten sechs Prozent Stimmen eingebüßt hatten und die Kommunisten jetzt fast genauso stark waren. Es sah so aus, als ob eine Mitte-Links-Regierung bevorstehen könnte. Eine vage Möglichkeit nur, aber sie hatte genügt, um den Aktienindex in Mailand um zehn Prozent fallen zu lassen. An einem einzigen Tag! Ein Glück, daß er das Geld nicht schon letzte Woche investiert hatte! Andererseits würde der politische Wirbel das Fernsehen noch lange von anderen Themen ablenken.

Massimina kaute lustlos an einem Hummer herum. Sie mußte sich ständig Luft zufächeln, denn der Abend war stikkig und heiß. Als einer der jungen Männer mit ihr zu flirten begann (auf eine ziemlich schwule Art, fand Morris), sagte Roberto, er solle sich vorsehen, das Mädchen würde bald heiraten.

»Er hat ihr heute schon den Schwangerschaftstest in der Apotheke gekauft«, grinste er.

Massimina wurde so rot wie der Hummer auf ihrem Teller. Morris war empört über diesen vulgären Vertrauensbruch und suchte vergeblich nach einer Möglichkeit, um zurückzuschlagen. Er hätte Massimina gern seine Zuneigung gezeigt, aber die Vorstellung, sie unter den Augen dieser lachenden Italiener zu streicheln, schreckte ihn ab. So blieb er am Ende stumm sitzen.

»Bravo! Bravo!« jubelten Robertos Freunde. »Wie wollt ihr euer Kind nennen?«

Massimina erholte sich erstaunlich rasch und begann errötend zu kichern (da konnte man wieder mal sehen, daß es mit ihrer streng katholischen Erziehung nicht so weit her war). Sie faßte Morris mit beiden Händen am Arm, lehnte ihre Stirn an seine Schulter und fragte: »Wie *sollen* wir ihn denn nennen?« Wenn es ein Sohn wäre. Sie habe noch gar nicht darüber nachgedacht.

»Leonard«, sagte Morris. Das war der Name seines Vaters, und er hatte ihn bloß genannt, um dieser albernen Frotzelei endlich ein Ende zu machen. aber jetzt ging das Gejohle erst richtig los. »Ein neuer Leonardo«, schrie Roberto und erinnerte seine Freunde daran, daß Leonardo kleine Jungen geliebt habe. Immer mußten sie große Männer in den Dreck ziehen!

Morris sah rot. Seine Augen flackerten, er mußte einen Moment lang die Luft anhalten, um seinen Wutanfall niederzukämpfen – und erholte sich schließlich.

»Nun, mein Sohn wird sicher ganz anders«, sagte er.

Woraufhin Massimina ärgerlicherweise noch ein *»Vero Morriiees«* hinzufügte. Sie küßte ihn auf die Wange, was weitere Bravos hervorrief.

19

Nachdem ein Gewitter alle Pläne, am Strand weiterzutrinken, abrupt zunichte gemacht hatte, brachte Roberto sie am frühen Abend nach Hause. Es regnete ziemlich hartnäckig, und sie fuhren nahezu schweigend zurück. Da sie es versäumt hatten, rechtzeitig das Dach des Wagens zu schließen, mußten sie auf ihren Handtüchern sitzen, damit sie von unten nicht naß wurden. Gegen elf Uhr waren sie wieder in Palau, und Roberto kam noch einen Augenblick mit ins Haus, um die Toilette zu benutzen. Massimina war immer noch gut gelaunt und als Roberto im Badezimmer verschwand, rief sie hinter ihm her, er solle doch noch auf einen Drink bleiben. (Jetzt bot sie also anderen Leuten Gregorios Schnaps an! Wer von ihnen nahm sich eigentlich größere Freiheiten mit dem Eigentum anderer Leute heraus?) Sie ließ Morris in der Küche zurück und schlenderte in den Salon, wo die Bar war. Unterwegs knipste sie beiläufig den Fernseher an, und das erste, was auf dem Bildschirm erschien, war ihr eigenes Gesicht.

»Morriies! Morriies!«

Der Ton ihrer Stimme sagte ihm alles. Mit der Sodawasserflasche noch in der Hand stürmte Morris ins Wohnzimmer.

»Morriies! Das ist ja unglaublich!« Sie stand mitten im Zimmer. Mit der einen Hand raufte sie sich die Haare, mit der anderen hielt sie ihren Rock fest. »Morriies, ich verstehe das überhaupt nicht. Die denken, ich wäre entführt worden!«

»Waas?«

»Es ist sogar Lösegeld bezahlt worden. Stell dir vor!«

Morris war gerade noch rechtzeitig gekommen, um das vertraute Foto hinter dem Kopf des Nachrichtensprechers verdämmern zu sehen. Eine Sekunde lang fürchtete er, jetzt würde noch Signora Trevisan auftreten und Massimina mit einem verzweifelten Appell ans Telefon stürzen lassen, ehe er Roberto wegschicken konnte. Aber das nächste Bild zeigte eine Chemiefabrik in der Nähe von Mailand, wo es gebrannt hatte.

»Wie können sie das nur glauben, Morriies, nach all den Briefen, die wir geschickt haben. Du hast doch sogar mit ihnen telefoniert. Ich meine, das ist doch nicht möglich. Ich verstehe das nicht...«

»Ich verstehe es auch nicht.«

Morris zitterte an Armen und Beinen, zwang sich aber, die Sodawasserflasche beiseite zu stellen. Er spürte, wie ihm der Schweiß gleich literweise ausbrach.

»Ich kann's gar nicht glauben«, flüsterte er heiser. Das stimmte. Daß Massimina nach fast drei Wochen strengster Überwachung den Fernseher genau in dem Augenblick angestellt hatte, als ihr Bild gezeigt wurde, war wirklich unglaublich.

Sie starrte ihn an, und er wußte, selbst bei ihrer üblichen Langsamkeit konnte es nicht lange dauern, bis sie begriff. Er senkte den Kopf, eine Geste der Demut.

»Ich hab' ihnen nie gesagt, daß du bei mir warst, Mimi«, flüsterte er. »Ich muß dir etwas gestehen... Ich hätte es natürlich nie gemacht, wenn ich geahnt hätte, daß so etwas daraus wird, das mußt du mir glauben, aber...« Im Hintergrund hörte er, wie Roberto die Spülung bediente und die Badezimmertür aufging. »Ich werde Roberto rasch wegschicken, und dann erzähl ich dir alles.«

Jetzt Nerven bewahren! Jetzt kommt's drauf an, Morris Duckworth! Mit raschen Schritten ging er hinaus in den Flur und traf Roberto noch mit der Badezimmertür in der Hand an.

»Robbi...« Er bemühte sich um eine leise, möglichst dramatische Tonlage, damit Roberto beeindruckt war, ohne daß Massimina ihn hörte. »Robbi, ich hab' dir doch heute morgen gesagt, daß ich heute noch einen Krach kriegen würde...

Es sieht leider so aus, als wären wir schon mittendrin. Würde es dir etwas ausmachen…«

Roberto grinste. »Schon gut, schon gut«, zwinkerte er. »Sei bitte nicht zu grausam! Und denk dran, wenn ich sie zum Schiff bringen soll…«

»Danke«, sagte Morris knapp, ganz der Mann, mit dem man nicht spaßte.

»Mach's gut!« Roberto wandte sich zum Gehen. *»Ci vediamo!«* rief er noch über die Schulter, aber Massimina gab keine Antwort. Roberto zog eine Grimasse, als wollte er sagen: »Ist es so schlimm?« Und gab Morris einen aufmunternden Klaps auf die Schulter. »Reg dich nicht auf, sie sind es nicht wert.«

Wann zum Teufel verschwindet er endlich? Raus mit dem Kerl! Hinter sich hörte Morris ein leises Klingeln. *Massimina hatte den Telefonhörer abgenommen!* Er schob Roberto fast mit Gewalt aus der Tür.

»Sehen wir uns morgen?« fragte der junge Mann.

»Ja, gut. *Ciao.*« Noch ehe sich die Haustür völlig geschlossen hatte, rannte Morris ins Wohnzimmer. Er kam gerade noch rechtzeitig, um ihr den Hörer aus der Hand zu reißen. Das Rufzeichen am anderen Ende war schon zu hören.

»Aber ich will sofort mit ihr sprechen«, protestierte Massimina empört. »Ich muß ihr sagen, was los ist. Sie macht sich doch schreckliche Sorgen.« Sie hatte zu weinen begonnen. Verblüffung, Unglauben, Enttäuschung und Ärger waren einfach zuviel. Hinter ihr dröhnte der Fernseher immer noch weiter. Er zeigte jetzt eine Branntweinreklame. Morris schob sich vor das Telefon und umarmte das Mädchen.

»Bitte, laß mich erst mal erklären.«

Massimina sträubte sich und riß sich los. Ihre weitaufgerissenen Augen waren jetzt mißtrauisch und ängstlich. »Was willst du erklären?«

Aber Morris gab noch nicht auf. Er suchte nach seiner sanftesten Stimme. »Komm, setz dich erst mal. Setz dich, und dann erzähl' ich es dir, okay? Du brauchst jetzt gar nichts zu überstürzen. Versprichst du mir, erst mal nichts weiter zu unternehmen, bis ich dir alles erklärt habe?«

Das Motorengeräusch vor der Tür zeigte ihm, daß Roberto endgültig weg war. Sie waren allein in der Villa, und das nächste Haus war mindestens einen halben Kilometer entfernt, wo die Straße nicht mal mehr asphaltiert war.

Morris stellte den Fernseher ab.

»Die Sache ist die«, sagte er. »Am Anfang dachte ich, wenn ich ihnen sage, daß wir zusammen durchgebrannt sind, dann stürzen sie gleich hinter uns her und machen uns fertig. Vor allem mich machen sie fertig. Also hab' ich es ihnen nicht erzählt, wo du bist. Ich hatte einfach Angst, daß sie dich holen und wir nie wieder zusammenkommen.«

»Aber...«

Morris setzte sich ihr gegenüber in einen der ausladenden weißen Chromledersessel. Seine Kaltblütigkeit kehrte allmählich zurück. Jetzt hatte er eine plausible Rolle gefunden, an die er selbst glauben und die er ihr glaubhaft vorspielen konnte. Es war eine Entscheidung gefallen. Er würde dem Mädchen noch eine Chance geben. Danach lag es an ihr. Es war ihre eigene Entscheidung.

»Als ich sie in Quinzano besuchte, hab' ich gesagt, ich wüßte nicht, wo du bist, und die Briefe, die wir ihnen geschrieben hatten, hab' ich zerrissen...«

»Waas?«

»Natürlich hab' ich es sehr bedauert, als die erste Woche vorbei war. Da hab' ich begriffen, wie dumm das gewesen war. Aber gleichzeitig steckte ich schon so tief in der Sache drin, daß ich nicht mehr zurückkonnte. Sonst hätten sie ja gewußt, daß ich gelogen hatte. Das Schlimme an der Sache war nämlich, daß ausgerechnet, als ich bei deiner Mutter war, die Polizei bei ihr aufkreuzte. Denen mußte ich natürlich dieselbe Geschichte erzählen wie deiner Mutter, damit sie nicht... Weißt du, das war auch der eigentliche Grund für meine Krankheit in Rom, glaube ich. Ich war so nervös und hatte ein so schlechtes Gewissen – erinnerst du dich noch, wie durchgedreht ich war, Mimi? Ich war so...« Er ließ seine Stimme ersterben.

Massimina hielt sich weit besser, als er gedacht hatte. Ihre Tränen waren getrocknet. Lediglich ihre Stirn war gerunzelt, und ihre Augen forschten in seinem Gesicht.

Nachdem er ein, zwei Sekunden geschwiegen hatte, sagte sie: »Mein Gott, was bist du doch für ein Idiot.«

»Ja, leider«, sagte er demütig.

»Aber als die ersten paar Tage vorbei waren und du anfingst, dir Sorgen zu machen, warum hast du mir denn da nichts gesagt? Wir hätten uns doch irgendeine Geschichte ausdenken können. Ich hätte wieder nach Hause zurückkehren und sagen können, ich wäre ganz von allein weggelaufen. Aber jetzt...«

»Ich wollte nicht, daß du nach Hause zurückkehrst«, sagte Morris entschlossen und reckte männlich sein Kinn vor. »Ich liebe dich.« (Und das war die Wahrheit. Er fing an, seine Rolle schon fast zu genießen, und Massimina schien allmählich bereit, sein Spiel mitzuspielen.) »Ich wollte auf jeden Fall bis zu deinem achtzehnten Geburtstag durchhalten, damit wir erst heiraten können. Auf diese Weise wäre dann alles entschieden gewesen. Ich konnte ja nicht ahnen, daß deine Familie und die Polizei denken, daß du entführt worden bist. Und schon gar nicht, daß irgend so ein Schwein tatsächlich eine Lösegeldforderung stellt! Das ist ja wie im Kino! Ich dachte, sie gehen davon aus, daß du durchgebrannt bist.«

»Aber wenn in Italien jemand verschwindet, denken die Leute immer gleich, daß er entführt worden ist.«

»Aber ich bin doch kein Italiener«, sagte Morris anklagend. »Ich hätte mir nie träumen lassen, daß so was passiert.« Sollte er ihr von den Telefonanrufen bei der Polizei und ihrer Familie erzählen? Nein, da mußte er sich später noch etwas einfallen lassen. »Ich wäre gar nicht auf die Idee gekommen, daß dich jemand entführt, um Geld zu erpressen«, sagte er düster. »Seid ihr denn so reich? Wieviel Lösegeld ist denn bezahlt worden?«

»Vierhundert Millionen«, sagte sie tonlos.

»Das ist aber nicht viel.«

»Nicht viel? Vierhundert Millionen! Mein Gott...« Ihre Stimme erstickte geradezu vor Respekt angesichts dieser Summe. Vermutlich wurde ihr klar, wie sinnlos ihre ängstliche Sparsamkeit war, dachte Morris. Nun, das geschah ihr ganz recht.

»Ich weiß«, sagte er. »Es ist schrecklich. Aber was soll ich sagen? Wir können das Geld ja nicht mehr zurückholen, nicht wahr?«

»Ich weiß nicht. Vielleicht kann die Polizei etwas machen... O mein Gott, ich kann's gar nicht glauben«, und für einen Augenblick verlor sie wieder die Fassung und fing an zu weinen. »Wenn ich mir das vorstelle«, schluchzte sie. »Und ich war so glücklich! Ich hab' mich zum ersten Mal in meinem Leben richtig gut amüsiert. Ach, mein Gott, es ist wie ein Alptraum.«

Morris wechselte aus seinem Sessel hinüber zur Couch, um Massimina in den Arm nehmen zu können, und eine Sekunde lang sah er, daß sie sich in den großen, schwarzen Scheiben spiegelten, die in den Garten hinausführten. Er mußte die Jalousien herunterlassen, wenn es zu irgendwas kam.

»Ach, Morriies!« Sie vergrub ihr Gesicht an seiner Schulter.

»*Cara*, wir müssen uns einfach nur überlegen, was wir jetzt tun. Wenn wir zurückkehren und der Polizei alles erzählen, stecken sie mich bestimmt ins Gefängnis. Was weiß ich, wegen Meineid oder dergleichen. Auf jeden Fall dürfen wir uns dann nie wieder sehen. Mimi...« Seine Stimme wurde plötzlich ganz weich, und nicht mal absichtlich. »Du bist das erste Mädchen, mit dem ich jemals zusammen war, Mimi. Ehrlich. Und mit Sicherheit die erste, in deren Umgebung ich mich je wohlgefühlt habe. Wenn ich dich verliere, dann...«

Mit rotgeweinten Augen sah sie ihn an. »Und was machen wir jetzt?«

»Du mußt ihnen erzählen, du wärst wirklich entführt worden.«

»Was?«

»Du sagst, du wärst entführt worden und die Kidnapper hätten dich gerade freigelassen.«

»Du bist verrückt, Morriies. Das können wir doch nicht machen! Ich...«

»Hör zu, wir fahren sofort zurück aufs Festland, gleich morgen früh; und sobald du in Rom bist, gehst du direkt zur Polizei, oder noch besser, du fährst irgendwo an den Stadtrand in der Nähe der *Autostrada* und rufst die Polizei von da an. Du sagst, die Kidnapper hätten dich gerade aus dem Auto geworfen.«

Massimina blieb eine Minute lang vollkommen stumm. Es wäre wirklich phantastisch, dachte Morris, wenn sie das durchziehen könnten. »Du behauptest, sie hätten dich in einem Schrank gefangengehalten und du hättest die ganze Zeit eine Augenbinde getragen. Du hättest deine Entführer auch nie reden hören, außer wenn sie dir Essen gebracht haben, und da hätten sie neapolitanisch geredet. Du schaffst das schon irgendwie. Und in einem Monat oder so komme ich zurück nach Verona. Dann bist du schon achtzehn, und wir können notfalls auch ohne Zustimmung deiner Mutter heiraten.«

»Und was ist, wenn sie den Mann fassen, der das Lösegeld kassiert hat?« fragte sie.

»Den finden die nie«, sagte Morris.

»Aber...«

»Einen anderen Ausweg sehe ich nicht. Sonst komme ich bestimmt ins Gefängnis, und dich werden sie womöglich auch irgendwie drankriegen, und zusammensein können wir nie wieder.«

»Und was ist mit dem Baby? Was ist mit unserem Leonardo?«

Daran hatte er überhaupt nicht gedacht.

»Wenn das Kind auf die Welt kommt, sind wir bestenfalls

sechs oder sieben Monate verheiratet, und dann kann sich jeder ausrechnen, daß es ungefähr jetzt gezeugt worden sein muß.«

»Aber du weißt doch noch nicht mal, ob du überhaupt schwanger bist, Massimina. Du darfst nicht gleich das Schlimmste annehmen. Es wäre allerdings verdammtes Pech, wenn es so wäre. Wir haben auch so schon genug Schwierigkeiten.«

»Ich bin mir ganz *sicher.*«

»Aber wieso denn? Sicher kannst du dir doch gar nicht sein.«

»Als Frau weiß man das«, sagte sie.

»Ach Quatsch. Du kannst es überhaupt nicht genau wissen, ehe du nicht...«

»Aber ich bin mir ganz sicher.«

»Na schön, dann mußt du eben sagen, sie hätten dich vergewaltigt«, knurrte Morris. Seine Geduld war am Ende. Sie trieb es zu weit. »Sag ihnen, das wäre der Grund dafür gewesen, daß sie dich solange nicht freigelassen hätten, obwohl das Lösegeld schon bezahlt war. Sag ihnen, sie hätten dich nicht gehen lassen wollen, ehe sie nicht Sex mit dir gehabt hätten. Du hättest dich eine Zeitlang gewehrt, aber schließlich doch nachgeben müssen. Auf diese Weise ist dann auch deine *Mamma* zufrieden. Sie wird sogar glücklich sein, wenn ich dich unter diesen Umständen noch heirate, weil sie denkt, es will dich sonst keiner mehr.«

»Oh, ich hasse dich«, schrie Massimina mit funkelnden Augen, stieß ihn weg und spuckte ihn an.

Aber Morris rührte sich nicht. Er faßte sie nicht mal an. Er blieb eiskalt. Morris Duckworth hatte alles im Griff. Er habe sie nicht beleidigen wollen, sagte er und versenkte seine Augen in ihren. Es tue ihm leid. Seine Stimme bemühte sich um Ernsthaftigkeit und Intensität. Es sei ehrlich nur die Verzweiflung über ihre Situation, das müsse sie doch begreifen. Sie sollten jetzt einfach zusammen ins Bett gehen und eine Nacht darüber schlafen. Morgen früh sähe bestimmt alles wieder viel besser aus. Nach all dem Wein, den sie getrunken hätten, sollten sie lieber nichts überstürzen. Damit wandte er sich ab, um die Jalousien herunterzulassen.

Dann lagen sie nebeneinander im Bett. Massimina weinte sich in den Schlaf, und Morris streichelte sie. Es war heiß und stickig, und im Garten zirpten unablässig die Grillen. Er versuchte sich mit aller Kraft einzureden, es könnte trotz aller Hindernisse durchaus funktionieren. Sie war ein phantastisches Mädchen und so tapfer, und die Idee war einfach genial. Andererseits, rein vom finanziellen Gesichtspunkt, waren die 400 Millionen wahrscheinlich gar nicht genug für seine Bedürfnisse. Eine attraktive Summe, natürlich, aber für ein ganzes Leben wohl doch nicht genug. Jedenfalls nicht für ein so erfülltes Leben, wie er es verdient hatte. Es wäre bestimmt nicht schlecht, wenn er auch mit dem Rest ihres Geldes verheiratet wäre. Die Familie hatte sicher noch mehr zu bieten als die kümmerlichen 400 Millionen, die er schon hatte.

Ein solches Arrangement hatte aber auch Nachteile. So würde er sein ganzes Leben lang fürchten müssen, daß doch noch etwas herauskam. Und er war vollkommen abhängig von Massimina. Wer weiß? Vielleicht würde sie ab und zu sogar eine kleine emotionale Erpressung versuchen? »Wenn du nicht nett zu mir bist, Morris, dann zeig' ich dich an.« Oder sie würde sich mal verplappern. Bei einer Party zum Beispiel, wenn sie getrunken hatte. Sie neigte dazu, sich zu betrinken. Mehr als er gedacht hätte. Aber mit alldem würde er fertig werden. Er hatte sich so daran gewöhnt, in ihrer Nähe zu sein. Zum ersten Mal in seinem Leben. Und der Gedanke daran, nicht mehr mit ihr... Unerträglich.

Er würde es also riskieren. Sie würden heiraten, und sie würde ihm jenes Ansehen verschaffen, das er schon immer so gerne gehabt hätte. Sie würden eine Familie gründen (der Schwangerschaftstest mit all den kleinen Flaschen und Chemikalien, die irgendwelche Ringe bilden sollten, stand schon im Badezimmer bereit). Geld genug für ein Kindermädchen und anderes Hauspersonal würden sie auch haben, so daß er in aller Ruhe seinen geschäftlichen und kulturellen Interessen nachgehen konnte. Er betrachtete ihren geschwungenen Rücken.

»Mimi, schläfst du schon?«

Nichts.

»Mimi?«

Wieder nichts. Na gut, dann konnte er jetzt auch etwas dösen. Richtig schlafen konnte man in dieser schwülen Hitze ja sowieso nicht – und dafür war Morris ganz dankbar. Er hatte das Gefühl, daß er diese Nacht besser wach bleiben sollte. Er ließ sich zurücksinken und lauschte den Grillen und dem weit, weit entfernten Donnergrollen am Rande seines akustischen Horizonts.

Morris machte die Augen auf, und ringsum war es stockfinster. Er bahnte sich einen Weg aus dem Abgrund des Schlafs und zwang sich, ganz wach zu werden. Neben ihm war das Bett leer. Seine Hand, die nach ihrem Körper suchte, berührte ein zerknittertes, leeres Laken. Noch ehe er ganz bei Bewußtsein war, war er schon aus dem Bett. Seine Finger tasteten nach dem Lichtschalter. Wo war das verdammte Ding bloß? Irgendwo drehte sich die Wählscheibe eines Telefons. Gut, daß seine Ohren so zuverlässig waren! Er stürmte den Korridor hinunter ins Wohnzimmer, und da stand Massimina in völliger Dunkelheit. Nur ihr weiß schimmernder Körper führte ihn zu ihr hin.

»Mama, ach Mama, ich bin in Sicherheit, ich bin in...«

Dann hatte er den Hörer auch schon in der Hand und knallte ihn auf die Gabel.

»Du hast doch versprochen... Du hast versprochen, nicht zu telefonieren, ehe wir zurück auf dem Festland sind.«

»Ich hab' überhaupt nichts versprochen. Ich hab' gesagt, ich werd' drüber schlafen.«

»Was soll denn das? Wenn du jetzt anrufst, überprüfen sie, wo der Anruf herkommt, und dann ist es aus. Wer weiß, vielleicht wissen sie schon, wo wir sind. Wenn sie herausfinden, daß wir die ganze letzte Woche hier waren, sind wir geliefert.«

»Du hast immer irgendwelche schlauen Pläne, was?« Ihre Stimme war kalt. Sie war splitternackt. Ihre großen Brüste hoben sich und zitterten leicht. Sie keuchte vor Ärger. »Ich hab' es mir überlegt. Alles, was war. Und alles, was kommt. Dies, das oder sonst irgendwas. Immer hast du irgendeinen Plan, der alles so hinbiegt, wie es dir paßt.«

»Aber Mimi...« Gott wußte, daß er kämpfte. Und das, worum er bettelte, war ihr Leben, ihr Leben, ihr Leben. Er drehte sich um und knipste das Licht an.

»Diese angeblichen Telefonanrufe, die Briefe, die du mich hast schreiben lassen, aber nie abgeschickt hast. Die Adresse in den Bergen. Mein Gott! Wie soll ich dir je wieder trauen?«

»Aber, *Cara!* Für dich, nur für dich hab' ich das alles getan!«

»Ich glaube, du machst dir überhaupt nicht klar, daß da in Verona meine Mutter am Telefon sitzt und auf mich wartet und leidet und das schon seit Wochen. Und alles, was ich tun muß, ist, den Hörer abnehmen und sie anrufen, und dann ist sie erlöst! Und daran willst du mich hindern?«

»Aber...«

»Du überschätzt dich«, sagte sie entschlossen und griff nach dem Hörer. »Du bist eigennützig, egoistisch und eitel.«

»Du läßt mich also im Stich?« fragte Morris und lehnte sich an die Tür. Er war überrascht, wie leid er sich tat und wie sehr ihn das alles verletzte. Sie wollte das also nicht mit ihm durchstehen. Aber auf einer anderen Ebene waren ihre Worte genau das, worauf er gewartet hatte, was er noch brauchte.

Massimina, mit dem Hörer in der Hand, schürzte die Lippen. »Nein, ich lasse dich nicht im Stich. Ich sage bloß, daß wir der Wahrheit jetzt ins Gesicht sehen und die Konsequenzen tragen müssen. Die stecken dich schon nicht ins Gefängnis. Du hast ja nichts weiter Schlimmes getan. Und vielleicht erwischen sie ja sogar den Mann...«

»Aber Mimi«, er winselte jetzt schon beinahe und haßte sich deswegen. »Mimi, sie werden unweigerlich...«

»Ich werde nicht erlauben, daß die Leute denken, mein Sohn wäre das Kind eines Kidnappers, der mich vergewaltigt hat.« Ihre Finger tasteten nach der Wählscheibe.

Morris zitterte vor Wut. Seine Geduld war am Ende. Seine Haut prickelte. »Aber du weißt ja noch nicht mal, ob du überhaupt schwanger bist. Verdammte Scheiße!« Er wartete, aber sie sah ihn nicht einmal an. »Bitte Mimi, wähl nicht! Wenn du mich lieb hast, um Himmels willen, tu's nicht!«

Sie kratzte sich unter der Brust und wählte die erste Zahl. »Ich liebe dich nicht. Und ich werd' dich auch nie wieder liebhaben, wenn du so herumschreist.«

Sie hatte ihn nicht einmal angesehen. Sie liebte ihn nicht.

Er wandte sich ab und ging in Gregorios Zimmer. Es waren nur drei Schritte, und das Licht aus dem Wohnzimmer wies ihm den Weg. Er griff nach dem Briefbeschwerer und nahm ihn vom Schreibtisch. Massimina wählte immer noch, als er zurückkehrte.

»Mimi, *bitte tu's nicht!* Wir können sonst nie mehr zusammensein. Bitte glaub mir!«

Massimina hob den Kopf, sah wohl auch den Briefbeschwerer in seiner Hand, begriff aber nicht.

»Halt den Mund«, sagte sie. Ihr Blick kehrte zum Telefon zurück. Sie streckte die Hand aus, um die letzte Nummer zu wählen, und in diesem Augenblick schlug er zu.

Der Briefbeschwerer traf sie direkt über dem linken Ohr. Um diesen Punkt zu erreichen und seine volle Kraft in den Schlag legen zu können, mußte Morris seine Arme hoch über den Kopf heben, so daß eine Sekunde lang an der gegenüberliegenden Wand ein riesiger Schatten über ihr schwebte, aber den sah sie zu spät. Morris bleckte die Zähne, und die schwere gläserne Kugel kam mit großer Wucht herunter. Massimina fiel rücklings zu Boden, ihr Hinterkopf schlug hart auf, dann lag sie still und nackt auf dem Marmor. Nicht mal ein Schrei, aber den hätte ohnehin niemand gehört. Im nächsten Augenblick hatte Morris sie auf den Bauch gedreht, schob ihr ein rotes Seidenkissen der Familie Ferroni unters Gesicht, packte sie an den Haaren und preßte ihren Kopf auf das Kissen, obwohl er schon wußte, daß es nicht mehr nötig war, sie zu ersticken. Der Schlag mit dem Briefbeschwerer war mehr als genug gewesen.

Dann saß Morris wieder im Dunkeln. Er hatte aus Sicherheitsgründen das Licht ausgeknipst, saß in der Dunkelheit und betrachtete Massiminas nackten, weiß schimmernden Leichnam. Diesmal war alles ganz anders. Diesmal war ihm übel. Er fühlte sich merkwürdig. Sein Gesicht war mit Tränen bedeckt. Ausgerechnet Mimi! Warum nur war dieser Kelch nicht an ihm vorübergegangen? Warum hatte sie nicht vernünftiger sein können? Es war ihre eigene Schuld.

Vielleicht drehte er diesmal komplett durch? Er konnte es geradezu spüren. Er schloß die Augen, und große dunkle Räume umschlossen die grellen pulsierenden Lichter in seinem Schädel. Das herandrängende Schwarz erdrückte das kreischende Blau und Rot. Aber als er die Lider wieder öffnete, tauchte die bleiche, unbestimmte, leblose Gestalt Massiminas auf und trieb durch die Schatten. Daß Menschenleben so zerbrechlich waren, daß man sich mit einem Schlag alle Probleme vom Hals schaffen konnte, war doch nicht seine Schuld, oder? Er hatte nicht vorgehabt, sie zu töten. Er hatte etwas ganz anderes gewollt (er hätte das Gespräch aufzeichnen sollen). Es war einfach bloß Pech, daß er... Morris preßte sich die Hand auf den Mund und rannte ins Bad, um zu kotzen.

Als er zurückkam, hatte er plötzlich die Vorstellung, Massimina könne vielleicht doch noch nicht tot sein. Er rannte die letzten Meter über den Flur und stürzte sich förmlich ins Wohnzimmer. Er wünschte, er könnte sie umdrehen, ihren Mund küssen und ihr irgendwie Leben einhauchen. Aber als er neben ihrer Leiche stand, stoppte er und wandte sich ab. Ihre Nacktheit ängstigte ihn. Er mußte sie loswerden, und er mußte sie *schnell* loswerden. Er mußte die Leiche wegschaffen. Hundert Meilen weit weg. Er mußte die Leiche verstekken, am besten völlig vernichten. Wie, wußte er auch nicht. Aber das alles waren Probleme, die ihm helfen würden, seine Gefühle wieder unter Kontrolle zu bringen. Wenn er hier sitzen blieb und sie anstarrte, war er verloren.

Fünf Uhr. Draußen graute wahrscheinlich der Morgen. Morris zog sich eilig an und ging hinaus in den Garten, wo er vor Tagen schon am Rande der Felsen einen halbversteckten Werkzeugschuppen entdeckt hatte, in dem sich einige große Plastiksäcke mit Kunstdünger befanden. Ein leerer Sack bedeckte den Rasenmäher, drei volle lehnten an der Wand. Morris zerrte den vordersten heraus, schnitt ihn auf und kippte ihn aus. Ein Strom von blauen Kristallen ergoß sich und bildete einen glitzernden Hügel. Er nahm die beiden leeren Säcke und trug sie ins Haus. Im Inneren brannte immer noch das elektrische Licht, und er brauchte es auch, denn er hatte nicht die Absicht, die Jalousien zu öffnen. An der Haustür wischte er sich sorgfältig die Schuhe ab, ehe er ins Wohnzimmer ging, wo die Leiche lag.

Sie umzudrehen und ihr Gesicht anzusehen, würde nicht nötig sein. Wenn er ein bißchen Glück hatte, brauchte er sie gar nicht groß anzufassen. Er mußte bloß das Kissen unter ihrem Kopf wegziehen und ihr dann so weit wie möglich den ersten Sack überstreifen. Und wenn sie noch lebte? Wenn sie sich umdrehte, keuchte, ihn ansah? Nein, sie war tot. Morris beugte sich zu dem nackten Mädchen herunter, holte tief Luft und führte seinen Plan aus. Es war mühselig, die Arme wollten nicht in den Sack passen, die Brüste wurden gequetscht, und einen Augenblick lang dachte Morris, sie wären zu groß, der Sack wäre zu eng für Schultern und Brüste, aber am Ende, mit ein bißchen Druck, rutschte doch alles hinein. Er streifte den Sack immer weiter hinunter, hob sie hoch und zog, bis der Sack ihre Hüften umschloß. Als er sie jetzt ansah, oder das, was man noch von ihr sah, überwältigte ihn plötzlich eine Welle von Zuneigung. Er stellte sich vor, wie es wäre, jetzt ihre süßen Schenkel zu küssen. Aber er behielt die Kontrolle. Auf solche perversen Sachen durfte er sich wirklich nicht einlassen. Auf gar keinen Fall. Er griff nach dem anderen Sack und hatte ihn der Leiche schon bis über die Knie gezogen, als das Telefon klingelte.

Das Geräusch traf Morris wie ein Hammerschlag oder eine Gewehrkugel. Er war wie betäubt. Das Telefon, an einem Donnerstagmorgen um sechs? Sie hatten Massiminas Anruf geortet und riefen zurück. Nein. Nach so einem Anruf telefonierte man nicht. Da schickte man zehn Streifenwagen mit Polizisten. Trotzdem war es besser, wenn er nicht dranging. Er war zu nervös. Nach zehnmal Läuten hörte das Ding endlich auf.

Er arbeitete jetzt wie wahnsinnig. Das Telefon hatte ihm Angst gemacht. Er fühlte sich wie ein gejagtes Tier, das die Hunde eingekreist hatten. Zum ersten Mal wurde ihm jetzt bewußt, daß er dieses Gefühl schon immer gehabt hatte. Sein ganzes Leben lang hatte er damit gelebt und genoß es schon beinahe. Er arbeitete rasch und geschickt, zog den zweiten Sack so weit wie möglich über den ersten und ging ins Schlafzimmer, um dort aufzuräumen.

Er sammelte alles ein, was ihr gehörte: Büstenhalter, Badeanzug, Höschen und Slips, die schmutzigen Sachen im Bad, und ihre Handtasche natürlich, wo war ihre Handtasche? Da. Morris brachte alles ins Wohnzimmer und stopfte es in den unteren Sack. Da fiel ihm der Christophorus ein. Den durfte er doch nicht an ihrem Hals lassen! Wenn die Leiche nun entdeckt und das Medaillon identifiziert wurde? Was dann? Sie würden doch irgendwann herausfinden, daß es aus Giannis Brieftasche stammte, nicht wahr? Nein, allmählich wurde er paranoid. Vergiß es. Er würde den Sack nicht wieder herunterziehen. Auf gar keinen Fall.

Als alle Kleidungsstücke und Schuhe Massiminas im Sack steckten, drehte er die Leiche auf den Rücken, klappte die Füße auf das Gesicht und hielt sie dort mit Gewalt fest, bis er seinen Gürtel herausgezerrt hatte. Dann schnürte er Hals und

Knöchel des Mädchens zusammen. Er brauchte all seine Kraft, aber schließlich war es geschafft. Ein bißchen ausgefranst in der Mitte, aber das konnte warten. Das Wichtigste war jetzt, daß er sie aus dem Haus schaffte und aufräumte. Er packte die Enden der Säcke in der Mitte, wo sie offen waren, und schleifte das Paket auf den Flur, die beiden Stufen vor der Haustür hinunter (als der Hinterkopf des Mädchens auf die Steinkante schlug, zuckte er kaum noch zusammen) und dann durch den Garten bis hinter den Schuppen.

O verdammt! Was sollte er bloß mit dem leuchtendblauen Düngerhaufen machen, der da auf dem Rasen herumlag? Nichts. Den konnte er hinter den Schuppen schaufeln und liegen lassen. Keinem Menschen würde das auffallen. Gregorio jedenfalls nicht, und seine Eltern würden dieses Jahr, nach der schweren Operation seines Vaters, bestimmt nicht mehr herkommen. Und falls nächstes Jahr jemand darauf stoßen sollte, war es eben eines jener kleinen häuslichen Rätsel, von denen es im Leben genug gab. Ein großer Haufen Kehricht hinter der Klotür, ein in Seidenpapier verpacktes Schmuckstück, das man noch nie gesehen hat, im Gästezimmer hinter dem Schrank – solche Dinge waren verhältnismäßig normal. Man mußte nicht gleich auf Mord schließen, wenn man unerklärlicherweise einen Haufen Kunstdünger hinter dem Haus fand. Er schaufelte die blauen Kristalle hinter den Schuppen, fegte den Plattenweg mit einem Reisigbesen sauber und schleifte dann auch die Leiche hinter den Schuppen. Das war nur für den Augenblick. Jetzt mußte er sich auf das Haus konzentrieren.

Er überprüfte als erstes das Schlafzimmer und machte sorgfältig sauber. Jede Spur des Mädchens mußte verschwinden. Eine kleine Tasche mit Nagellack und eine Schachtel Tampax hatte er übersehen, außerdem ein Papiertaschentuch mit abgeschnittenen Fußnägeln (und das, nachdem er ihr empfohlen hatte, sie wachsen zu lassen!). Im Badezimmer stand noch der Schwangerschaftstest. Komisch, wie hatte er den nur vergessen können? Morris hielt einen Augenblick inne, um die Gebrauchsanweisung zu lesen, aber es war zu kompliziert, soviel Zeit hatte er nicht. Außerdem, wen interessierte das jetzt noch? Zusammen mit den übrigen Fundsachen fegte er alles in eine Plastiktüte, die er draußen in das offene Ende des unteren Düngersacks stopfte. Den würde er auch noch zubinden müssen. Er nahm sich vor, nach einem guten Strick Ausschau zu halten.

Gegen halb neun machte sich Morris daran, den Marmorfußboden des Wohnzimmers noch einmal sorgfältig mit warmem Wasser und Alkohol abzuwaschen, und weil er fast fertig war, pfiff er leise vor sich hin. Er hatte eben zu singen begonnen (*»Durch die Nacht der schwarzen Zweifel / Vorwärts zieht die Pilgerschar«)*, als seine Stimme plötzlich vom Motorengeräusch eines Wagens übertönt wurde, der die Auffahrt heraufkam. Bremsen kreischten, der Kies vor dem Haus knirschte, eine Autotür knallte zu, dann eilige Schritte.

Mit Signora Ferronis Schürze noch um die Hüften stolperte Morris zur Haustür, sein Geständnis bereits auf den Lippen. Es hatte ja keinen Sinn mehr, zu leugnen. Wenn sie doch bloß zwei, drei Stunden früher gekommen wären! Dann wäre Massimina jetzt noch am Leben. Morris hätte am liebsten geheult. Er war so schrecklich allein. Mimi, liebste Mimi! Ach, wären sie doch nur zwei Stunden früher gekommen!

»Hallo, Morris! Da bist du ja! Warum bist du denn nicht ans Telefon gegangen, vorhin? Es hat doch geklingelt, oder?«

Gregorio kam die Stufen herauf. Er trug Shorts, und seine langen, athletischen Beine sahen ebenso braun und gesund aus wie sein Gesicht und seine üppigen schwarzen Locken. Ach, er war ja so froh, wieder hier auf der Insel zu sein! Und seine Prüfungsergebnisse lägen jetzt auch vor. Es sei nicht zu glauben, sagte er, aber er habe tatsächlich bestanden! Gregorio lachte vergnügt. Morris starrte ihn ungläubig an und wich langsam ins Innere des verdunkelten Hauses zurück. Würde er jetzt auch noch Gregorio umbringen müssen?

»In Englisch hab' ich sogar eine Zwei! Eine Zwei! Mama ist beinahe in Ohnmacht gefallen!«

»Glückwunsch«, krächzte Morris mühselig.

Dann stürzte er sich auf die Koffer des jungen Mannes und trug sie ins Haus.

»Ich weiß, es war verdammt früh«, sagte Gregorio. »Aber du hättest ruhig ans Telefon gehen können, du Schlafmütze. Ich bin mit der Nachtfähre gekommen und dachte, du machst schon mal Frühstück.«

»Du bist eher wieder da, als du dachtest«, sagte Morris.

»Ja, sie haben Papa früher aus dem Krankenhaus entlassen und ich... Was zum Teufel machst du da im Wohnzimmer? Wie kommst du auf die Idee, am frühen Morgen den Boden zu wischen?«

»Ja, weißt du, ich wollte eigentlich abreisen«, sagte Morris und suchte vergeblich nach einer irgendwie natürlich klingenden Stimme. Er stellte den Koffer ab, den er noch in der Hand trug, und zog eilig die Jalousien hoch, um die Aura von Heimlichtuerei zu vertreiben. Und der Geruch? Roch der Raum irgendwie? Nein, bestimmt nur nach dem Reinigungsmittel.

»Abreisen?«

»Ja, weißt du, deshalb hab' ich wahrscheinlich auch das Telefon nicht gehört, heute morgen. Es ist alles ein bißchen kompliziert, weißt du. Komm, setz dich in die Küche, ich mach uns mal einen Kaffee, dabei kann ich dir alles erzählen.« Seine Stimme klang ungefähr so natürlich wie eine Wagner-Arie. Aber dafür war er ja Ausländer. Seine plötzliche Unbeholfenheit und den merkwürdigen Tonfall würde Gregorio sicher dem Umstand zuschreiben, daß er Engländer war. Vielleicht sollte er gleich noch ein bißchen Akzent simulieren?

Sie saßen sich an der Frühstückstheke gegenüber und betrachteten die Kaffeemaschine. Gregorio knabberte Kekse, und Morris erklärte. Er sei jetzt seit fünf Tagen hier, und seine Freundin...

»Ach, eine *Freundin?* Ich dachte, du hättest einen Jungen dabei?«

»Wirklich? Wie kommst du denn darauf?«

»Am Telefon hast du *amico* gesagt.«

»Wirklich?« Morris sah Gregorio unschuldig an und begegnete seinem Blick ohne mit der Wimper zu zucken. Gregorio errötete leicht. »Nein, ich war mit einer Freundin unterwegs. Jedenfalls...«

»War das die, mit der ich dich auf der Piazza Bra gesehen habe? Die mit dem roten Jogginganzug?«

»Wer? Nein, nein. Das war nicht meine Freundin.« Er versuchte ein komplizenhaftes Grinsen, und das schien ihm auch zu gelingen. »Na ja. Jedenfalls hatten wir letzte Nacht einen ziemlichen Streit. Sie will unbedingt heiraten. Sie bildet sich ein, sie wäre schwanger, und so weiter. Als ich ihr gesagt habe, man dürfe so etwas nicht überstürzen, hat sie völlig durchgedreht. Sie wolle sofort abreisen, hat sie gesagt und ihre Sachen gepackt. In aller Herrgottsfrühe mußte ich sie nach Palau bringen. Ich hab' den ganzen Weg ihre Taschen geschleppt...«

»Willst du damit sagen, daß du heute morgen um sechs, als ich telefoniert habe...?«

»Du weißt ja, nach Palau sind es fünf Kilometer, und der erste Bus nach Olbia fährt um sieben Uhr zehn.« Morris hatte keine Ahnung, wann der Bus fuhr, aber das würde Gregorio noch weniger wissen. Gregorio sah Busse im Zweifelsfall immer nur dann, wenn er sie mit einem der Autos seines Vaters zu überholen versuchte. Ein warmes Gefühl der Befriedigung überrieselte Morris: Ein Auto konnte er sich jetzt auch leisten! (O verdammt, er mußte das Geld aus Gregorios Kleiderschrank holen!)

»Ich hab' ihr natürlich gesagt, sie sollte bis neun warten, dann würde Roberto sie bestimmt abholen, aber du weißt ja, wie Frauen sind: Ich wäre ein Ungeheuer, hat sie gesagt, und sie müßte sofort von hier weg. Und deshalb mußte ihr das Ungeheuer zur Strafe das Gepäck fünf Kilometer weit schleppen und dann dieselben fünf Kilometer wieder zurücktraben.«

Es stand Morris alles deutlich vor Augen, er fühlte sich sogar richtig geschafft von all den Strapazen. »Jedenfalls, als ich zurückkam, dachte ich: Jetzt machst du noch richtig sauber und dann haust du auch ab. Es macht ja keinen Spaß, wenn man plötzlich allein dasitzt.«

Jetzt, wo er darüber nachdachte, wurde ihm allerdings bewußt, daß er liebend gern ein paar Tage allein in der Villa zugebracht hätte.

Gregorio schien die Geschichte zu schlucken, und als er dann seinen Kaffee trank, sagte Morris, er müsse mal auf die Toilette. Statt dessen rannte er in Gregorios Schlafzimmer, zog leise den Plastiksack mit dem Geld hinter den Pullovern hervor, trug ihn in sein eigenes Zimmer und versteckte ihn in seiner Tasche. Hervorragend. Hatte er noch etwas vergessen? War noch irgend etwas im Haus, was ihn verraten konnte? Den Briefbeschwerer hatte er abgewaschen und wieder an Ort und Stelle gelegt. Gab es irgendwelche Spuren im Waschbecken? Nein. Das Mädchen hatte ja kaum geblutet. Der Fußboden war sauber. Die Kleider waren alle weg. Und auch sonst alle Sachen.

»Aber jetzt bleibst du noch ein paar Tage, ja?« Morris zuckte zusammen. Gregorio stand in der Tür, die Kaffeetasse in seiner Hand.

»Ein, zwei Tage vielleicht. Aber ich muß bald zurück. Ich muß mir Arbeit suchen, ehe das Geld alle ist.«

Wie lange dauerte es eigentlich, bis eine Leiche zu stinken begann? Und wann würde Gregorio wohl aus irgendeinem Grund in den Garten gehen und hinter dem Schuppen herumkriechen?

»Was machst du denn heute?« fragte Morris direkt.

»Ich dachte, ein fauler Tag am Strand mit Roberto wäre genau richtig. Außerdem muß ich unbedingt zum Friseur.«

Diese Leute verbrachten ihre Tage immer nur faul am Strand. Und daß Gregorio die Englischprüfung bestanden hatte, war ein Skandal. Wahrscheinlich hatte seine Mutter den Prüfer bestochen oder sonst irgendwas. Er folgte Gregorio ins Badezimmer und sah zu, wie der junge Mann sich rasierte.

»Ja, wenn das so ist, würde ich dich gern um etwas bitten«, sagte Morris und erklärte ausführlich, daß er auf der Überfahrt einen reichen Industriellen kennengelernt habe, der ihm vielleicht einen Job in seinem Büro geben wolle. Dieser Mann, offenbar ein Graf oder so etwas, habe ihn eingeladen, ihn zu besuchen. In seiner Villa in La Caletta. Ursprünglich habe er vorgehabt, mit dem Bus dort vorbeizufahren, ehe er aufs Festland zurückkehrte, aber nachdem ihn Gregorio jetzt eingeladen habe, noch ein paar Tage zu bleiben, ob er dann vielleicht...

»Kein Problem«, sagte Gregorio augenblicklich und fuhr mit dem Rasierer durch den weißen Schaum auf seinem Hals. »Nimm nur den Wagen.« Morris betrachtete ein Päckchen Rasierklingen, die auf dem Badezimmerschränkchen herumlagen. Absurd, wie verletzlich Menschen doch waren.

»Vielleicht fahren wir zuerst zu Roberto. Da kannst du mich absetzen und dann deinen Grafen besuchen.«

20

Das einzige Problem bestand darin, daß er von Robertos Hotel aus in die falsche Richtung fahren mußte, um zur Villa zurückzukehren und Massiminas Leiche zu holen. Es gab keine andere Straße. Würden die beiden deswegen mißtrauisch werden? Möglich war es. Aber Morris wußte inzwischen, daß es sinnlos war, sich wegen irgendwelcher Risiken Sorgen zu machen, wenn es keine Alternative gab. Man mußte einfach tun, was zu tun war. Morris fuhr also zunächst in Richtung La Caletta, wendete dann nach einem Kilometer und fuhr so unauffällig wie möglich an dem weißen Hotelgebäude vorbei zu Gregorios Villa zurück. In einer der Schubladen dort hatte er ein altes Springseil gesehen. Das konnte er benutzen, um sie zusammenzuschnüren.

Morris stieß mit dem Wagen bis dicht neben den Schuppen zurück und ging dann zum Haus, um das Springseil zu holen. Aber die Tür war verschlossen, und den Schlüssel hatte er nicht mehr. Den hatte er Gregorio gegeben. Verdammt. Dann mußte er ein Seil kaufen. Ein Springseil am besten. Das würde in einem Badeort wie Palau kein Problem sein.

Ein Rascheln hinter dem Schuppen erschreckte ihn, als er zurückkam. Es mußte ein Vogel sein, es *durfte* nichts anderes sein. Tatsächlich hüpfte ein Spatz in der Nähe der Säcke herum. Morris packte die Tote und schleifte sie weg. Er hatte gedacht, sie wäre inzwischen steif geworden und leichter zu handhaben, zusammengekrümmt, wie sie war. Aber nein. Das Paket wabbelte hin und her und drohte, sich aus den Säkken zu schälen. Die berühmte Leichenstarre war also auch bloß ein Mythos. Die Säcke ließen sich einfach nicht manövrieren. Morris wollte ja mit dem Mädchen nicht pietätlos umgehen, aber was sollte er machen? Er zerrte und schob den Leichnam bis unter die hintere Stoßstange des Wagens und suchte dann nach dem Kofferraumschlüssel. Er mußte doch da sein, verdammt. Noch mal alle probieren. Ja, endlich. Der Kofferraum war voller Gerümpel. Turnschuhe, abgeschnittene Jeans, Werkzeug, sogar Skisachen, ein Klappmesser. Morris schob die Sachen beiseite und hievte die Leiche so gut es ging bis zur Ladekante herauf. Aber die Last war so unförmig, daß auf der einen Seite immer wieder herunterrutschte, was er auf der anderen gerade hoch genug hatte. Außerdem fielen ständig einzelne Kleidungsstücke und andere Dinge aus den Säcken heraus. Morris wußte nie, was er eigentlich in der Hand hatte, und dann rutschte sein Gürtel dem Mädchen vom Hals und erlaubte dem Körper, sich wieder zu öffnen. Der obere Sack mit dem Kopf war bereits im Inneren des Wagens, aber der untere Sack rutschte weg und entblößte das weiße Gesäß.

Morris schäumte plötzlich vor Wut über den Widerstand des leblosen Mädchens. Jeden Augenblick konnte jemand vorbeifahren. Vom Hügel hinter dem Haus konnte jemand auf ihn herabsehen. O verdammt. Er schlug mit der flachen Hand auf die Tote ein, aber ihre Haut war kalt und ihr Fleisch war wie Knetgummi. »Los, rein mit dir, Gottverdammt!« Er hob die Beine hoch, quetschte sie mit Gewalt in den Kofferraum und preßte den Deckel herunter, bis endlich das Schloß einrastete. Ein dünner, hellblauer Schlüpfer lag neben ihm auf dem Boden. O nein. Er hob den Slip auf, suchte noch einmal den Schlüssel heraus, schloß den Kofferraum wieder auf (er durfte um Himmels willen nicht den Schlüssel abbrechen oder sonst etwas Blödes anstellen) und schob den Slip in einen der Säcke. Dabei streifte seine Hand ihre Haut. Er zog sie hastig zurück und schlug den Kofferraum wieder zu. Dann zwang er sich, zwei volle Minuten lang einfach nur dazustehen und ruhig zu atmen.

Zehn Uhr. Hinter Ponte Liscia bog er von der Küstenstraße ab und fuhr auf der SS 133 in südwestlicher Richtung. Der Regen vom Abend zuvor hatte die Luft gereinigt. Die Gegend sah aus wie frisch gewaschen und duftete aromatisch. Der Wagen kurvte steinige, mit blühendem Ginster bedeckte Hügel hinauf. Ab und zu gab es ein kärgliches Korkeichenwäldchen, ein paar Schafe, verlassene Bauernhäuser und moderne Ferienhäuser zu sehen. Sardinien war auch nicht gerade das, was die Prospekte versprachen, dachte Morris.

Er war schon lange nicht mehr Auto gefahren und mußte sich ziemlich zurückhalten, besonders in so einem schnellen Wagen. Seine eigenen Erfahrungen stammten noch aus dem Mini-Cooper seines Vaters. Er stellte das Radio an und drehte ein bißchen am Sucher, in der Hoffnung, vielleicht irgendwo Nachrichten oder Börsenberichte zu hören, aber es gab nur Pop-Musik. Wenn es etwas gab, was er haßte, dann war es diese Pop-Musik-Scheiße. Er schaltete das Radio wieder aus und lehnte sich gemütlich zurück, um die Landschaft zu genießen. Dabei fuhr er nach wie vor langsam und vorsichtig. Er passierte den Lago Coghinas, und in Oschiri stieg er aus und kaufte sich alle Zeitungen, derer er habhaft werden konnte. Er parkte den Wagen in Sichtweite gegenüber von einem schmutzigen kleinen Café, bestellte einen Cappuccino und blätterte sämtliche Zeitungen durch, fand aber nichts. Massiminas letzten Telefonanruf konnten sie ja wohl auch noch nicht melden. Wenn sie überhaupt davon wußten.

Er wollte gerade einen zweiten Kaffee bestellen, als ihm plötzlich bewußt wurde, daß die Sonne unbarmherzig auf Gregorios Wagen herabschien. Bei dieser Hitze würde Massimina bald anfangen zu stinken. Aus irgendeinem Grunde beunruhigte ihn diese Vorstellung mehr als alles andere. Als ob er für ein Leben lang gezeichnet sein könnte, wenn er den Verwesungsgeruch seines Opfers einatmete. Er sprang hastig auf, bezahlte und ging. Ein paar hundert Meter weiter kam er an einer Tankstelle vorbei und überlegte einen Moment lang, ob er einen Kanister Benzin kaufen und eine kleine Leichenverbrennung veranstalten sollte. Aber ein Feuer würde vielleicht mehr Aufmerksamkeit wecken, als es ihm nutzte. Was auch das Schaufeln von Löchern betraf.

Hinter Ozieri wandte sich Morris nach Osten, ins rauhe Bergland rings um das Dorf Bitti. Jetzt näherte er sich dem Herzen Sardiniens, dem Land der Banditen. Hier gab es nur noch Schafe, rauhbeinige Hirten und hunderte Quadratkilometer wildes, offenes Land. Touristen fuhren hier selten entlang, Ferienhäuser gab es hier keine und neugierige Wanderer oder Naturfreunde erst recht nicht. Dazu war es zu heiß und zu öde. Morris achtete auf jeden staubigen, steinigen Fahrweg, der rechts und links in die Macchia führte. Er suchte eine Abzweigung, die überwachsen war und nicht mehr benutzt wurde.

In der Nähe des Monte Tiria hatte er Glück. Ein leicht ansteigender Weg führte in unübersichtliches, mit Felsen und Dornensträuchern durchsetztes Gelände. Disteln wuchsen zwischen den Fahrspuren. Der Boden war leider recht feucht. Das war schlecht, die Reifenspuren würden ein paar Tage bleiben. Andererseits suchte ja niemand nach ihm, oder? Er legte den ersten Gang ein und kroch mit kaum mehr als Schrittgeschwindigkeit dahin, bis er nach ein, zwei Kilometern in ein Wäldchen gelangte und von links und rechts Ranken und Zweige an den Wagen herandrängten. Er stoppte, stieg aus und ging ein paar Schritte zu Fuß. Bäume, Unterholz, Dickicht, kein Weg mehr, keine Spur eines Hauses. Etwas Besseres würde er nicht mehr finden.

Er kehrte um und hievte sie aus dem Wagen. Jetzt war sie so steif, wie sie sein sollte. Aber er hatte das Seil vergessen. Er krallte die Fingernägel in die Säcke und zerrte aus Leibeskräften. Ohne jede Rücksichtnahme schleifte er die Mädchenleiche durch Disteln und Dornen, zur Hölle mit der Pietät! Er hinterließ eine breite Spur. Das war nicht gut, aber was sollte er machen? Die Natur würde schon dafür sorgen, daß alles bald wieder unversehrt aussah. Nur ein bißchen Glück brauchte er. Vorsicht, nur durch den Mund atmen! Wer weiß, ob sie nicht schon irgendwie roch. Und wegsehen, wenn der untere Sack dauernd wegrutschte. Aber lieber ihren Unterleib als ihr Gesicht sehen!

Er fühlte sich wie ein Marathonläufer kurz vor dem Ziel. Nur noch ein bißchen, eine Weile lang durchhalten! Nach etwa hundert Metern fand er einen besonders dichten Busch, kroch unter die Äste und schob die Leiche dicht an den Stamm. Er grunzte und keuchte vor Anstrengung, der Schweiß lief ihm übers Gesicht, aber gleichzeitig schien er zu frösteln.

Er war schon längst wieder zurück auf der Hauptstraße und gute zehn Kilometer gefahren, als ihm plötzlich bewußt wurde, was es für ein Wahnsinn war, daß er sämtliche Kleider und sonstigen Habseligkeiten zu ihr in den Sack gestopft hatte. Früher oder später würden sie die Leiche identifizieren, in diesen Dingen war die Polizei heutzutage phantastisch. Und dann rekonstruierten sie die Entführung bis ins kleinste Detail. Mehr würde die Polizei nicht mehr brauchen, um ihn vor den Richter zu bringen. Er fuhr an den Straßenrand und wendete. Er war richtig stolz auf sich, als er feststellte, daß er tatsächlich den Mut hatte, noch einmal an die Stelle zurückzukehren, wo er Massimina versteckt hatte. Und dann, als er ihr die Säcke heruntergezogen und alle Kleider und Schuhe und sonstigen Dinge darin verstaut hatte, war er noch einmal sehr stolz auf sich. Die Leiche machte ihm nichts aus, nicht mal der leichte Geruch. Er überlegte, ob er ihr mit dem Wagenheber den Schädel zertrümmern sollte, um das Gesicht zu entstellen. Aber irgendwo gab es doch Grenzen. Und der Hl. Christophorus? Den konnte er dalassen. Der war ein Geschenk, sollte sie ihn behalten. Mit Gianni würde ihn sowieso keiner in Verbindung bringen. Außerdem war es eine hübsche kleine Herausforderung an das Schicksal. Genauso wie Gregorios Bronze, die vielleicht immer noch in seiner Wohnung in Verona herumstand.

Als er das zweite Mal auf die Hauptstraße zurückkehrte, brauste er mit soviel Schwung aus dem schmalen Feldweg heraus, daß er beinahe einen alten Mann mit einem Hirtenstock überfahren hätte, der langsam die Straße heraufkam.

»Scusi, mi scusi Signore, buon giorno«, rief Morris so lässig,

wie er nur konnte und sah dem alten Bauern direkt in die Augen. Heute abend würde er sich mit Gregorio und Roberto besaufen, und morgen oder übermorgen ging es dann zurück nach Verona.

»Buon di«, sagte der Mann mit dem Hirtenstock aus einem alten, wettergegerbten Gesicht.

Für die Rückfahrt wählte Morris die Nachtfähre nach Genua, was bedeutete, daß er dreizehn Stunden lang auf dem Schiff war. Er hatte eine Einzelkabine gebucht und suchte keinen Kontakt zu anderen Passagieren. Ehe er sich schlafen legte, stand er noch eine Weile an der Reling und sah zu, wie der rote Mittelmeermond auf dem Kielwasser spielte. Kein Lufthauch kräuselte das Meer. Er blickte auf die letzten Lichter Sardiniens zurück und machte Bilanz.

Da war die Schachtel mit Tampons, die Gregorio im Garten in der Nähe des Schuppens entdeckt hatte, was ihm ein bißchen komisch vorkam. Es bestand natürlich auch die Gefahr, daß die Leiche sehr rasch gefunden wurde. Wenn dann in den Zeitungen in Sardinien Fotos veröffentlicht wurden, würden Roberto und Gregorio das Mädchen womöglich wiedererkennen. In einem Monat war das schon nicht mehr so gefährlich. Dann waren beide zurück auf dem Festland. Zu beachten waren ferner der Kunstdüngerhaufen im Garten der Villa und die zweihundert Kilometer zuviel auf dem Tacho von Gregorios Alfa. Danny hatte Massimina gesehen, erst in Verona und dann auf dem Bahnsteig in Rom, außerdem wußte er, daß Morris nach Sardinien gewollt hatte. Schließlich war da noch Signor Cartuccio, der womöglich das Phantombild des Rimini-Mörders gesehen hatte, ganz zu schweigen davon, daß die Polizei vielleicht seine Telefonanrufe oder seine angebliche Reise nach Bari überprüft und nach seinen dortigen Freunden gesucht hatte. Gegen all diese Risiken konnte Morris immer nur eins setzen: daß er so unverdächtig war, daß man große Gedankensprünge machen mußte, um den ganzen Zusammenhang zu erkennen, und daß die Leute, die das Verbrechen aufklären sollten, bisher glücklicherweise kaum Phantasie gezeigt hatten.

Sobald er wieder in Verona war, würde er Inspektor Marangoni besuchen und ein offenes Gespräch mit ihm führen. Vor allem würde er ihn nach dem merkwürdigen letzten Anruf des Mädchens fragen, der nach einem Bericht des *Corriere* zu kurz gewesen war, als daß man hätte feststellen können, woher er kam. Er würde Marangoni fragen, ob er ihm irgendwie helfen könne und ob überhaupt noch Hoffnung bestünde. Er würde ein paar Tränen vergießen (das würde ihm sicher nicht schwerfallen) und mit der Faust auf den Tisch schlagen. Er sah es schon vor sich.

Er saß in seiner Kabine, trank zur Feier des Tages eine Flasche *Spumante* und machte Pläne. Er würde sein Geld anlegen, fotografieren, das Buch schreiben (er mußte sich eine Schreibmaschine beschaffen). Schließlich kramte er sein Diktiergerät aus der Tasche. Wo waren die frischen Batterien? In der Seitentasche mit dem Reißverschluß, Gott sei Dank.

Er setzte die Batterien ein, legte sich auf sein Bett und überlegte. Wo war er stehengeblieben? Er spulte ein Stück weit zurück und spielte sich seine Ausführungen noch einmal vor. »... Schicksal oder freier Wille?... immer nur die Alternativen, die man zu akzeptieren bereit ist...« Seine Stimme klang gravitätisch und dumpf. Als sie abbrach, ertönte ein Knacken und dann folgte eine weibliche Stimme.

»Che cosa mai dici in tutti questi nastri, Morri? Non capisco un cavolo. Sei così misterioso, sai.«

Dann war endgültig Schluß. Morris spulte hastig noch einmal zurück. Sein Herz schlug im Halse. Das war doch nicht ihre Stimme? Doch. Die erschöpften Batterien hatten sie nur verzerrt. Die Worte klangen wie Seufzer von jenseits des Grabes. *»Che cosa mai dici... Morri...«* Was sagst du nur auf diesen Tonbändern, Morri, du bist mir ein Rätsel.

Zehn Sekunden später stand Morris wieder auf Deck, hielt sich mit einer Hand an der Reling fest und schleuderte das Diktaphon so weit aufs Meer hinaus, wie er nur konnte. Es hätte ihn nicht überrascht, wenn eine Frauenhand aus der mondbeschienenen See aufgetaucht wäre, um das Gerät aufzufangen. Er wurde verrückt, vollkommen verrückt. Fast zwei Stunden lang stand er noch an der Reling und schluchzte.

21

An einem bedrohlich bewölkten Gewittertag Ende August ging Morris in seinem neuen schwarzen Anzug respektvoll schwitzend hinter dem Leichenzug her, der Massiminas Sarg zur Familiengruft brachte. Plötzlich legte sich ihm eine leichte Hand auf die Schulter.

»Dürfen wir Sie einen Augenblick sprechen?«

Inspektor Marangoni und sein Assistent. Beide mit düsterer Miene.

»Ich glaube, wir können die Familie bei den letzten schmerzlichen Zeremonien allein lassen. Wollen Sie bitte mit ins Polizeipräsidium kommen? Wir haben noch ein, zwei Fragen.«

Sie waren also doch noch dahintergekommen. Aber hinter welches seiner Verbrechen? Er durfte keinerlei Geständnisse ablegen, ehe er nicht genau wußte, was sie wußten.

Die drei Männer gingen mit raschen Schritten zum Ausgang. Die beiden Beamten hatten ihren Wagen am Ende des weißen Plattenweges geparkt. (Ob er vielleicht behaupten konnte, es wäre ein Unfall gewesen?)

»Aber... ich bin noch zum Essen eingeladen, danach«, preßte Morris heraus, um zu prüfen, wie kritisch seine Lage schon war.

»Keine Sorge, es dauert nur einen Moment.«

Dieser zynische Tonfall! Morris wurde gebeten, sich in den Wagen zu setzen. Wieder ein Alfa Romeo, sogar fast dasselbe Modell wie Gregorios Wagen. Morris war erstaunlich gelassen. Wenigstens hatten sie ihn nicht zusammengeschlagen.

»Die Sache ist die...«, sagte Inspektor Marangoni nach einer Weile. »Es gibt noch einige ungeklärte Punkte in diesem Fall.« Es blieb die einzige Bemerkung während der Fahrt.

Sie setzten sich in einen kleinen, kahlen Raum. Tolaini, der Assistent des Inspektors, ging noch einmal hinaus, um etwas zu holen. Wahrscheinlich das Tonbandgerät für das Geständnis.

Seit zwei Monaten hatten sie strahlendes Wetter, aber Inspektor Marangoni schien nicht viel an der frischen Luft gewesen zu sein. Im Neonlicht des Verhörzimmers wirkte sein kahler Schädel jedenfalls ziemlich bleich, als er sich jetzt über den Tisch beugte.

»Hat sich Massimina eigentlich die Augenbrauen gezupft?«

»Nein, ich glaube nicht.« Er mußte ganz still sitzen. Bloß nicht herumzappeln.

Der Assistent kam herein, stellte eine kleine Blechkiste auf den Tisch und öffnete sie.

»Das hier«, sagte Marangoni und nahm eine rötliche, hennagefärbte Locke heraus. »Könnte die von ihr stammen?«

»Nein«, sagte Morris. »Mimi hatte sehr dunkles Haar, beinahe schwarz.«

»Hat sie oft Halsketten getragen?«

»Manchmal.«

»Irgend etwas, woran Sie sich genauer erinnern?«

»Nein.« So hätte er das Verhör bestimmt nicht geführt, dachte Morris. Allmählich wurde er neugierig.

»Kennen Sie das?« Und der Inspektor hob den Hl. Christophorus heraus.

Morris betrachtete ihn kalt. »Nein, ich glaube nicht.«

»Signor Duckworth, die junge Frau, die in Sardinien gefunden wurde, hat ihre Augenbrauen gezupft, ihre Haare gefärbt und diesen Talisman getragen. Sie...«

»Dann war sie es nicht«, sagte Morris rasch. »Es muß jemand anderes sein. Es ist eine...«

»Nein, Signor Duckworth. Es war Massimina. Die Untersuchung der Zähne war eindeutig.«

Morris wartete. Was wollten sie von ihm? Was wußten sie?

»Die Tote war übrigens schwanger...«

»Nein«, schrie Morris.

Inspektor Marangoni hob die Hand. »Erst eine Woche oder zehn Tage. Wahrscheinlich hat sie es selbst noch gar nicht gewußt. Aber schwanger ist sie gewesen.«

Morris saß still wie ein Stein.

»Lassen Sie mich noch ein, zwei andere Merkwürdigkeiten erwähnen. Der rote Jogginganzug auf dem Bahnhof in Vicenza, die Postkarte aus Rimini an die Großmutter. Das Lösegeld ist in Rom abgeholt worden. Und dann dieser rätselhafte Telefonanruf, das kurze Gespräch mit ihrer Mutter. Das muß kurz vor ihrem Tod geführt worden sein, höchstens ein paar Tage, sagen die Ärzte. Und daß die Leiche ausgerechnet in Sardinien entdeckt worden ist. Und noch etwas. Kurz bevor sie schwer krank wurde, hat die Großmutter des Mädchens drei Millionen Lire von der Bank abgehoben, angeblich um ein Hochzeitsgeschenk für die älteste Tochter zu kaufen. Dieses Geld ist nie wieder aufgetaucht.«

Soso, drei Millionen also, dachte Morris. Man konnte doch niemandem trauen. Wie gut, daß er nicht...

»Was schließen Sie aus alledem, Signor Duckworth?«

Morris sah dem bulligen Mann ins Gesicht. Lebenslänglich. Das war die einzige logische Schlußfolgerung. Aber Morris schüttelte tapfer den Kopf.

»Finden Sie es nicht merkwürdig, wenn das Opfer bei einer Entführung lernt, sich die Augenbrauen zu zupfen und die Haare zu färben und dann auch noch schwanger wird? Wenn die Entführer so nachlässig sind, das Mädchen Postkarten schreiben und telefonieren zu lassen?«

»Ja«, sagte Morris demütig. Dabei war er keineswegs nachlässig gewesen. Es war nur einfach unmöglich, so etwas ganz allein durchzuführen. Und dann wagte er den Sprung ins kalte Wasser: »Wenn ich sie nicht so gut kennen würde, könnte man beinahe denken, daß sie das Geld genommen hat und mit jemand anderem durchgebrannt ist.«

Morris wartete, und Inspektor Marangoni beobachtete ihn. »Was wir von Ihnen wissen wollen«, sagte er schließlich,

»was wir von Ihnen wissen wollen, ist nur das eine: Wer war dieser Mann?« Es entstand eine schreckliche Pause, ehe er fortfuhr: »Die Familie weigert sich leider, diese Möglichkeit auch nur in Erwägung zu ziehen. Sie hat uns in gar keiner Weise weitergeholfen. Sie hat uns keine Freunde oder Freundinnen genannt, gar nichts. Sie weigern sich sogar, den medizinischen Tatbestand der Schwangerschaft anzuerkennen. Wenn Sie uns also etwas über ihre Freunde, ihre Gewohnheiten und ihre Lieblingslokale oder dergleichen mitteilen oder – ganz diskret – bei der Familie herausfinden könnten, wären wir Ihnen sehr verbunden...«

Und damit brachten sie ihn zur Trauergemeinde zurück.

Morris hatte Sack und Asche, bedrücktes Schweigen, Entsetzen und verzweifelte Trauer erwartet. Statt dessen herrschte geschäftiges Treiben im Haus der Trevisans. Man tauschte den neuesten Klatsch aus, auf silbernen Tabletts wurden Cocktails und leckere Häppchen gereicht. Morris ärgerte sich. Nüchternheit und Ernst waren ja wohl das mindeste, was man nach einem Mord erwarten durfte.

Er suchte nach der Dame des Hauses, aber als er ihr feierlich die Hand schütteln wollte, umarmte ihn Signora Trevisan und quetschte ihn an ihren üppigen Busen. Sie weinte, aber ohne zu schluchzen. Es sei eine schreckliche, schreckliche Sache, die sie ihr Leben lang verfolgen werde, aber wenigstens sei jetzt alles vorbei und sie wüßten das Schlimmste. Die Ärzte hätten gesagt, das Mädchen sei sofort tot gewesen, sie hätte den fürchterlichen Schlag nicht gespürt. Sie und die Familie hätten alles getan, was sie konnten, und die Polizei auch, glaube sie. Sie brauchten wirklich kein schlechtes Gewissen zu haben. Es hätte keinen Sinn, wenn sie sich Vorwürfe machten. Die Rache ist mein, spricht der Herr, und Gott werde den Mörder schon finden.

Wahrscheinlich dachte sie: Gottseidank hat es die dumme, kleine Massimina erwischt und keine von den anderen beiden.

»Ach übrigens, Morris, kann ich Sie nachher noch mal sprechen? Ich wollte Sie um einen kleinen Gefallen bitten.« Sie lächelte unter Tränen.

Morris nickte höflich, aber ohne jegliche Neugier. Er konnte es sich durchaus leisten, der armen Frau einen Gefallen zu tun, wenn es nicht zuviel Zeit kostete. Er mußte eine Menge erledigen. Außerdem wollte er mal kurz nach England fahren und seinem Vater ein Apartment kaufen. Der alte Herr sollte ruhig sehen, daß sein Sohn sich in der Welt durchsetzen konnte.

Er saß auf einem harten, hohen Stuhl und benahm sich gegenüber der kleinen Gemeinde von Verwandten und Freunden des Mädchens so arrogant und abweisend wie möglich. Dementsprechend war er auch sehr überrascht, als sich Paola, die mittlere Schwester, plötzlich neben ihn setzte und mit ihm zu plaudern begann. Sie erwähnte Massimina mit keinem Wort. Sie erzählte von Luigis bevorstehender Hochzeit mit Antonella, und wie teuer das alles sein würde, allein schon die Renovierung der Wohnung im Zentrum, in der sich das Brautpaar jetzt einrichten wolle. Und wie schwer es sei, richtig Hochzeit zu feiern, nach... alledem. Sie senkte die Lider, aber ihre Augen blieben vollkommen trocken. Ob sie denn selbst auch einen Verlobten habe, fragte Morris, oder werde sie bei ihrer Mutter bleiben, wenn Antonella auszog?

Paola errötete, sehr sanft und süß, dachte Morris, ganz ähnlich wie Massimina. Nein, sagte sie, verlobt sei sie nicht, sie habe nicht einmal einen Freund. Aber dabei schlug sie die sanften braunen Augen auf und hielt seinen Blick eine Sekunde lang fest. Ihre Wangen waren genauso geschwungen wie die Massiminas, Sommersprossen hatte sie allerdings keine.

Morris goß sich noch ein Glas Verdicchio ein und probierte ein paar von den Pilzen.

»Übrigens fahre ich nächste Woche nach England«, sagte Paola und senkte wieder den Blick, um ihre langen Wimpern zu zeigen. »Ich werde einige Zeit dort bleiben und Englisch lernen, um das alles hier zu vergessen. Deswegen wollte meine Mutter auch mit Ihnen reden. Wir haben gehört, daß Sie nach London zurückkehren wollen, und sie dachte, Sie könnten vielleicht zusammen mit mir reisen.« Das Mädchen lächelte schmelzend. »Unsere arme Mutter macht sich nach alledem schreckliche Sorgen. Sie könnte die Vorstellung, daß eine von uns allein unterwegs ist, gar nicht ertragen.«

»Natürlich«, sagte Morris voll Wärme. Seinen Vater in Begleitung einer schönen jungen Frau zu besuchen, dachte er, konnte nichts schaden. Und es hatte auch keinen Sinn, in alle Ewigkeit um die Toten zu trauern.

GOLDMANN

Frauen heute

Autorinnen von heute definieren den Begriff Weiblichkeit jenseits gängiger Klischees neu und schreiben mit Witz und Selbstironie über Liebe und Leben, Erotik und Romantik. Ein zeitgemäßer Typ Frauenliteratur: emanzipiert, poetisch, provokant, unterhaltsam und anspruchsvoll zugleich.

Sandra Cisneros, Das Haus in der Mango Street 41418

Mona Simpson, Überall, nur nicht hier 42081

Margaret Diehl, Hexenherz 9838

Brigitte Riebe, Mann im Fleisch 41420

Goldmann · Der Taschenbuch-Verlag

GOLDMANN

Frauen lassen morden

»Marlowes Töchter« (Der Spiegel) *schreiben Spannung mit Pfiff, Intelligenz und dem sicheren Gefühl dafür, daß die leise Form des Schreckens die wirkungsvollere ist.*

Robyn Carr, Wer mit dem Fremden schläft 42042

Melodie Johnson Howe, Schattenfrau 41240

Doris Gercke, Weinschröter, du mußt hängen 9971

Ruth Rendell, Die Werbung 42015

Goldmann · Der Taschenbuch-Verlag

GOLDMANN

Bestseller

Tom Clancy und Sidney Sheldon, Utta Danella und Danielle Steel, Heinz G. Konsalik und Marie Louise Fischer, Colleen McCullough und Gillian Bradshaw, Charlotte Link und Irina Korschunow – internationale Weltbestseller garantieren Spannung und Unterhaltung auf höchstem Niveau.

Joy Fielding,
Lauf, Jane, lauf! 41333

Anne Perry,
Das Gesicht des Fremden 41392

Mary McGarry Morris,
Eine gefährliche Frau 41237

Ruth Rendell,
Stirb glücklich 41294

Goldmann · Der Bestseller-Verlag

WDR

Im

Zeitalter der

Fernbedienung

eine gute

Orientierung.

WDR. Mehr hören. Mehr sehen.

WDR-KRIMINAL-HÖRSPIEL

Bei Einschub Mord! Kriminal Hörspiele auf Cassette.

BEI GOLDMANN/PRIMO

GOLDMANN TASCHENBÜCHER

Das Goldmann Gesamtverzeichnis erhalten Sie im Buchhandel oder direkt beim Verlag.

Literatur · Unterhaltung · Thriller · Frauen heute
Lesetip · FrauenLeben · Filmbücher · Horror
Pop-Biographien · Lesebücher · Krimi · True Life
Piccolo Young Collection · Schicksale · Fantasy
Science-Fiction · Abenteuer · Spielebücher
Bestseller in Großschrift · Cartoon · Werkausgaben
Klassiker mit Erläuterungen

* * * * * * * * * *

Sachbücher und Ratgeber:
Gesellschaft / Politik / Zeitgeschichte
Natur, Wissenschaft und Umwelt
Kirche und Gesellschaft · Psychologie und Lebenshilfe
Recht / Beruf / Geld · Hobby / Freizeit
Gesundheit / Schönheit / Ernährung
Brigitte bei Goldmann · Sexualität und Partnerschaft
Ganzheitlich Heilen · Spiritualität · Esoterik

* * * * * * * * * *

Ein Siedler-Buch bei Goldmann
Magisch Reisen
ErlebnisReisen
Handbücher und Nachschlagewerke

Goldmann Verlag · Neumarkter Str. 18 · 81664 München

Bitte senden Sie mir das neue kostenlose Gesamtverzeichnis

Name: ______________________________

Straße: ______________________________

PLZ / Ort: ______________________________